中国共产党与大革命丛书

广州召开的三次全国劳动大会

张龙平 李丹 王海岑 著

中央文献出版社

《中国共产党与大革命丛书》
编委会
（按姓氏笔画排序）

主　　任：徐咏虹
副 主 任：唐航浩
丛书顾问：李　蓉　陈金龙　曾庆榴　薛庆超
执行主编：曾伟玉
编　　委：王金锋　尹宏亮　龙观华　邢照华　沈成飞
　　　　　张龙平　吴九占　余少东　杨　霖　林雄辉
　　　　　周志坚　郭德焱　莫岳云　梅声洪
编　　务：王新剑　左　丽　向宁陵　吴　晴　陈　昉
　　　　　张　敏　海蓝天　黄江夏　潘晓东

序 一

云山珠水，英雄花开。被誉为"千年商都"的广州，是一座富有革命传统的英雄城市。三元里人民抗英揭开了近代中国人民反帝爱国斗争的序幕，康有为创办万木草堂推动维新变法，孙中山先后三次在广州建立革命政权，中国近代史上一系列具有重大影响的历史事件都与广州密不可分。第一、二、三次全国劳动大会旧址、中国社会主义青年团第一次全国代表大会旧址、中华全国总工会旧址、中共三大旧址、农民运动讲习所旧址、黄埔军校旧址、中共广东区委旧址、省港罢工委员会旧址、广州起义旧址等红色遗迹遗址，遍布广州各个角落。大革命时期，随着国共合作统一战线的建立，广州成为大革命的策源地和中心，发挥了举足轻重的作用，在党的历史和中国近现代历史上留下了浓墨重彩的一笔，成为近代以来中国历史舞台上的璀璨明珠。

广州成为大革命的策源地和中心不是偶然的，有着深厚的历史背景。近代以来，广州作为中西文化交流的重要津梁，是中国与东西方文化交流的重要窗口，多种文化在广州交流融合，织成绚丽多彩的画面，使广州"得风气之先"，富有敢为天下先的革命精神。由于孙中山长期以广州作为革命基地，广州的思想氛围和政治环境比较宽松，成为各种进步势力集聚之地，成为中国近代政治、思想、文化的先导之区。鸦片战争后，随着资本主义经济的发展，广州出现了现代意义上的工人阶级和工会组织，工人阶级的力量不断发展增长，并积极参与政治活动与抗争。

1919年，五四运动席卷全国。广州的五四运动不仅响应时间早、持续时间长，而且得到了学生、商人、工人、党政军人士等社会各界的广泛参与和支持，举行了声势浩大的集会、游行示威活动和大规模的抵制日货运动。五四新文化运动推动了思想解放，一大批先进知识分子在运动中崭露头角，开始探求救国救民的道路，为马克思主义在广州的传播创造了有利条件。《新青年》南迁广州和《广东群报》的创办，有力地推动了马克思主义在广东的传播。随着马克思主义的传播和反对无政府主义论战的展开，特别是在陈独秀的推动下，以谭平山、谭植棠等为代表的一批具有初步共产主义思想的知识分子，开始在广州建立党组织，广州也成为全国最早成立党组织的六个地区之一。在他们的努力下，广东以多种形式培训革命骨干，积极组织工人运动，参与指导香港海员大罢工，并协助召开中国社会主义青年团第一次全国代表大会，为广州成为大革命策源地和中心奠定了重要基础。

统一战线局面的形成是广州成为大革命策源地和中心的重要前提。1923年6月，中共中央机关南迁广州，中共三大也随之在广州召开。这是中国共产党在广州召开的唯一一次党的全国代表大会。这次会议上，中国共产党正式确立以党内合作形式同国民党建立统一战线的策略，开启了统一战线的先河。同时，中共三大对中国革命相关理论、党的建设等问题进行了积极探索，取得了积极的理论成果，为大革命的顺利进行奠定了理论基础。而孙中山在经历多次失败之后，也认识到与中国共产党合作的必要性。在孙中山的推动下，在广州召开的国民党一大，重新解释三民主义，确定了联俄、联共、扶助农工三大政策，标志着第一次国共合作的正式形成，掀开了国民革命新的一页，推动了大革命高潮的到来。国共合作建立后，中国共产党内一大批革命家和理论家纷纷聚集广州从事革命活动，共产国际也专门派遣工作人员到广州开展工作。国际国内进步力量的汇聚，造就了广州大革命策源地和中心的历史地位。

中国共产党的坚强领导是广州成为大革命策源地和中心的重要保障。随着广州逐步成为大革命的中心，中国共产党派遣了一大批优秀共产党员到广州开展革命工作。陈独秀、李大钊、瞿秋白、毛泽东、恽代英、萧楚女等都在这一时期来到广州进行革命活动。周恩来、陈延年先后担任中共广东区委委员长（后改称书记）。张太雷、熊雄、张伯简、邓颖超等也先后来到广东工作。在中共广东区委的领导下，广东党组织自身建设不断加强，党员人数一直名列全国前茅，并建立了监察委员会，在党的建设史上具有开创性意义。中共广东区委致力于推动广东各方面的工作，大力发展工人运动、农民运动、学生运动、妇女运动，使广州作为大革命策源地和中心的地位日益巩固。同时，中共广东区委十分重视军事斗争，成立军事委员会，建立党直接领导的第一支正规武装——叶挺独立团。中共广东区委积极发动工农群众，支持东征、南讨和北伐战争，促进了广东革命根据地的巩固和统一。中共广东区委还积极维护国共合作，与国民党新老右派进行积极斗争，保证了革命形势的向前发展。

随着广州作为大革命策源地和中心地位的确立，广州成为马克思主义在中国传播的重要基地和阵地。平民书社、国光书店等发行了一大批马克思主义理论著作，如《共产党宣言》《帝国主义浅说》《唯物史观浅说》等，有力推动了马克思主义在广东的传播。中共广东区委机关刊物《人民周刊》和团广东区委机关刊物《青年周刊》《少年先锋》，在推动马克思主义传播过程中发挥了重要作用。《新青年》《中国青年》《向导》等一度迁到广州进行编辑和出版发行，发表了大量传播马克思主义的理论文章。农民运动讲习所、劳动学院、黄埔军校等也在推动马克思主义传播方面发挥了积极作用。广州还举行了规模盛大的纪念马克思、列宁、巴黎公社、十月革命等活动，以此为契机，发行纪念特号，进行公开演讲，有力推动了马克思主义在广州的传播和马克思主义的大众化。

随着广州大革命中心地位的确立，广州成为中国工人运动的指挥中心。广州作为产业工人阶级和现代工人团体出现较早的地方，工人运动一直走在全国前列。中国共产党成立后，也将工人运动作为自己的重要工作，成立中国劳动组合书记部，领导全国工人运动，并在广州设立中国劳动组合书记部南方分部，以领导华南地区的工人运动。得益于广州日益高涨的革命形势和相对稳定的政治环境，在中国共产党的领导下，第一、二、三次全国劳动大会均在广州召开，全国工人运动的领导机关——中华全国总工会也设立在广州。三次劳动大会的召开，确立了中国共产党在工人运动中的领导地位，明确了工人阶级在国民革命中的主力军作用，制定了一系列指导工人运动的方针与策略，指明了大革命时期工人运动的方向，推动了工人运动走向高潮。

随着广州革命形势的不断发展，先后爆发了香港海员大罢工、沙面工人大罢工、省港大罢工等与广州密切相关的三次工人大罢工。在中国共产党领导下，这三次大罢工都取得了最后胜利，沉重打击了帝国主义的嚣张气焰，推动了革命形势的不断发展。三次大罢工具有明显的反帝爱国主义性质，有力推动了国民革命的不断深入。特别是坚持了16个月之久的省港大罢工，如果不是发生在大革命中心的广州，是难以坚持下去的。同时，在中华全国总工会省港罢工委员会的坚强领导下，罢工工人为东征、南讨、北伐的胜利进军提供了坚实保障，也为广州成为大革命的策源地提供了重要保证。

大革命时期，广州还是农民运动的指挥中心和摇篮，推动了广东和全国农民运动的蓬勃发展。国共合作统一战线形成后，在广州成立了农民运动的领导机构，设立了农民部作为负责农民运动的领导机构，并在其下成立农民运动委员会，广州也因此成为农民运动的指挥中心，积极引导农民参加国民革命运动。随着对农民问题重要性的认识不断加深，在彭湃倡议下，创办了农民运动讲习所，培养了大批农民运动干部。农民运动讲习所将政治学习和军事训练纳入教学之中，使学员真正掌握农民运动技巧。毕业后，这些学员被派往全国各地，农民协会纷纷建立，推动了全国农民运动的迅速发展，也推动了大革命的影响遍及全国。毛泽东在主办第六届农民运动讲习所时，不断深入研究中国农民问题，发表了《中国社会各阶级的分析》《国民革命与农民运动》等文章，并主持出版《农民问题丛刊》，积极探讨农民运动理论，对农民武装、土地革命、农民同盟军等理论进行了积极探讨，为毛泽东思想的形成奠定了基础。

在国共合作的推动下，黄埔军校在广州正式创办，成为国共两党将帅的摇篮。黄埔军校的创办有力推动了大革命形势不断高涨，并从广州一隅推向全国。中国共产党选派了一批党内的优秀人才如周恩来、熊雄等担任军校教师，并选派了一批党员、团员到军校学习。为加强在军校中的工作，中国共产党在黄埔军校内设立党组织，并建立了中国青年军人联合会等组织。以共产党人为主体的政治部的形成，使黄埔军校成为大革命时期传播马克思主义的重要机构之一，发行了一批与马克思主义相关的刊物和教材，推动了一批军校学员接受马克思主义，进而加入中国共产党。随着军校的创办，以黄埔军校学生军为主力的革命军队开始形成，并在两次东征、南讨及至北伐战争中发挥了重要作用，巩固了广州作为大革命策源地的地位。同时，黄埔军校也为中国共产党培养了一批军事人才，在随后党领导的反抗国民党反动统治的革命战争中发挥了举足轻重的作用。

广州还是武装反抗国民党反动派的起义重地。四一五反革命政变后，中国共产党人积极发动武装起义。经过精心策划，1927年12月11日，广州起义爆发，建立了中国第一个城市苏维埃政权，公开打出了"工农红军"的旗号，开创了城乡配合、工农兵联合举行武装起义的先例，具有重要历史意义。广州起义和南昌起义、秋收起义一道，是我党独立领导革命战争和创建人民军队的伟大开端，在中国革命历史上谱写了光辉而悲壮的一页。

2021年是中国共产党百年华诞。为深入学习贯彻习近平总书记关于中国共产党历史的重要论述和在党史学习教育动员大会上的重要讲话精神，从党的百年伟大奋斗历程中汲取继续前进的智慧和力量，做到学史明理、学史增信、学史崇德、学史力行，中共广州市委宣传部、广州市社科联组织广州地区党史专家编写《中国共产党与大革命丛书》。本套丛书由10本构成，对中共三大与大革命时期的广州革命历史进行了系统研究，既拓展了广州革命历史研究的空间和视野，也弥补了中共党史研究的薄弱环节，彰显了广州在中国近现代历史上的地位，具有重要学术价值和现实意义。但广州作为大革命的策源地和中心，这段历史仍有进一步深化研究的必要。部分与广州早期党组织、广州和大革命关系密切的相关史料未能得到有效利用，需要研究者进一步挖掘整理，为相关研究提供文献支撑。同时，需要打造一支相对稳定的研究队伍，形成研究合力，将广州与大革命历史研究打造成具有全国影响力的研究领域，为繁荣中共党史研究作出有益贡献。

是为序。

原中共中央党史研究室主任

欧阳淞

2020年12月

序 二

一

中国早期共产主义运动起源于北方。北京大学蕴含"民主与科学"历史底蕴，经历新文化运动大潮激荡，掀起五四运动震撼中国。"十月革命一声炮响，给我们送来了马克思列宁主义。"时代潮流，浩浩荡荡，民众觉醒，惊雷滚滚。于是，李大钊振臂高呼"试看将来的环球，必是赤旗的世界"，率先高举传播和实践马克思主义的旗帜，大旗一举，应者云集，就此开始中国共产主义运动的壮丽征程。

中国共产党诞生于华东的上海和嘉兴。中国共产党第一次全国代表大会在上海的惊涛骇浪中开幕，因为会议期间密探闯入，法租界巡捕搜查，不得不转移嘉兴，在南湖红船完成全部议程。百年大党扬帆起航，红船精神乘风破浪，百年历程千磨万击，百年奋斗造就百年辉煌。

中国共产党百年历史与南方广州密不可分。从大革命洪流滚滚惊涛拍岸到改革开放把握先机再造辉煌，从国共合作的北伐战争到解放战争中国人民解放军南下广东，从广州起义高举义旗与国民党反动派生死搏杀、中国共产党第一次公开打出"红军"和"苏维埃"旗帜，到起义部队奔向海陆丰建立农村革命根据地、探索中国革命新路，从中国共产主义运动蓬勃兴起到中国特色社会主义进入新时代，广州与中国革命、建设和改革开放血肉相连，息息相关。广州既经历大江东去、千回百转，又经历九曲连环、苦难辉煌，中国革命赢得胜利，新中国广州魅力无限，改革开放广州创新发展，新时代广州续写新篇。

中国社会主义建设时期，一年一度在广州举办的"中国进出口商品交易会"（简称"广交会"）是中国历史最长、层次最高、规模最大、商品种类最全、到会客商最多、成交效果最好的综合性国际贸易盛会。各种"中国制造"琳琅满目，闻名遐迩，羡煞世界，代表着中国经济发展的最新水平。

改革开放新时期，中国共产党开辟中国特色社会主义道路，广州又成为中国面向现代化、面向世界、面向未来的重要前沿阵地之一。21世纪以来，广州在中国特色社会主义道路上高歌猛进，在中国特色社会主义新时代率先奔向小康，如今乘势而上，奋力开启社会主义现代化建设新征程。

"周虽旧邦，其命维新"，广州"苟日新，日日新，又日新"。

二

中国共产党是一个善于总结经验教训的革命政党，通过在革命实践中及时汲取经验教训，制定统一战线的战略策略。中国共产党建立后，深入开展工人运动，通过香港海员大罢工、安源路矿工人大罢工、京汉铁路工人大罢工等掀起第一次工人运动高潮。同时，广泛开展农民运动、青年运动、学生运动和妇女运动，革命形势快速发展。但是，在中国革命实践中，特别是京汉铁路工人大罢工失败、封建军阀屠杀工人领袖制造"二七惨案"，中国共产党认识到建立革命统一战线的重要性。于是，在共产国际帮助下，中国共产党西湖特别会议决定与孙中山领导的国民党实行国共合作。这次会议为中共三大确定全体党员加入国民党，建立国共合作统一战线奠定基础。会后，李大钊应孙中山邀请，率先以共产党员身份加入国民党，成为第一次国共合作第一人。随后，陈独秀、张太雷、蔡和森等中共负责人也陆续加入国民党，并帮助国民党进行改组。从此，中国革命中心开始转移到广州。

广州是中国共产党召开第三次全国代表大会正式决定实行国共合作的标志性城市。1923年6月，中国共产党第三次全国代表大会在广州举行。全国各地党组织代表及莫斯科的代表约四十人出席大会。共产国际代表马林参加会议。陈独秀主持会议并代表中央作报告。大会三项议程：一、讨论党纲草案；二、讨论同国民党建立革命统一战线问题；三、选举党的中央执行委员会。会议中心议题是讨论与国民党合作、建立革命统一战线问题。代表们就共产党员以个人身份加入国民党、建立革命统一战线问题进行了热烈讨论。大会决定接受共产国际关于中国共产党同国民党进行合作的指示，通过《中国共产党第三次全国代表大会宣言》等文件，组成新的中央执行委员会。中共三大根据马克思主义基本原则和共产国际指示，结合中国革命具体情况，在分析中国社会矛盾和明确中国革命性质基础上，统一全党认识，确定共产党员以个人身份加入国民党，与国民党进行党内合作，使党能够团结一切可能联合的力量，共同完成反帝反封建的民主革命任务。

广州是国民党召开第一次全国代表大会并决定实行国共合作的标志性城市。1923年10月，苏联代表鲍罗廷应孙中山邀请到达广州。国民党改组进入实质阶段。鲍罗廷同中共中央和青年团中央共同商议帮助国民党改组方法，决定力促孙中山召集改组会议。这项工作在鲍罗廷和中共广东组织直接推动下进行。在共产国际和中国共产党帮助下，孙中山排除重重障碍，强调学习俄国革命经验改组国民党，首先聘鲍罗廷任国民党组织教练员和政治顾问。他说：聘请鲍罗廷是为了"使之训练吾党同志。鲍君办党极有经验，望各同志牺牲自己的成见，诚意去学他的方法"。他任命廖仲恺和共产党员李大钊等五人为国民党改组委员。国民党临时中央执行委员会成立时，孙中山委任共产党人谭平山等九人为临时中央执行委员，李大钊等五人为候补中央执行委员。国民党一大召开前，中共中央和青年团中央制定党团员参加国民党一大的统一行动方针。在中国共产党推动下，孙中山对国民党进行改组，确定联俄、联共、扶助农工三大政策。国民党第一次全国代表大会在广州召开，标志着第一次国共合作正式形成。

广州是大革命风暴中心，革命大潮汹涌澎湃，洪流滚滚势不可挡，为中国共产党百年发展初步奠定基础。中共三大的召开和第一次国共合作的实现，广州以及广东和全国的工人运动逐渐恢复，风起云涌；农民运动日益兴起，轰轰烈烈；全国革命形势迅速高涨，形成以广州为中心的反对帝国主义和封建军阀的革命新局面，极大地促进了大革命高潮到来。通过第一次国共合作，建立革命统一战线，中国共产党掀起五卅运动，大革命风暴席卷全国。轰轰烈烈的工人运动和广大人民群众反帝反封建积极性空前高涨，以国共合作为基础的大革命高潮迅猛向前。中国共产党成为中国人民和中国革命坚强的领导力量。

广州是培养、锻炼、造就中国共产党重要领导人的重要基地，百年大党的重要党政军领导成员在广州奠定坚实基础。毛泽东在广州首次进入中国共产党中央领导核心，成为中国共产党中央执行委员会委员、中央局委员和中央局秘书、中央组织部部长。《中国共产党中央执行委员会组织法》规定："秘书员（负）本党内外文书及通信及开会记录之责任，并管理本党文件。""本党一切函件须由委员长及秘书签字。""执行委员会之一切会议，须由委员长与秘书召集之，附加会议之日程。"孙中山在国民党一大期间会见毛泽东，毛泽东在广州成为第一次国共合作的国民党候补中央执行委员和中央宣传部代理部长，从而成为第一次国共合作著名人物之一。毛泽东在广州撰写的《中国社会各阶级的分析》和在武汉撰写的《湖南农民运动考察报告》，标志着毛泽东思想的萌芽。刘少奇在广州奠定中国工人运动领袖地位。周恩来在广州任黄埔军校政治部主任、国民革命军第一军政治部主任和第一军副党代表等职，先后任中共广东区委员会委员长、常务委员兼军事部部长，在党的建设、统一战线、军队政治工作中崭露头角。叶剑英在广州与张太雷、叶挺等领导广州起义，任工农红军副总指挥。

中国共产党在广州通过国共合作的黄埔军校培养大批军事干部，人民军队在广州开始创建。1924年11月成立的孙中山广州陆海军大元帅府铁甲车队（简称"铁甲车队"），是中国共产党领导的最早的革命武装力量，是人民军队的"老根"所在，后来发展为叶挺独立团。

总之，以广州为中心的大革命风暴，蔓延全国，声势浩大，有力地唤起了中华民族的觉醒，极大地推动着轰轰烈烈的反帝反封建的革命群众运动持续发展，随着以广州为重要基地的国共合作的北伐战争胜利进军，促进了中国革命的高涨。

广州在中国共产党历史、中国革命史、中国近现代史、中国改革开放史、中国特色社会主义发展史上，功勋卓著，贡献巨大，永存史册。

三

习近平总书记强调，我们党历来重视党史学习教育，注重用党的奋斗历程和伟大成就鼓舞斗志、明确方向，用党的光荣传统和优良作风坚定信念、凝聚力量，用党的实践创造和历史经验启迪智慧、砥砺品格。在中国共产党百年华诞之际，中共广州市委宣传部、广州市社科联组织广州地区党史专家编写了《中国共产党与大革命丛书》。丛书共10册：《南国曙光：广东早期共产党组织》《中共中央在广州：中共三大研究》《共产党人在黄埔》《大革命中的中共广东区委》《广州召开的三次全国劳动大会》《工运凯歌：广州三次工人大罢工》《农民运动的摇篮：广州农民运动讲习所》《英雄壮举：1927年的广州起义》《大革命运动的中心：1921—1927年的广州》《广州大革命史论丛》。这套丛书涵盖广州在大革命时期的重要事件、重要人物、重要组织、重要机构，体现了政治性、思想性、科学性与普及性的高度统一，以深入的发掘、深厚的资料、深邃的研究、深刻的阐述，再现广州作为大革命中心的历史画卷，为实现中华民族伟大复兴提供精神动力。

是为序。

原中共中央党史研究室宣传教育局副局长
薛庆超
2020年12月

序　三

　　广州百年史上，20 世纪 20 年代是一个风云激荡的年代。

　　近代广东风气开通，新事物易于输入，新思潮易于传播，精英辈出，革命运动代有赓续。20 世纪 20 年代初，在省港工人阶级诞生和工人运动开展的基础上，在五四运动的影响、推动下，在中国共产党上海发起组和共产国际代表的指导、帮助下，广州成立了共产党的早期组织。中共创始人陈独秀亲来广州，指导并主持了广东共产党早期组织的组建工作。广州是继上海、北京之后全国最早建立共产党组织的城市。"中国产生了共产党，这是开天辟地的大事变"。在马克思主义的指导下，在中共中央的领导下，广东共产党组织积极肩负起改造社会、拯救中华民族的大任，在华南地区发动、组织和领导了一系列英勇的、波澜壮阔的革命斗争。

　　当时，在共产国际指导下，中国共产党重视利用广州较为宽松的政治环境及有利的地缘条件开展革命运动。1922 年 4 月，党在广州召开了创党以来第一次有较多领导干部参加的党、团干部会议。接着，1922 年 5 月和 1923 年 6 月，先后在广州召开中国社会主义青年团第一次全国代表大会和中国共产党第三次全国代表大会。以上几次会议，涉及、讨论了关于建立革命统一战线、与孙中山领导的国民党合作的问题。按照共产国际的决定，中共中央机关迁至广州。1924年1月，中国国民党第一次全国代表大会在广州召开，正式形成了国共两党的第一次合作。轰轰烈烈的中国大革命由此掀起。

中国大革命是反帝反封建的国民革命。广州是这场百年史上影响深远的革命运动的策源地，是全国革命运动的中心。

——工人运动蓬勃开展。中国共产党成立后，致力于开展工人运动。1922年春，香港海员发起罢工运动，是中国共产党成立后兴起的第一个工运高潮的起点；1924年8月，沙面洋务工人举行反对租界当局歧视华人的"新警律"的罢工，被称为二七大罢工失败后全国工运复苏的标志；1925年6月，广州、香港工人为声援上海五卅运动，举行规模空前的省港大罢工，坚持16个月，威震中外。以上三次以广州为主阵地的波澜壮阔的工人运动，是在中国共产党早期著名工运领袖亲自策划、组织和领导下开展起来的，是具有鲜明的反帝爱国性质和较高的政策策略水平的革命运动，工人阶级表现出高昂的斗志，体现了省港一体、两地民众紧密团结的特色。三次工运高潮期间，1922年5月、1925年5月和1926年5月，在广州先后召开了三次全国劳动大会，成立了工人阶级战斗的司令部——中华全国总工会。工人运动在广州的兴起和蓬勃开展，奠定了广州作为大革命运动中心的基础。

——农民运动迅猛高涨。国共合作建立后，大力开展农民运动。大批革命知识分子纷纷到农村去，将农民组织起来，开展维护农民利益、解决农民土地问题的各种斗争，并吸引农民加入国民革命。广东农民运动发轫于东江，迅速扩展至广州四郊、西江、粤中、南路和海南岛地区。为培养农运干部，在广州先后举办了六届农民运动讲习所，各届主任或所长，均由共产党员担任，毛泽东任第六届所长。广州农讲所是农运干部成长的摇篮，实际成为各地农民运动的指导中心。广东全省统一后，广东省农民协会在潮梅海陆丰、惠州、西江、北江、南路、琼崖，先后设立了六个办事处，至1926年5月，全省农会会员六十二万多人，占全国农会会员的近64%。农民是工人阶级天然可靠的同盟军，农民运动在广东各地的迅猛开展，大大增强了大革命运动的实力与声威。

——各界民众运动风起云涌。在工运、农运节节高涨的形势下，广东学生运动、妇女运动、商民运动接踵而起。共青团广东区委领导的"新学生社"、中共广东区委领导的"妇女解放协会"，从广州发展至全省各地。中共广东区委发起成立"农工商联合会"，参加者不但有工农团体，还有省、市商会。随着民众运动的勃兴，广州形成四大革命基地，即农讲所、黄埔军校、东园（省港罢工委员会）和广东大学（1926年改名中山大学）。这些地方，发生了许许多多具有重大意义和深远影响的事件，留下了大量革命活动的印痕，是广州作为大革命中心的历史见证。

——武装斗争的探索与积极开拓。大革命时期，共产党人在广州开始了独立组建革命军队、开展武装斗争的尝试。党积极参加了黄埔军校和国民革命军的创建工作，周恩来任黄埔军校政治部主任，先后有上千名中共党员到黄埔军校工作或学习。更为重要的是，共产党人在参与黄埔军校创建、建军的过程中，对在军校、军队中推行"党代表制"和开展军队政治工作，作了大量积极而有意义的摸索和开拓，先行开展了军校政治教育、军队政治工作和战时政治工作的实践。中共广东区委通过统一战线，组建了大元帅府铁甲车队，后扩展为著名的叶挺独立团，这是中共独立组建并掌握革命军队的尝试。广东区委掌握的工农革命武装，还有"工团军"、"农民自卫军"、"省港罢工纠察队"等。广州无疑是中共最早的一批军事干部的诞生地,是共产党人从事革命武装斗争的始发点。

——革命精英荟萃南粤。创党初期,陈独秀三次到广州,在广州工作了一年多的时间。李大钊到广州出席中共三大和国民党一大。毛泽东三次到广州,出席中共三大、国民党一大,主办第六届农民运动讲习所。为适应大革命运动发展的需要,党从全国各地和旅欧、旅俄回归的人员中,选派大批干部到广东工作,主要有瞿秋白、蔡和森、张太雷、周恩来、刘少奇、邓中夏、李立三、陈延年、罗亦农、熊雄、恽代英、李富春、蔡畅、邓颖超等;广东著名的革命者有谭平山、苏兆征、彭湃、杨匏安、阮啸仙、刘尔崧等;越南革命志士胡志明,也在广州工作过。羊城的大街小巷,留下了他们战斗、奋进的足迹。这种情况,极大提升了广州在大革命运动中的地位和作用。

——党的组织发展壮大。广州早期共产党组织成立时,只有数名党员,党的一大后成立中共广东支部;1922年6月,广东党员32人,成立了中共广东区委;1924年初改称中共广州地委,是年10月重新称中共广东区委,亦称两广区委。党的组织从广州一隅向全省发展,随后又从广东一省,发展至闽南、广西、云南和南洋各地。区委领导机关逐步健全,设集体领导的主席团制,形成了由周恩来、陈延年、张太雷、彭湃、苏兆征、杨匏安等人组成的领导核心。中共广东区委之下,成立"军委"和"监委",在党内率先开展军事工作和纪律检查工作。中共广东区委很早办党校,编印党刊(《人民周刊》《我们的生活》),大力传播马克思主义,加强党内教育。党的队伍不断发展,1926年夏广东党员人数发展至四千多人,1927年夏增至近万人,是当时全国辖区最广、党员人数最多的一个地方党组织。在风起云涌的工农运动中，特别是在省港大罢工、统一广东之役和北伐战争中，广东党组织和广大共产党员起着政治领导和先锋模范作用，为将大革命运动从广东推向全国作出了重大贡献。

1927年4月，国民党蒋介石集团发动反革命政变，大肆捕杀共产党员和革命群众。中共广东区委机关移至香港。为挽救中国革命，党组织相继发动了1927年夏季的讨蒋起义、以接应南昌起义军南下为中心的秋收起义和震动中外的广州起义。大大小小的武装起义，共有一百五十多次。虽然多次武装起义和广州起义遭到了失败，省委书记张太雷和数以千计的革命者在起义中牺牲，但是前仆后继的武装起义拉开了土地革命战争的序幕，具有深远的历史意义。

总之，20世纪20年代广州大革命运动，规模大，影响广，意义深远，是中共党史、中国革命史的重要组成部分，是一部绚丽多彩、可歌可泣的篇章。长期以来，党史、革命史工作者致力于研究这一段历史，征集、整理了许多相关的档案文献资料，对当事者、知情人作过广泛的访谈，并取得了丰硕的研究成果。在此基础上，为庆祝建党100周年，在中共广州市委宣传部、广州市社科联的策划、组织之下，广州地区高校、党史研究室、社科院、党校、方志及文博单位的教研人员参与研究写作了《中国共产党与大革命丛书》，这是贯彻落实习近平总书记在党史学习教育动员大会上重要讲话精神的实际行动，是学史明理、学史增信、学史崇德、学史力行，致力于将广州大革命史的学习、研究推向深入的一项重要举措。

《中国共产党与大革命丛书》共10本，以广东共产党组织的建立和发展壮大为主线，以团一大、中共三大、三次全国劳动大会、第一次国共合作、工农学商妇女运动和广州起义为骨架，穿插叙述有关的史事和有关人物的事迹。各书聚焦不同事件，独立成册，但互为表里，互相照应。本套丛书深入分析广州的政治环境及社会历史条件，客观评析广州这座城市在党史、革命史上的地位作用，特别是在建立革命统一战线、创建革命武装和加强党的建设等方面的先行作用，以期再现广州在百年党史上的辉煌，为广大读者了解那一段历史提供可信可读的本子，为广州实现老城市新活力和"四个出新出彩"，进一步推进改革开放提供历史经验和精神动力。这是本套丛书编撰者们的立意所在，也是丛书创新点所在。

20世纪20年代广州大革命运动，是红色文化的"富矿"，资源丰富，思想、政治、文化蕴涵深厚，历史意义、现实意义重大。《中国共产党与大革命丛书》虽写出来了，但不等于对这段历史的研究已告终结。随着科技的进步，搜寻史料、走进历史现场、加深认识历史之路将越来越通畅，历史研究的空间将越来越宽广。愿丛书编撰者们和党史、革命史工作者们继续努力，专心致志，争取多出成果，出好成果，为深化中共党史、中国革命史的研究作出更多、更大的贡献。

是为序。

中共广东省委党史研究室原主任
曾庆榴
2020年12月

目　　录

前　言 ·· 1
第一章　中国共产党成立前后对工人运动的探索 ·············· 1
　第一节　工人阶级的发展壮大与中国工人的
　　　　　早期经济政治斗争 ··· 2
　　一、中国工人阶级的发展壮大 ··· 2
　　二、中国工人的早期经济政治斗争 ·································· 5
　　三、中国早期的工人组织 ··· 9
　第二节　马克思主义与中国工人运动的初步结合 ············· 12
　　一、五四运动后中国工人阶级登上历史舞台 ·················· 12
　　二、中国先进分子走向工人群众 ··································· 16
　　三、共产党早期组织初步参加中国工人运动 ·················· 20
　第三节　中国共产党工人运动方针的确立
　　　　　与中国劳动组合书记部成立 ······························· 26
　　一、中国共产党工运方针的确立 ··································· 26
　　二、中国劳动组合书记部成立 ······································· 29
　　三、中国劳动组合书记部南方分部 ································ 35
第二章　广州召开全国劳动大会的社会历史条件 ············ 38
　第一节　中国共产党首倡全国劳动大会 ·························· 38
　　一、共产国际关于建立民主联合战线的方策 ·················· 38

二、远东各国人民代表大会的召开 ……………………… 44
　　三、中国共产党召开全国劳动大会方针的确立 ………… 51
　第二节　全国工运高潮的开启 ………………………………… 54
　　一、香港海员罢工展现工人团结的力量 ………………… 54
　　二、湖南劳工会黄爱、庞人铨被害案的直接推动 ……… 62
　第三节　孙中山广州革命政府的支持 ………………………… 68
　　一、广州革命政府的政治法律环境 ……………………… 68
　　二、南方工会的壮大 ……………………………………… 75
　　三、广州革命政府的实际支持 …………………………… 78

第三章　第一次全国劳动大会与全国劳工大联合的
　　　　初步尝试 …………………………………………… 80
　第一节　第一次全国劳动大会的发起与筹备 ………………… 80
　　一、《觉悟》关于召开全国劳动大会的讨论 …………… 80
　　二、中国劳动组合书记部的发起 ………………………… 88
　　三、全国劳动大会的筹备 ………………………………… 89
　第二节　第一次全国劳动大会的经过 ………………………… 92
　　一、全国劳动大会代表抵粤 ……………………………… 92
　　二、广州纪念五一节大游行 ……………………………… 94
　　三、第一次全国劳动大会的召开 ………………………… 99
　　四、全国劳动大会部分代表访港 ………………………… 109
　第三节　第一次全国劳动大会的主要成果 …………………… 113
　　一、全国劳动大会代表提案与决议案 …………………… 113
　　二、第一次全国劳动大会宣言 …………………………… 120
　第四节　第一次全国劳动大会的影响 ………………………… 123
　　一、持续影响党的工运方针 ……………………………… 124

二、掀起劳动立法运动浪潮 …………………………… 132
　　三、推动第一次工运高潮的深入发展 ………………… 139
第四章　第二次全国劳动大会与中华全国总工会成立 …… 151
　第一节　第二次全国劳动大会的准备 ……………………… 151
　　一、工人运动的低潮与复兴 …………………………… 152
　　二、中共四大的职工运动决议案 ……………………… 154
　　三、四大总工会与第二次全国劳动大会的发起 ……… 157
　　四、第二次全国劳动大会的筹备工作 ………………… 160
　第二节　第二次全国劳动大会的召开 ……………………… 168
　　一、中国共产党给第二次全国劳动大会的信 ………… 168
　　二、第二次全国劳动大会代表参加
　　　　五一纪念大会 ………………………………………… 169
　　三、第二次全国劳动大会在广州召开 ………………… 174
　第三节　第二次全国劳动大会的主要成果 ………………… 185
　　一、成立中华全国总工会 ……………………………… 185
　　二、进一步明确工人运动的斗争方向 ………………… 189
　　三、提出工农应实现大联合 …………………………… 197
　　四、正式加入赤色职工国际 …………………………… 201
　第四节　第二次全国劳动大会的影响 ……………………… 207
　　一、党工运方针影响的扩大化 ………………………… 207
　　二、推动第二次全国工运高潮的到来 ………………… 211
　　三、推动全国工会组织的扩大与统一 ………………… 216
第五章　第三次全国劳动大会与北伐前夕的工人动员 …… 220
　第一节　第三次全国劳动大会召开的背景 ………………… 220
　　一、五卅运动后全国工人运动的新趋势 ……………… 220

二、五卅运动后中国共产党工运政策的新变化 …… 229
三、国民革命中国民党工运政策的调整 …… 234

第二节 第三次全国劳动大会的召开 …… 239
一、第三次全国劳动大会的筹备工作 …… 239
二、第三次全国劳动大会召开 …… 245

第三节 第三次全国劳动大会的主要成果 …… 258
一、刘少奇的《一年来中国职工运动的发展》报告 …… 258
二、制定中国职工运动总策略 …… 260
三、细化中国工人运动的具体策略 …… 262
四、为国民革命进行工人动员 …… 267
五、建立工运统一战线 …… 269
六、加强与世界工人的联络 …… 271

第四节 第三次全国劳动大会的后续影响 …… 274
一、第三次全国劳动大会后党的工运方针 …… 274
二、中华全国总工会号召工人极力赞助北伐 …… 280

第六章 广州三次全国劳动大会的历史贡献 …… 294

第一节 确立了中国共产党在工人运动中的领导地位 …… 294
一、党对工人运动领导地位的初步确立 …… 294
二、中国共产党领导工人运动迈出实质一步 …… 296
三、全面落实党对工人运动的领导地位 …… 297

第二节 创立了中华全国总工会 …… 300
一、确立中国劳动组合书记部的总通讯地位 …… 300
二、中华全国总工会从这里走来 …… 301

三、中华全国总工会全面行动 …………………… 302

第三节　指引大革命时期的工人运动方向 …………… 304
　　一、工人运动斗争策略的初步提出 ………………… 304
　　二、工人运动的政治斗争策略 ……………………… 305
　　三、工人运动的总策略 ……………………………… 306

第四节　推动了三次全国工人运动高潮 ……………… 308
　　一、将第一次工运高潮引向深入 …………………… 308
　　二、为第二次工运高潮作准备 ……………………… 309
　　三、迎接第三次工运高潮的到来 …………………… 311

第五节　夯实国共合作的群众基础 …………………… 312
　　一、国共合作的试金石 ……………………………… 312
　　二、工人阶级参加国民革命 ………………………… 314
　　三、为北伐进行工人总动员 ………………………… 315

第六节　促成了中国工人运动走向国际 ……………… 318
　　一、形成国际联合的意识 …………………………… 318
　　二、开启国际联合的行动 …………………………… 319
　　三、引入世界革命的经验 …………………………… 320

结　语 …………………………………………………… 323
参考文献 ………………………………………………… 328
后　记 …………………………………………………… 334

前　言

在中国工会的发展史上，一共召开过十七次全国代表大会，其中新中国成立前召开过六次，当时称为全国劳动大会，而1922、1925、1926年的前三次全国劳动大会均在广州召开，彰显出广州在大革命时期中国工会、工运发展史上的突出地位，以及为中国工会、工运的发展所作出的开拓性贡献。

前三次全国劳动大会在广州召开并非偶然，而是有着深厚的社会历史根源。

其一，广州是大革命的中心地，也是党在早期开展革命活动的根据地，政治氛围绝佳，在中心地、根据地召开全国劳动大会便于党的工运领袖就近参与、指导，同时能够最大程度保证各地参会代表的安全。

其二，广州是南方工会的中心，工会组织和工人运动发达，能够为全国劳动大会的召开提供组织基础和实践经验。全国劳动大会召开时，广东的工会组织建设在全国处于领先地位，使得以工会为基础的全国劳动大会在广州有更好的组织基础。在广东各级各类工会组织的指导下，工人的政治经济斗争不断，其中包括具有广泛影响的香港海员罢工、省港大罢工等，为全国劳动大会的召开提供了实践基础。

其三，广州是孙中山先生所领导的南方革命政府所在地，

1922年2月南方革命政府率先颁布《暂行工会条例》，1924年11月正式公布《工会条例》，为工会、工人运动的开展提供了合法的环境，能够最大程度争取全国工人代表的参与。

其四，广州临近港澳，具有地利之便，香港海员罢工、省港大罢工，让党更充分认识到工人的力量，从争取工人运动领导权的角度，在广州开会能够最大程度地争取省港两地工人的支持，第一次全国劳动大会省港工人代表占80%，地利优势体现无疑。

在广州召开的三次全国劳动大会奠定了广州在中国工运史上的开拓性地位。

确立了中国共产党在工人运动中的领导地位。党对工人运动的领导地位是在动态发展中形成的，广州三次全国劳动大会恰好见证了全程。第一次全国劳动大会是由党领导的中国劳动组合书记部发起，大会确立了中国劳动组合书记部作为全国工人总通讯机关的地位，到第二次大会正式成立中华全国总工会（简称全总）作为全国工人运动的领导机关，第三次大会是由全总直接组织召开，负责制定工人运动的具体策略。这三次大会完成了党对工人运动的领导从初步形成、正式形成，到实践开展的三步走。

创立了中华全国总工会。广州三次全国劳动大会的最突出成果是诞生了中华全国总工会，其中第一次大会通过了全国总工会的组织原则，第二次大会正式成立了中华全国总工会，制定了全总的章程、选举产生了全总的领导机构，第三次大会是全总总结经验、谋划未来发展的大会。广州三次全国劳动大会见证了全总从酝酿、形成到行动的全过程，可以说广州是全总的诞生地和早期成长地，为全总的诞生和成长提供了绝佳的条件。

指引大革命时期中国工人运动的斗争方向。全国劳动大会的主要作用在于总结工运经验，通过大会决议形成指导方针，指引新的工人运动实践。广州三次全国劳动大会制定了各种工人运动斗争策略，从经济斗争策略、政治斗争策略、到工人运动总策略，由初期的零星分散逐步走向体系化构建的新阶段，标志着中国工人运动逐步走向成熟。

实际推动了三次全国工人运动高潮。广州三次全国劳动大会均在三次工人运动高潮前后，对于工运高潮的影响主要通过全国劳动大会的斗争决议案在工运高潮实践中的运用，大会所确定的全国性工人组织对于工运高潮的协调、组织、领导，以及全国劳动大会代表返回各地之后对于工运高潮的实际参与，实际推动着全国工运高潮的到来与持续发展。

促进了中国工会走向国际。广州三次全国劳动大会是中国工人走向国际，与国际工人运动联合，实现民族革命与世界革命联结的会议。特别是后两次大会，中国工会与赤色职工国际深度交往，通过决议加入赤色职工国际，援引赤色职工国际的经验制定中国工人运动自己的斗争策略，都表明中国工人不仅走向了国际，而且还将国际工人运动中的经验引入中国，真正将中国民族革命与世界革命融为一体。

总之，广州三次全国劳动大会与广州密不可分，立足广州，指引中国，联结世界，这是广州为中国工运发展所作出的开拓性贡献，历史应铭记。广州应充分发掘这一历史文化资源，擦亮这一广州红色文化金字招牌。

关于广州召开的三次全国劳动大会，前人已从中国工人运动史、中国工会史、中华全国总工会史等不同角度有过零星的研究，尤其是广州的第一次全国劳动大会旧址纪念馆已组织过多次关于第一次全国劳动大会的集中研讨。不过，学界目前尚未有关于广州召开的三次全国劳动大会的专论，本书作为第一本专门研究广州三次全国劳动大会的著作，将在继承前人的基础上，广泛收集整理关于这三次全国劳动大会的历史文献，从中共党史、中国工运史、广州地方史等不同维度详细考察这三次全国劳动大会在广州召开的社会历史条件，翔实呈现三次全国劳动大会的历史缘由、基本经过、主要成果、后续影响，以展现广州在建党至大革命时期工运史上的独特地位。

第一章　中国共产党成立前后对工人运动的探索

　　1922、1925、1926 年广州三次全国劳动大会的召开有着深刻的社会历史背景。它们是中国共产党成立后，在继承近代以来，尤其是五四运动以来中国工人运动斗争经验的基础上，着力将马克思主义理论与中国工人运动的实际相结合，开始探索一条属于自己的工人运动理论与实践道路。广州三次全国劳动大会拟定党的工运方针，成立党的工运领导机构，参与正在勃发中的中国工人运动实践，对早期中国工人运动进行理论与实践的经验总结，并指出未来工人运动的方向。同时，基于中国早期工人运动的分散性、多元性、复杂性，广州三次全国劳动大会还肩负对当时中国工人运动进行整合乃至统一的重任，也是为中国共产党成立后对工人运动领导权进行争夺，确立党对工人运动领导地位的尝试。广州三次全国劳动大会的群众性标志着中国共产党由早期知识精英政党向工人群众政党的重要转变，为中国革命迎来了新局面。

第一节　工人阶级的发展壮大与中国工人的早期经济政治斗争

一、中国工人阶级的发展壮大

中国工人阶级是近代机器大工业的产物。他们最早产生于鸦片战争后在沿海通商口岸兴起的外资企业，主要有船舶修造工人、轮船公司工人（海员）和一般码头工人。后随着列强对华商品输出和资本输出的逐步扩大，在华开办的外资工厂逐步增多，外资企业的雇佣工人数量也日益增加，至1894年甲午战争前后，列强在华开设的外资企业一百余家，雇佣的工人约三万四千人。自十九世纪六十年代开始，清政府推行洋务运动"求强求富"，仿照西方的近代工厂，兴办了一批官办军用企业，后又在军用企业的推动下创办各类民用企业，总计在洋务运动的三十多年，清政府创办各类企业四十余家，累计雇佣各类工人四万人左右。此外，中国民间的商人开始自行兴办与民生相关的企业，如缫丝、面粉、火柴、造纸、印刷等，推动着中国民族工商业兴起，至甲午前后，中国商人共计开办各类企业一百多家，雇佣工人二万七千至三万人。① 这三类企业成了中国近代企业的最早构成，也是中国工人阶级的最早起源，他们在甲午前后总数为十万至十一万人。

甲午战争后，列强加大了对华的资本输出，尤其是《马关条约》给予日本在华通商口岸自由输入机器、开设工厂的权利，西方各国援例在华获得同样特权，竞相开设工厂、修建铁路、开发

---

① 刘明逵、唐玉良编：《中国近代工人阶级和工人运动》第1册，中共中央党校出版社2002年版，第2—3页。

矿藏、发展内河航运等。从1895年至1913年第一次世界大战前，各国在华设立的工厂总数达到166家，中国增加了一大批铁路工人、海员工人、矿山工人及其他各业工人。在列强资本输出的刺激以及清末新政、辛亥革命后初期工商业发展政策的鼓励下，中国民族工业取得了初步的发展，从1895年至1913年由民族资本开设的资本额在1万元以上的厂矿有549家，资本总额为102020多万元①，其中尤以纺织、食品、煤矿等业为多，民族工业雇佣工人的数量也比之前增加不少。这样，在辛亥革命后至第一次世界大战之前，在中外各类企业的我国工人总数约为90万人，其中近代工矿企业工人70万，铁路工人9.5万，轮船航运工人8万，邮政电讯工人2.5万。②

1914年至1918年的第一次世界大战使得欧美列强减少了对华商品输出和资本输出，加上有新生的民国政府工商业政策刺激，中国民族资本主义发展迎来了一段短暂的"春天"。在一战前，中国的民族工业计有工厂698家，资本总额303000余万元，到了1920年，工厂增加到1759家，资本5亿余元。六年间，工厂增加157%，资本增加54.5%。其中纺织、面粉、卷烟、造纸、制革等轻工业发展尤为迅速。在此期间，受战争影响较少的日本、美国资本大举进入中国，从1914年至1921年，日本资本在华开设的规模较大的厂矿有222家，其中棉纺织业发展最快，1919年纱锭数比1913年增加198%，布机增加86%。美国资本也扩大在

---

① 刘明逵、唐玉良编：《中国近代工人阶级和工人运动》第1册，中共中央党校出版社2002年版，第4页。

② 刘明逵、唐玉良编：《中国工人运动史》第1卷，广东人民出版社1998年版，第52页。

中国的市场，其对华贸易额1918年比1912年增长190%。[1]随着民族工业的发展和日、美等外资企业的大举进入，中国产业工人的数量也急剧增加，至1919年中国的产业工人总数约为280万人，其中中国工厂工人80万人，外资工厂工人40万人，近代矿业工人70万人，轮船航运业（海员、船务、栈房、码头工人）40万人，近代建筑工人20万人，铁路工人16.5万人，邮电工人4万人，电车、汽车工人3万人。[2]这约280万现代产业工人，构成了中国共产党成立的最为重要的阶级基础。

在产业工人之外，随着外国资本的进入和中国自然经济的逐步解体，中国还产生了一大批具有新的社会关系和阶级属性的非产业工人，这主要包括近代的手工业工人、苦力运输工人、农业雇工和商业、金融业的普通职员，他们的数量极为庞大。经济学家王亚南在论及近代工人阶级人数时称："中国全部靠出卖劳力生活的人，约计五千万以上"，其中"有八百万左右是家庭手工业者及独立手工业者"和"不到十分之一的产业工人"，这还没有把近代商业和金融业职员统计在内。刘明逵、唐玉良在上述资料的基础上进一步提出，如果将一般家庭手工业和独立手工业者作为小私有生产者，不计入工人总数，而另外补充商业、金融业的普通职员后，则近代中国的各种非产业工人总数约为四千万。[3]所以，这批非产业工人成为中国工人阶级的重要组成，着实构成了中国工人阶级的大多数。

---

[1] 刘明逵、唐玉良编：《中国近代工人阶级和工人运动》第1册，中共中央党校出版社2002年版，第4—5页。

[2] 刘明逵、唐玉良编：《中国工人运动史》第1卷，广东人民出版社1998年版，第73页。

[3] 刘明逵、唐玉良编：《中国工人运动史》第1卷，广东人民出版社1998年版，第110页。

二、中国工人的早期经济政治斗争

中国近代工人阶级的产生是外国资本主义、本国官僚资本和民族工业发展之结果。从一开始就面临资本——帝国主义、封建主义、官僚资本主义的残酷压榨和资本家的剥削，其社会处境、劳动条件、生活状况十分糟糕。他们面临着低下的社会地位、残酷的资本制度与剥削制度、野蛮的劳动管理、恶劣的劳动条件、悲惨的物质与精神生活。以劳动时间来说，当时中国多数产业工人每日工作时间通常为11—12小时，合每周66—70小时[①]。而西方资本主义国家工人1890—1899年为每周70小时，1900—1909年为61小时，1910—1919年为58小时[②]。因此，1919年国际劳工组织才提出八小时工作制，即每周工作48小时的倡议。而以劳动报酬工资水平来说，当时中国工人每日工资最高的不过5角，最低的不及2角、甚至还有不及1角的，一般是2—3角，且存在工种、地区、产业之间的差别，以及严重的中外工人之间的差距。以纺织工人为例，据统计在二十世纪的最初十年，外国工人的工资是中国工人的5倍、15倍至25倍。周恩来1921年对比了中英两国的矿工工资收入后说"相差之巨直达40倍以上"[③]。在这种超长的劳动时间，超低的劳动工资，以及中外工人严重的不平等之下，中国工人试图改变自己生存状态的政治权利却极为有限。1907年清政府的《大清矿务章程》规定："借端罢工要挟

---

① 刘明逵、唐玉良编：《中国工人运动史》第1卷，广东人民出版社1998年版，第157页。

② 刘明逵、唐玉良编：《中国工人运动史》第1卷，广东人民出版社1998年版，第152页。

③ 刘明逵、唐玉良编：《中国近代工人阶级和工人运动》第1册，中共中央党校出版社2002年版，第378页。

者"，"交地方官惩办"；1908年清政府的《结社集会律》规定："凡秘密结社，一律禁止"，违者照刑律惩办，"政论集会，巡警或地方官署，得派遣人员临场监察"；1912年北洋政府颁布之《暂行新刑律》，其中第224条规定："从事同一业务之工人，同盟罢工者，首谋处四等以下有期徒刑拘役或三百元以下罚金，余人处拘役或三十元以下罚金。"[①]由此可见，在旧的社会制度条件下，中国工人要想改变自己面临的政治经济状况，几无可能。

中国工人长期面临的这种恶劣政治经济状况，激发起了中国早期工人的斗争精神。他们通过各种自发的经济斗争和政治斗争，为改变自身乃至国家民族命运而努力着。所谓经济斗争就是像列宁所讲的工人"为争得出卖劳动力的有利条件，为改善工人劳动条件和生活条件"而自发举行的斗争[②]，其内容主要是要求增加工资、减少工时、改善劳动条件和福利待遇，反对各种形式的降低或拖欠工资、延长工时和加重工作等。由于中国近代工业的复杂性，中国工人与资本家进行经济斗争的同时，往往也会涉及反抗外国资本主义的民族压迫和本国封建势力的阶级压迫，因而其经济斗争时常夹杂着政治斗争。目前所知，中国近代最早的经济斗争是1868年10月上海英资耶松船厂广东籍工人为反对降低工资而举行的罢工[③]，此后，中国工人的经济斗争便没有中断过，且总体呈现递增态势。根据刘明逵、唐玉良的研究，从1840年至1894年，中国出现的各种经济性质的罢工71次，其中与机器大工业相关的产业工人斗争28次，这里包含外资企业工人斗

---

① 刘明逵、唐玉良编：《中国工人运动史》第1卷，广东人民出版社1998年版，第141—142页。

② 《列宁全集》第6卷，人民出版社1984年版，第58页。

③ 刘明逵、唐玉良编：《中国近代工人阶级和工人运动》第2册，中共中央党校出版社2002年版，第3页。

争16次，官办企业工人斗争10次，两者合占产业工人斗争的92.8%。显然，在此阶段产业工人的工人斗争主要因外国资本主义和本国封建势力压迫而起。①

从1895年至1913年，全国共发生经济性质的罢工斗争277次，平均每年14.58次，罢工次数和罢工频率大大增加，尤其在辛亥革命时期的1905年至1913年，更是形成了一股罢工小高潮：1905年24次，1906年24次，1909年30次，1910年25次，1911年26次，1913年27次。这表明以反抗封建统治为主要目标的辛亥革命斗争对工人运动起到了推动作用。从罢工产业比重上看，产业工人之罢工143次，占全部罢工的51.6%，开始超过各种非产业工人罢工。从区域上看，仅上海一地便发生罢工116次，占总数的41.9%，另外江苏发生罢工40次，浙江发生罢工25次，三地罢工占总数的65.3%。这表明罢工比较集中地发生在中国近代工业和手工业发达的区域。②在这些罢工中，甚至还出现同盟罢工和政党参与领导。③

从1914年至1919年五四运动前，各地工人举行的经济性质的罢工斗争185次，平均每年34.7次，是前一阶段的二倍多，其中最少的1915年都有21次，最多的1918年有60次，1919年前4个月便发生24次，其频繁程度又超过1918年。④其中产业工人罢工114次，占罢工总数的61.6%，成为罢工的主要力量。从区

---

① 刘明逵、唐玉良编：《中国近代工人阶级和工人运动》第2册，中共中央党校出版社2002年版，第2—3页。

② 刘明逵、唐玉良编：《中国近代工人阶级和工人运动》第2册，中共中央党校出版社2002年版，第17页。

③ 刘明逵、唐玉良编：《中国近代工人阶级和工人运动》第2册，中共中央党校出版社2002年版，第33—34页。

④ 刘明逵、唐玉良编：《中国近代工人阶级和工人运动》第2册，中共中央党校出版社2002年版，第35页。

域城市上看，上海仍然是最多的，共发生罢工85次，占全国总数的46.48%。广州前期只有2次鞋业工人罢工，但在这个阶段出现了5次工人罢工，其中4次是产业工人举行的，占总数80%。此期间，还出现同盟罢工25次，占产业工人罢工的22%。[①] 另外，一些工人自发建立的工人组织也在罢工中起到组织领导作用。如1918年5月18日，广州石井兵工厂工人因厂方没有按照惯例在15日发薪和放假而举行罢工，该罢工得到了设在广州的华侨工业联合会的声援，该联合会主要由华侨工人和归国华工组成，在广州、香港等地的工人罢工斗争中有过影响。[②] 所以，从五四运动前夕的工人罢工来看，产业工人罢工已经成为工人罢工的主体。这彰显出产业工人已经成为带领中国工人走向进步的骨干力量，他们在罢工中所创造的同盟罢工、组织声援等斗争方式为后续更大规模更深层次的工人斗争提供重要基础。

在开展经济斗争的同时，中国早期工人从1841年广州三元里抗英开始就积极参与各类反帝反封建的政治斗争：包括参加反对外国侵略者的斗争，参加太平天国农民战争及其他反清起义，参加资产阶级领导的民主革命——辛亥革命，参加反对北洋军阀及各类群众性反帝斗争等。这些政治斗争大多属于旧民主主义革命的组成部分，且大多并非由工人阶级直接领导，但中国工人阶级广泛参与了这些政治斗争，并在斗争中密切了与其他追求进步阶级的联系，学习、丰富了政治斗争的经验，为后续中国工人阶级的政治斗争提供了借鉴。

[①] 刘明逵、唐玉良编：《中国近代工人阶级和工人运动》第2册，中共中央党校出版社2002年版，第35—38页。

[②] 刘明逵、唐玉良编：《中国近代工人阶级和工人运动》第2册，中共中央党校出版社2002年版，第47页。

三、中国早期的工人组织

随着中国工人阶级的日益壮大及其经济政治斗争的日益深入，工人开始建立各类工人组织。这些工人组织既是工人斗争的结果，也推动着工人斗争的发展。中国早期的工人组织起源于封建时代的行会、帮口和秘密结社，相传最早的由工人自发组建的团体，是清咸丰年间（1851—1861）广州打包工人所组织的"打包工业联合会"，它将广州本地的打包工人"尽括其中"，并定有会规。1857年第二次鸦片战争期间该联合会曾举行反对英法侵略者的罢工行动。[1] 不过，中国工人比较密集的建立工人团体，是在辛亥革命期间，且多受到资产阶级革命党人的影响。1905年同盟会成立后，孙中山曾派人在香港、广州等地工人中开展活动。1909年3月，香港研机书塾率先成立，同年5月广东机器研究公会成立，不过该会并不是纯粹的工人团体，"包括劳资双方的会员"，后随着该会组织的扩大，改名为广东机器总会。1918年6月，香港机器工人"感受外国资本主义势力之压迫，知有与内地机工联合之必要"，遂派代表与广东机器总会商议，计划联合成立中国机器总会，由香港机器总会负责联络海外华人机器工人，而广东机器总会则负责联合各省机器工人。1919年中国机器总会在广州河南建筑会所，次年宣告正式成立。该机器总会是在革命党的影响下建立的，还不算是中国机器工人的独立组织，它只是显示出了中国机器工人能够团结合作的一面，"还未把工会的意义显

---

[1] 刘明逵、唐玉良编：《中国近代工人阶级和工人运动》第2册，中共中央党校出版社2002年版，第572页。

示出来"。①

在广东中国机器总会建立之后,广州又建立了基于行会基础上的广州工团总会,及由国民党议员召集工、商、政、学各界共同组成的华侨工业联合会。该二者都是劳资混合的团体,后来参加了广东总工会。此外,湖南、四川、天津等地此间也成立了诸如湖南工业总会、四川总工会、天津工会等劳资混合性质的团体。②

除了上述劳资混合性质的团体之外,辛亥革命前后的资产阶级政党、一部分政客出于其政治目的,也把目光指向了工人,并扶持工人在其影响下建立各种工人团体。孙中山的革命党人,早年成功打入香港的机器工人中间成立香港华人机器会,后改名为香港中国机器总会。与广东机器总会劳资混合性质不同,香港的中国机器总会当时就是属于工人团体,二者后来走向合作。1913年,孙中山在二次革命失败后来到日本横滨,依托华工海员组织了侨海联义社,后改为联谊社,用于传递革命消息,运输革命武器。一战后,孙中山派人到香港组建香港联义分社,后又派人在香港成立中华海员公益社,1917年在香港再成立中华海员慈善会,并在香港当局正式立案。为统一领导,1921年3月,孙中山派人在香港成立了第一个产业联合的海员工会——中华海员工业联合总会。革命党人除了在机器工人、海员工人中间活动外,还在广州茶居工人中间建立组织,于1918年建立广州茶居工会,会员发展到一万多人。③ 由上可知,孙中山

---

① 刘明逵、唐玉良编：《中国近代工人阶级和工人运动》第 2 册,中共中央党校出版社 2002 年版,第 717—718 页。

② 刘明逵、唐玉良编：《中国近代工人阶级和工人运动》第 2 册,中共中央党校出版社 2002 年版,第 566 页。

③ 刘明逵、唐玉良编：《中国近代工人阶级和工人运动》第 2 册,中共中央党校出版社 2002 年版,第 568—569 页。

及其革命党人此间建立的工人团体，主要在广东、香港和海外。

此间还出现了一些纯粹由工人组织的团体，主要分布在几个城市和产（行）业。如就城市而言，在广州有上述打包工业联合会，1906年成立的广州邮员俱乐部，以及广州沙面华人雇员组织的惠群工社。上海有1911年在法租界建立的"西字团体社"，1912年建立的制造工人同盟会、银楼业工会，1913年建立的工界青年会，1917年建立的集成同志社等。武汉有1912年成立的汉口租界车夫同益会、1913年成立的汉阳兵工厂工业同盟会等。长沙有1913年成立的长沙铅字印刷公会，1918年建立的湖南印刷公会等。就产（行）业而言，在铁路方面，有1911年建立的满铁沙河口工场职工组合、1912年建立的洛潼铁路路工同人共济会、1913年至1914年建立的沪宁—沪杭铁路工会、1917年建立的中东铁路总会和中东铁路哈尔滨地包维持总会等。在航运方面，有1914年建立的上海海员焱盈社、1918年建立的上海海员均安公所等。这些工人自发组织的工人团体，大多带有旧式行会组织的痕迹，有些已初具现代工会的雏形。它们在团结所属工人，以谋取工人利益，组织工人与资本家斗争，及形成工人阶级觉悟等方面具有"准备"意义。

总之，中国的产业工人在五四运动前后已经形成了280余万人的规模，且在历次经济政治斗争中积累了经验。他们已组建过各种不同类型的工人团体，这就为五四运动后中国工人阶级集体登上历史舞台，并在中国先进分子的指引下实现阶级自觉，完成中国工人、工会、工运的现代转型，提供了充实的条件。

第二节　马克思主义与中国工人运动的初步结合

一、五四运动后中国工人阶级登上历史舞台

五四运动极大地推动了中国工人运动的发展。中国工人阶级在声援学生运动中，展现了空前的阶级力量和阶级觉悟，这标志着中国工人阶级开始以独立姿态登上中国政治舞台。五四运动后，中国工人运动持续发展，其自发乃至自觉的政治经济斗争不断涌现；中国工人组织和工人团体不断建立，又进一步夯实了五四运动中所形成的阶级力量和阶级觉悟。这就为马克思主义与中国工人运动初步结合提供了阶级基础。

五四运动是首先由北京学生的爱国行动而起，但推动这场运动持续发展并最终走向胜利的，却是中国工人阶级。1919年6月3日，为支援北京的学生运动，上海进入"三罢"（罢课、罢工、罢市）状态，其中工人的罢工无疑起着主力军的作用。沪上工人全面的罢工是从6月5日开始，当天上海日商纱厂的中国工人首先罢工，上午沪西日商内外棉第三、四、五厂五千多名工人宣布罢工，下午浦东陆家嘴的日华纱厂工人又举行罢工，与之同时杨树浦日商上海纱厂工人也举行罢工。此外，当日还有商务印书馆和中华书局之工人，沪宁、沪杭甬铁路部分工人，以及部分码头工人一起举行了罢工，罢工人数达二万多人。[①]6日后，罢工进一步扩大至电车工人、机器工人、铁厂工人、烟厂工人等。从6月5日至6月11日，上海各业共有11万工人举行罢工；此

[①] 刘明逵、唐玉良编：《中国近代工人阶级和工人运动》第3册，中共中央党校出版社2002年版，第73页。

外还有约七万店员参与罢市①。中国工人阶级初步展现出了自己的阶级力量。在上海工人罢工的影响和推动下，全国掀起了一股"三罢"斗争的浪潮，天津、济南、武汉、长沙、南昌、九江、南京、扬州、镇江、杭州、宁波、厦门、芜湖、安庆等地，广大学生、工人和中小工商业者，纷纷起来开展"三罢"斗争，支援北京爱国学生。在各方，特别是中国工人阶级的大力声援之下，北洋政府最终决定释放被捕学生，并撤去曹、章、陆三人职务，拒绝在巴黎和约上签字。五四运动取得了阶段性胜利。

五四运动尽管取得了一定的成果，但由于中国外交整体上的失利，及帝国主义侵略和封建军阀之继续存在，中国工人的反帝反封建斗争精神在五四运动之后仍继续向前发展。日本在巴黎和会上拟从德国手中获得山东半岛的权利，更是掀起了一股持久的反日浪潮。此外，当时还发生了广东工人反对桂系对广东之统治，中东铁路工人反对沙俄残余及西方帝国主义的斗争，等等。这些持续的反帝反封建斗争，显示出经历五四运动之后，中国工人的政治觉悟已有明显提升，已有从前期为工人谋求个人经济利益的自发斗争，向为国家民族谋求整体利益的自觉斗争转变之态势。

五四运动既促进了中国工人的阶级觉悟和斗争精神，也使得中国工人的经济斗争一直持续扩大。从1919年五四运动爆发到1921年7月中国共产党成立，全国共发生各类经济性质的工人罢工314次，其中1919年5月至12月107次，1920年134次，1921年1月至7月73次②，无论是罢工总数还是罢工频率，都远

---

① 刘明逵、唐玉良编：《中国近代工人阶级和工人运动》第3册，中共中央党校出版社2002年版，第76页。

② 刘明逵、唐玉良编：《中国近代工人阶级和工人运动》第3册，中共中央党校出版社2002年版，第311页。

远超过五四运动之前。其中产业工人罢工152次，占48.4%。从产业上看主要是棉纺织工人（30次）、近代交通运输工人（30次）、机器工人（26次）、矿业工人（18次）、食品加工工人（14次）、建筑工人（9次）、印刷工人（7次），其余为火柴、造纸、成衣等行业之工人。① 从区域上看，上海仍是罢工最多的城市，共发生经济罢工109起，占全国的34.6%，其产业工人罢工52起，占全国之34%。此外，东北发生罢工82次，华东（上海除外）发生罢工46次，华中40次，华南27次，华北15次。② 在这些罢工中，有不少规模巨大，斗争激烈，坚持较长时间，并采取了同盟罢工的形式，显示出罢工还是有组织进行的。这些都显示出中国工人运动具有的新的气象。

各地持续的工人斗争，推动了工人组织和工界团体的建立。这类团体在五四运动之前已有零星出现，有学者认为它们的总数不过三十余个，且大多存在时间很短，实际影响不大。③ 而在五四运动以后，各种工人组织和工界团体就大量出现，仅上海、广州、香港、澳门、长沙等地，就有三百个左右④，且大多存在时间较长，不少还在当地社会，特别是工人群众中有较大影响。这些工人组织和工界团体性质不一。以上海为例，据统计当时有各种工人组织和工界团体四十余个，其中只有个别团体是在上海

---

① 刘明逵、唐玉良编：《中国近代工人阶级和工人运动》第3册，中共中央党校出版社2002年版，第312页。

② 刘明逵、唐玉良编：《中国近代工人阶级和工人运动》第3册，中共中央党校出版社2002年版，第313—314页。

③ 刘明逵、唐玉良编：《中国近代工人阶级和工人运动》第3册，中共中央党校出版社2002年版，第470页。

④ 刘明逵、唐玉良编：《中国近代工人阶级和工人运动》第3册，中共中央党校出版社2002年版，第470页。

共产主义小组领导之下建立的现代工会组织,而其他则为资产阶级组织的招牌工会、劳资混合组织的工界团体、工头控制的工界团体以及工人自发建立的组织;其中招牌工会便有近二十个之多,如中华工业协会、中华工会、中华工界志成会、中华全国工界协进会等,它们大多为资本家,不少还是国民党政客发起建立。[①] 在广东,据说1921年广州已有各种工会130个,香港已有120个,各县属工会也"达百余"[②]。这些工会情况复杂,有产业工人组织的工会,如中华海员工业联合总会、广东机器工人维持会等;有行业工人组织,如广州理发工会、广州茶居工会、广州革履工团、广州酒楼茶室工会等;此外还有联合性和综合性的工界团体,如广东总会、互助社、工人合助社等。从政治背景上看,有国民党人建立或控制的工会、有无政府工团主义影响下的工会、有共产主义小组影响下的工会,还有工人自发组建的工会。就全国观之,长沙、杭州、湖州、宁波、福州、南京、南昌、济南、天津、成都、梧州、蒙自、京奉铁路等地(处),也建立了各种不同类型的工会。[③] 值得指出的是,五四运动之后建立的这批工会,有不少参加了1922年的第一次全国劳动大会。正是因为工会性质、类型、背景的多样化,才使得建立全国性工会组织,实现工运统一成为必要。

　　五四运动之后,中国工人运动的继续发展,工人政治经济斗争的持续推动,各类工人组织的纷纷建立,反映了由五四运动所

[①] 刘明逵、唐玉良编:《中国近代工人阶级和工人运动》第3册,中共中央党校出版社2002年版,第471—479页。

[②] 刘明逵、唐玉良编:《中国近代工人阶级和工人运动》第3册,中共中央党校出版社2002年版,第480页。

[③] 刘明逵、唐玉良编:《中国近代工人阶级和工人运动》第3册,中共中央党校出版社2002年版,第493—502页。

爆发出来的中国工人阶级力量正在逐步凝聚,中国工人阶级的阶级觉悟正在逐步形成,但限于当时中国工人缺乏进步思想之指引与进步政党的领导,中国工人运动与工人组织仍处于整体松散与自发状态。这种新的形势呼唤着中国先进分子必须走向工人群众。

二、中国先进分子走向工人群众

五四运动不仅推动了中国工人运动的发展,更推动了中国先进知识分子与工人运动相结合。这是双方发展的共同需要,一方面,随着中国工人运动的发展,由于缺乏先进思想的指导,工人运动仍整体处于自发松散状态,无法实现中国工人运动的深入自觉与现代转型。这正如列宁所说的:"工人本来也不可能有社会民主主义的意识。这种意识只能从外面灌输进去。全国的历史都证明:工人阶级单靠自己本身的力量,只能形成工联主义的意识"。又说:"俄国社会民主主义的理论学说也是完全不依赖于工人运动的自发增长而产生的,它的产生是革命的社会主义知识分子的思想发展的自然和必然的结果。"[①] 这就意味着中国的工人运动发展及其思想觉悟提升,需要先进知识分子的引领。另一方面,在五四运动之前,中国的先进分子传播过西方新思想,传播的马克思主义主要集中于上层知识精英,而对于下层普通民众关注不够。五四运动让中国知识分子认识到工人阶级的强大力量,使得他们看到了将马克思主义思想与中国工人运动实际相结合可以找到一条走向胜利道路。所以吴玉章说:"从前虽然对下层劳动人民的痛苦生活予以极大的同情,搞革命就是为了要解放人民的苦难,但是总以为革命只有依靠少数知识分子职业革命家,实际上

---

① 《列宁全集》第6卷,人民出版社1984年版,第29页。

就是把自己当作救世主。经过五四运动才懂得，今后一定要改变办法，革命新办法，最重要的一条是要依靠工人阶级、帮助工人阶级自己解放自己。"[1] 于是中国的先进分子在五四运动前后开始走向工人群众，工人运动也由此而有了正确的方向。

早在五四运动前夕的1919年3月，李大钊就指导邓中夏等人在北京大学组织了"平民教育讲演团"，以"增进平民智识，唤起平民之自觉心"为宗旨，定期或不定期在北京城内举行讲演。[2]1920年3月"平民教育讲演团"进行重新整顿，不仅"恢复旧观"，而且"广邀团员"，除了城市讲演之外，并注重"乡村讲演"、"工场讲演"，同时鼓励讲演团员利用假期回家时"就地讲演"，且发行讲义和讲演录[3]。这就将讲演范围一下扩大到农村、工厂、及全国各地，扩大到基层的工人和农民当中去。1920年4月3日至8日北京大学放春假，讲演团利用假日举行第一次"乡村讲演"。他们到丰台、通州、长辛店、赵家店等之工厂、农村，举行各种讲演，开始将各种新思想传播给工农大众。邓中夏正是通过这次到长辛店讲演与长辛店工人结下了友谊，为他日后深入长辛店，组建工人俱乐部，走向领导工运道路打下基础。[4]

在北京大学"平民教育讲演团"的推动下，全国各地面向基层的平民教育或讲演团活动陆续开办起来。1919年7月，上海学联颁布《义务教育团进行办法》，提出创办"公办义务小学、商界义务学校、工界义务学校"三种学校；其中工界义务学校"设

---

[1] 《吴玉章回忆录》，中国青年出版社1978年版，第112—113页。
[2] 《平民教育讲演团简章》，《北京大学日刊》1919年3月7日。
[3] 《平民教育讲演团的整顿》，《北京大学日刊》1920年3月16日。
[4] 刘明逵、唐玉良编：《中国近代工人阶级和工人运动》第3册，中共中央党校出版社2002年版，第674—675页。

于各工厂内或工厂附近空地,以工人之多寡分班数授课,时间于下午散工后举行"。①1919年10月,全国学联致函各地学联、学校及学生,号召各地各校实施平民教育,"以培国本"。受其影响,各地各校设立的平民学校、通俗讲演团,有如雨后春笋般出现,仅上海一地便有南洋公学开办的南洋义务学校,及各种工人农民学校8所。天津创办4所平民夜校,5所国民半日校,2所星期日工人学校;北洋大学组织几十个讲演团,张太雷就是其中的积极分子。其他如南京、武汉、长沙、济南、芜湖、成都等地,也都纷纷建立类似的平民学校、讲演团。②

除了平民教育、讲演团之外,中国的先进知识分子还深入工人群众中做起了社会调查,以了解工人的疾苦并给出解脱的方向。1920年1月,北京一些革命知识分子到洋车工人住宅区进行社会调查;工人生活的状况让调查组成员"相顾失色,叹息不止,都现出一种极伤心且不平的样子。"他们认为"这些贫民,并不是懒惰不愿做工,实由社会组织不良,叫他们无路可走","我们有同情的人类,应该快快想出一条根本救济的办法来。"③同年1月《新青年》发起一项社会调查活动,号召革命知识分子到各地工矿区调查,这批调查成果集中于该刊之五一节专号上发表。这期专号除发表了李大钊的《五一运动史》和陈独秀的《上海厚生纱厂湖南女工问题》之外,一半以上篇幅都是调查报告。从调查的范围来看,它们涉及上海、天津、北京、唐山、长沙、南京、山西、无锡等地,涉及各行各业,仅上海就有4类56个行业。

---

① 《上海学联义务教育团进行办法》,《民国日报》1919年7月14日。
② 刘明逵、唐玉良编:《中国近代工人阶级和工人运动》第3册,中共中央党校出版社2002年版,第675—676页。
③ 《北京贫民的悲惨生活》,《晨报》1920年1月26日。

这些调查报告资料翔实，包括工厂的历史、工资、工人待遇、工人家庭、工人组织和斗争等，有些还附有详细的调查数字和统计表。调查报告的作者，有陈独秀、李大钊委托的朋友，有《新青年》派的人，有看了《新青年》征稿广告而参与的，其中就有早期的共产主义者，如高君宇、高语罕等。从调查报告内容上看，虽然一般还缺乏马克思主义的分析，但却反映了知识分子同情工人的立场、思想和情感。[①]

继《新青年》五一节专号之后，武汉的知识分子也对汉口苦力状况与武汉劳动界之总体状况进行调查，并提出解决的办法。调查者不少具有鲜明的马克思主义立场、观点、方法，如认为"要打破资本主义，就要阶级争斗，劳工必先有强固的团结。所以劳工要不受资本家的控制，必须要以革命的态度，努力从事劳动组合。"[②]

1920年的五一劳动节，是中国知识分子与工人群众第一次大规模集结的标志。当日中国各大报刊纷纷发表纪念五一劳动节的文章，甚至是出专刊。各地之知识分子与广大劳动者一起，组织了各式各样丰富多彩的纪念活动。如《新青年》《星期评论》《新社会》及《北京大学学生周刊》、《晨报》副刊、《民国日报》副刊《觉悟》等重要报刊，在当时推出"劳动节纪念专号"；《申报》《大公报》《晨报》《民国日报》《时报》等在当时都集中报道各地纪念五一节的盛况，并发表纪念文章。这是中国知识分子第一次集体为中国劳动者讴歌，让中国的工人群众了解到五一

---

① 《马克思主义和早期中国工人运动结合的若干历史研究》，《天津社会科学》1988年3月14日。

② 包惠僧：《我对于武汉劳动界的调查和感想》，《民国日报》副刊《觉悟》，1921年4月8日。

劳动节的来历，了解到五一节及其意义，了解到中国工人的现状，并认识到改变中国工人命运的出路。

与之同时，在上海、北京、广州、汕头、九江、杭州、苏州、漳州、哈尔滨等地，广大知识分子、爱国学生与工人群众一起举行各种纪念活动，以纪念劳动者自己的节日。陈独秀、李大钊等中国共产主义先进分子也积极参加这次纪念活动，撰写纪念文章、发表演说，从而密切了与中国工人群众的联系。尤其是在上海，当日之纪念活动还发生了军警阻挠、镇压工人集会事件，这次活动更进一步加深了先进知识分子与工人群众的关系。伴随着五一纪念活动，"劳工万岁"、"劳工神圣"的口号传遍了大江南北。

总之，以上情况表明，中国先进分子在五四运动之后已充分认识到中国工人阶级的力量。他们通过平民教育、讲演团、社会调查、发表文章、纪念五一劳动节等多种方式，深入中国工人群众之中，并建立起了先进分子与工人群众的联系，将各种新思想，乃至马克思主义、社会主义学说传播、介绍给工人；进而启迪工人觉悟，为其指明奋斗方向。这是马克思主义思想与中国工人运动的初次结合，为各地建立共产党早期组织提供了条件。

三、共产党早期组织初步参加中国工人运动

随着中国先进分子不断走向工人群众，密切与工人群众的关系，及启迪工人觉悟，养成其阶级意识，建立无产阶级政党的任务就被提上了日程。1920年春，共产国际代表维经斯基来到中国，先后与李大钊、陈独秀等先进知识分子接触，就组建无产阶级政党之事达成共识。1920年8月，上海产生了中国第一个共产党早

期组织，接着在北京、武汉、长沙、济南、广州、重庆①以及海外的日本、法国等地也陆续建立多个共产党早期组织。这些共产党早期组织成立后，都把从事工人运动作为自己的重点工作之一。在这些共产党早期组织的推动下，中国的工人运动有了进一步发展，无产阶级政党与中国工人运动关系也有精进。

创办面向劳动者的刊物，对工人进行宣传是共产党早期组织的重要工作。1920年8月15日，上海共产党早期组织的陈独秀、李汉俊、陈望道等人，创办了《劳动界》周刊，载文揭露工人在帝国主义、封建主义和资本主义压迫之下的种种悲惨生活，向工人传播马克思主义，为其指明解放之道路。此外，为加强对上海店员的宣传，上海共产党早期组织还以《新青年》杂志社的名义与上海工商友谊会合作创办了《上海伙友》，不过由于该刊也宣传了不少改良主义的观点，并不算是严格意义上的工人刊物。②接着，1920年10月3日广州共产党早期组织创办了《劳动者》周刊，11月7日北京共产党早期组织创办了《劳动音》周刊，1921年2月13日广州共产党早期组织又创办面向劳动妇女的《劳动与妇女》周刊，5月1日济南共产党早期组织创办了《劳动周刊》。此外，1921年1月天津的社会主义青年团小组还曾创办过一份《来报》。③这些刊物，大多具有鲜明的马克思主义立场，用大量案例和文字向工人进行宣传教育，以启迪工人觉悟。不过，广州的《劳动者》杂志因受无政府主义影响，也发表了一些无政府工团主义、经济主义、无

---

① 《四川省重庆共产主义组织的报告》，《中国共产党第一次全国代表大会档案文献选编》，中共党史出版社2014年版，第30页。

② 刘明逵、唐玉良编：《中国近代工人阶级和工人运动》第3册，中共中央党校出版社2002年版，第689页。

③ 刘明逵、唐玉良编：《中国近代工人阶级和工人运动》第3册，中共中央党校出版社2002年版，第695页。

政府共产主义的观点，这些都给工人运动带来了思想上的困惑。

创办工人补习学校，对工人进行教育是共产党早期组织的另一重点工作。长辛店是京汉铁路北段工人集中的地方。1920年春，邓中夏等人组建的平民教育讲演团曾进入长辛店与工人建立了联系。北京共产党早期组织成立后，决定以平民教育为名，在长辛店创办一所工人补习学校。1922年1月1日，长辛店劳动补习学校正式成立，以"增进劳动者和劳动者子弟的完全知识，养成劳动者和劳动子弟高尚人格"为宗旨。[①]该校分为日夜两个班，夜班面向工人，日班面向工人子弟；教员大多由北大师生担任，李大钊等北京共产党早期组织成员常去授课。这种劳动补习学校，向学员一面讲授文化知识，一面传播革命斗争思想，受到长辛店工人的欢迎。长辛店铁路工人也由此成为中国共产党早期开展工人运动的重要阵地。上海共产党早期组织也比较早地开展工人补习教育。1920年8月，上海共产党早期组织派李启汉前往沪西小沙渡开展工人教育。与长辛店一样，小沙渡也是一个工人群众基础较好的地方，集中着大批纱厂工人；之前上海先进分子曾在此开展过平民教育。李启汉到小沙渡后不久，即在槟榔路北锦绣里3号创办了一所工人半日学校，至1920年12月又在半日学校的基础上改办上海工人游艺会，以更为轻松活泼的方式吸引工人参与。它一边教工人知识，一边传授革命思想，至1921年夏改为上海第一补习学校时，前来上学的男女工人达二百多人。这成了上海共产党早期组织开展工人教育和工人运动的新阵地。[②]除了

[①]　刘明逵、唐玉良编：《中国近代工人阶级和工人运动》第3册，中共中央党校出版社2002年版，第696页。

[②]　刘明逵、唐玉良编：《中国近代工人阶级和工人运动》第3册，中共中央党校出版社2002年版，第698页。

北京、上海共产党早期组织外，其他如武汉共产党早期组织当时也在工人中开办识字班，广州共产党早期组织则开办了机器工人夜校，它们皆通过文化教育手段来启迪工人觉悟，同时也扩大了共产党早期组织在工人中的影响。

在对工人进行宣传、教育的基础上，各共产党早期组织开始领导工人组建属于工人阶级自己的工会。上海共产党早期组织在李启汉前往沪西小沙渡的同时，选派了李中到沪东杨树浦筹组机器工会。李中曾在江南造船厂做过工，他于1920年10月3日召集江南造船厂、杨树浦电灯厂、厚生铁厂、东洋纱厂、恒丰纱厂的七八十名机器工人，在法租界渔阳里6号开发起会；陈独秀、李汉俊、李启汉、杨明斋等上海共产党早期组织成员也与会，一起草拟《机器工会章程》。同年11月21日上海机器工会正式宣告成立时，孙中山、陈独秀到会祝贺，当时便有会员三百七十余人。《共产党》月刊曾称：上海机器工会是"办理得有精神有色彩的工会"，是"中国第一个真正具有阶级性和群众性的工会组织。"[1] 此后，在上海共产党早期组织的影响下，上海还成立了印刷工会（1921年3月6日）。稍后，北京共产党早期组织以长辛店劳动补习学校为基础，于1921年5月1日成立了长辛店工人会。《共产党》月刊曾称赞长辛店工人会"办会很有条理"，"不愧乎北方劳动界的一颗明星。"[2] 此外，武汉共产党早期组织成立了汉口"人力车夫工会"；广州共产党早期组织则成立了土木建筑工会和理发工会。陈独秀于1921年2月10日参加了广州理发工会

---

[1] 刘明逵、唐玉良编：《中国近代工人阶级和工人运动》第3册，中共中央党校出版社2002年版，第701页。

[2] 刘明逵、唐玉良编：《中国近代工人阶级和工人运动》第3册，中共中央党校出版社2002年版，第702页。

的成立大会，并高度赞扬理发工会"有详细完备的章程"和"纯粹的工人"。①这一批在各地共产党早期组织领导下建立起来的工会，皆为章程详备、纯粹工人的工会组织，它们标志着中国现代工会组织的形成。邓中夏曾说过："中国'现代式的'职工运动，无疑的是从中国共产党手里开始。有了共产党，然后才有'现代式的'工会，从此中国的工会才渐次的相当具有组织性、阶级性以至于国际性。"②

  这些"现代式的"工会成立之后，便开始领导工人开展各种罢工斗争。如长辛店工人会在成立之后便首先带领工人与工头斗争，导致"有几个工头竟被工人强迫工厂开除，驱逐出境"。这就使得工人会的工人感到组织团体的重要，由成立之初"实际上并未切实组织"，到此时开始组织工人俱乐部。③1921年3月1日，在汉口"人力车夫工会"的领导下，汉口租界的人力车夫工人为反对车行增加租金，举行大罢工。他们与租界巡捕发生冲突，以致发生工人流血、工人被捕事件，最终因工人的罢工意志坚决，资方决定暂缓加租，并释放被捕车夫。这是武汉共产党早期组织成立后取得的首次工人罢工斗争的胜利。④1921年初广东土木建筑工会成立后，以郭植生为主席，该会便领导四千多个木匠和泥水匠向资本家斗争，要求增加工资、减少工时。当时，公安局长魏邦平压制工人运动，逮捕六七名工人。在此情况下，该工会在

---

① 《理发工会成立会演说辞》，《陈独秀文集》第2卷，人民出版社2013年版，第149页。
② 邓中夏：《中国职工运动简史（1919—1926）》，《邓中夏全集》（下），人民出版社2014年版，第1357页。
③ 邓中夏：《中国职工运动简史（1919—1926）》，《邓中夏全集》（下），人民出版社2014年版，第1358页。
④ 邓中夏：《中国职工运动简史（1919—1926）》，《邓中夏全集》（下），人民出版社2014年版，第1361页。

王寒烬带领下，动员三千多工人包围公安局两天两夜，迫使公安局放人，资方还组织"南安堂"同工会对抗。由于工人坚持斗争，罢工最终取得胜利。①

不过，这些在各地共产党早期组织领导下"现代式的"工会所发动的工人罢工，无论是从数量上还是规模上都无法与同时期发生的其他性质罢工相比。以广州共产党早期组织为例，1920年至1921年，广东先后发生两次规模和影响力巨大的机器工人罢工——香港机器工人罢工（1920年5月）、广州机器工人罢工（1921年6月）。在广州共产党早期组织建立之后，仅从1920年10月至1921年4月间，便发生工人罢工8次，成立各式工会32个。这还不包括在广州以外之香港、佛山、潮州、虎门等地发生的罢工及所建立之工会组织。②这些罢工和工会组织的建立，着实让正在筹备之中的中国共产党看到了中国工人阶级的强大力量，及认识到依托现代工会全面掌握中国工人运动领导权的可能性。

总之，在中国共产党成立前的短短一年间，各地共产党早期组织尽管面对人力、物力、财力极为有限的情况，但它们中间的先进分子却在成功进入工人群众，对工人进行更深入、系统的宣传、教育，并将其组织起来建立现代工人组织，乃至引导工人举行工人罢工，取得了巨大的成功。这些举措是马克思主义与中国工人运动进一步结合的结果，让党的先进分子进一步认识到蕴藏在工人运动中的无穷力量。共产党早期组织的中国工人运动实践，为中国共产党成立后全面进入并领导工人运动提供了宝贵经验。

---

① 《梁复燃回忆广东共产主义小组在工人中的活动》，《中国工会运动史料全书》（电子版）（广东卷），中国职工音像出版社2002年版，第75页。

② 《广州一年来之劳工运动》，《广东群报》1922年5月1日。

第三节 中国共产党工人运动方针的确立与中国劳动组合书记部成立

一、中国共产党工运方针的确立

1921年7月中国共产党成立。党的第一个纲领中明确提出："革命军队必须与无产阶级一起推翻资本家阶级的政权，必须支援工人阶级，直到社会的阶级区分消除为止。"[①]这一目标是基于中国共产党作为马克思主义政党应与中国工人运动相结合所作出的判断。而实际上在中共一大上，与会代表就曾深入讨论过工人运动的问题，主要是如何组织工会和如何在工人中吸收党员。关于工会组织问题，大会主要讨论了工人斗争纲领、工会组织原则和组设工人运动总机构等问题。大会决定工人斗争的纲领包括"八小时工作制、增加工资、保护女工童工等"；"共产党人不应再因袭旧式行会和'招牌工会'的旧习，应注重新式的产业工会的组织"；"中共应在中央所在地组设一个工人运动的总机构，并在各重要地区设分支机构，以为领导工运的枢纽。"关于在工人中发展党员问题，大会决定"各地组织应在工人群众中宣传马克思主义"，"工人的入党条件应从宽规定，一个工人只要能热心工会活动，为工人利益斗争，并表示愿意加入共产党，就可准其参加进来"。[②]

中共一大最终通过了党的第一个决议。它在工人组织方面提

[①] 《中国共产党第一个纲领》，《建党以来重要文献选编》（1921—1949）第1册，中央文献出版社2011年版，第1页。

[②] 《中国共产党第一次全国代表大会》，《中国共产党第一次全国代表大会档案文献选编》，中共党史出版社2014年版，第141—142页。

出:"本党的基本任务是成立产业工会。凡有一个以上产业部门的地方,均应组织工会;在没有大工业而只有一两个工厂的地方,可成立比较适于当地条件的工厂工会。""党应在工会里灌输阶级斗争的精神。党应警惕,不要使工会成为其他党派的傀儡。为此,党应特别机警地注意,勿使工会执行其他的政治路线。对于手工业工会,应迅速派出党员,尽快进行改组工作。""拥有会员二百人以上方能成立工会,而且至少要派我党党员二人到该工会去工作。"[1]决议还提出:"因工人学校是组织产业工会过程中的一个阶段,所以在一切产业部门均应成立这种学校"。[2]决议要求由各个产业部门的领导人、有觉悟的工人和党员组成工会组织的研究机构,研究产业工会组织的工作方法,并研究工人工会以及其他无产阶级组织的情况。该机构的研究工作应分为"工人运动史"、"组织工厂工人的方法"、"卡尔·马克思的经济学说"、"各国工人运动的现状"。[3]决议还对党的宣传工作提出:"每一地区,均可视其需要而发行一份工会杂志,一份日报或一份周报,以及小册子、临时传单等"。[4]同时,决议又提出"对现有其他政党,应采取独立的攻击的政策。……不同其他党派建立任何关系"。[5]由此可见,党的第一个决议之规定大多与工人

---

[1] 《中国共产党第一个决议》,《建党以来重要文献选编》(1921—1949)第1册,中央文献出版社2011年版,第4页。
[2] 《中国共产党第一个决议》,《建党以来重要文献选编》(1921—1949)第1册,中央文献出版社2011年版,第5页。
[3] 《中国共产党第一个决议》,《建党以来重要文献选编》(1921—1949)第1册,中央文献出版社2011年版,第5—6页。
[4] 《中国共产党关于(奋斗)目标的第一个决议》(英文译稿),《中国共产党第一次全国代表大会档案文献选编》,中共党史出版社2014年版,第9页。
[5] 《中国共产党第一个决议》,《建党以来重要文献选编》(1921—1949)第1册,中央文献出版社2011年版,第6页。

运动有关,所以赤色职工国际代表斯穆尔吉斯才会评价说中共一大"使中国的职工运动最终建立起统一的组织"。① 中共一大的党纲与决议对于后续党领导的工人运动有重要指导意义。

1921年9月,中共中央局根据中共一大的精神,在上海召开中央局扩大会议,陈独秀主持了这次会议,参会者有上海、北京、武汉、山东、湖南、广东等地之代表,会议主要讨论如何推动工人运动与产业工人区域建立党与团组织等问题。② 11月中共中央局正式发出通告《关于建立与发展党团工会组织及宣传工作等》,指出:"上海、北京、广州、武汉、长沙五区早在本年内至迟亦须于明年七月开大会前,都能得同志三十人成立区执行委员会,以便开大会时能够依党纲成立正式中央执行委员会。""各区必须有直接管理的工会一个以上,其余的工会也须有切实的联络;在明年大会席上,各区代表关于该区劳动状况,必须有统计的报告。""关于劳动运动,议决以全力组织全国铁道工会,上海、北京、武汉、长沙、广州、济南、南京、天津、郑州、杭州、长辛店诸同志,都要尽力于此计划。"③ 显然,与中共一大相比,中央局扩大会议及其通告关于劳动运动的决议更为具体。因为一大主要是制定总的党纲和决议,它对于如何落实党纲和决议,特别是针对当时中国的具体情况制定出可操作性的革命纲领和工运纲领,尚没有做到,而中央局会议及其通告对各区发展工会的要求,以及重点发展全国铁路工会的决策,在某种程度上弥补了一

---

① 《驻赤塔赤色职工国际代表斯穆尔吉斯的信件》,《中国共产党第一次全国代表大会档案文献选编》,中共党史出版社2014年版,第33页。

② 姜华宣、张尉萍、肖甡编:《中国共产党重要会议纪事(1921—2006)》,中央文献出版社2006年版,第5—6页。

③ 《中国共产党中央局通告》,《建党以来重要文献选编》(1921—1949)第1册,中央文献出版社2011年版,第47页。

大的不足，对于各地工人运动的开展有直接指导意义。

二、中国劳动组合书记部成立

中共一大确立了党要重点发展工人运动的方针，但由于党刚刚成立，仍处于秘密状态，不便公开活动，于是在一大后不久 8 月 11 日，中国劳动组合书记部便在上海成立，作为党领导工人运动的总机构。该书记部之办公地点位于上海公共租界北成都路 19 号，首任书记部主任是张国焘，干事为李启汉、李震瀛等人。[①] 8 月 16 日，中国劳动组合书记部张国焘等 26 人，对外发表了《中国劳动组合书记部宣言》。该《宣言》开篇便直接指出：资本主义制度是造成工人悲惨状况的根源，"资本主义在中国各大商埠发展的状态，和在世界上任何地方发展的状态是没有分别的，新式的生产制度一天一天的把旧的生产方法毁灭，一天一天的把劳动者集中到工厂里去，叫他们做机器的附属物。一班男女劳工在这种新式的生产制度下面的工作情况，简直就和牛马一样。"《宣言》接着描绘了工人的种种悲惨状况，并断言"这种痛苦的工作状况，加在这班男女工人和童工的身上，一定会迫着他们自己团结起来，向着他们的东家——剥夺者——为有力的奋斗。"关于工人们如何才能团结起来，《宣言》提出要建立现代产业工会，"我们只有把一个产业底下的劳动者，不分地域，不分男女老少，都组织起来，做成一个产业组合。因为这样一个团体才能算是一个有力的团体，要这样的组织法，劳动者才能用他们的组织力，

[①] 中共上海市委党史资料征集委员会、上海市总工会编：《中国劳动组合书记部在上海》，知识出版社 1989 年版，第 4—5 页。另据驻赤塔赤色职工国际代表斯穆尔吉斯的说法，中国劳动组合书记部共 7 人，其中一个是工人，一个是在工厂做工的大学生，其余都是知识分子。

做奋斗事业,谋改良他们的地位。"《宣言》还郑重介绍了中国劳动组合书记部的成立及其目的,"中国劳动组合书记部是由上海——中国产业的中心——的一些劳动团体所发起的,是一个要把各个劳动组合都联合起来的总机关。他的事业是要发达劳动组合,向劳动者宣传组合之必要,要联合或改组已成的劳动团体,使劳动者有阶级的自觉,并要建立中国工人们与外国工人们的密切关系。"《宣言》号召"那些已成立的劳动团体加入这个书记部与我们共同进行",并"相信将来的世界一定是工人们的世界","中国的工人们呀!我们赶紧联合成劳动组合呀!"[①]

中国劳动组合书记部成立后不久,就在北京、济南、武汉、湖南、广州等地设立了分部,其中北方分部由邓中夏、罗章龙负责;山东分部由王尽美负责,后并入北方分部,王尽美任北方分部副主任;武汉分部由包惠僧负责,后由林育南、项英接任;湖南分部由毛泽东负责;南方分部由谭平山负责,后改为广东分部,由阮啸仙、冯菊坡接任。[②]1922年5月召开的第一次全国劳动大会,就由中国劳动组合书记部上海总部负责发起与统筹,南方分部负责具体组织落实。同年7月中共二大后,中国劳动组合书记部进行了改组,将书记部总部由上海迁往北京,由邓中夏任总部主任,仍在上海、武汉、长沙、广州、济南、天津、南京设立分部。[③]

中国劳动组合书记部由"社会主义者及有觉悟的工人组织之",以"促成工业工人组织团体,增高工人地位,及促进工人

[①] 《中国劳动组合书记部宣言》,《建党以来重要文献选编》(1921—1949)第1册,中央文献出版社2011年版,第45—46页。

[②] 中共上海市委党史资料征集委员会、上海市总工会编:《中国劳动组合书记部在上海》,知识出版社1989年版,第5页。

[③] 邓中夏:《中国职工运动简史(1919—1926)》,《邓中夏全集》(下),人民出版社2014年版,第1377页。

国际联合"为宗旨。① 为此，它在成立后不久便迅速地投入到工人运动中去。其成立初期所从事的工作主要有：

1、出版工人刊物。1921年8月20日，中国劳动组合书记部创办的《劳动周刊》出版，作为推动工人运动之机关刊物。该刊编辑主任为张国焘，编辑人为包晦生、李震瀛、李启汉、李新旦、刘荩人、锄平（董锄平），发行人为顾耕野。② 该刊在其发刊词中指出："这个《劳动周刊》是中国劳动组合书记部的机关报，换言之，就是中国全体劳动者言论机关。我们这个周刊是不比得有产阶级的报纸，有产阶级的报纸，是只记得金钱，那里记得什么公道正义呢！我们的周刊不是营业的性质，是专门本着中国劳动组合书记部的宗旨为劳动者说话，并鼓吹劳动组合主义。我们希望中国的工人们都拿材料来供给这个惟一的言论机关，都来维护这个惟一的言论机关，扩大解放全人类的声浪，促进解放全人类的事业实现。"此周刊为4开4版的小型刊物，每周六出版，前后共计出版41期，每期发行最多达5000份，前后印行16.5万张。《劳动周刊》设有"评论"、"工会消息"、"劳动界消息"、"世界要闻"、"特载"、"来件"、《小说》、"随感"等栏目，向读者介绍中国工人的生产生活状况，为工人指明了通过劳动组合的方式，实现个人解放、人类解放的道路。③

2、开办工人教育。前文所述，早在1920年秋，上海共产党早期组织成员李启汉在沪西小沙渡开办了工人半日校、工人游艺会。中国劳动组合书记部成立后，又在该工人半日校、工会游

---

① 《中国劳动组合书记部章程》，《工人周刊》第52期，1922年9月17日。
② 《〈劳动周刊〉发刊词》，《共产党》第6号，1921年7月7日。
③ 中共上海市委党史资料征集委员会、上海市总工会编：《中国劳动组合书记部在上海》，知识出版社1989年版，第7页。

艺会的基础上开办了上海第一工人补习学校。当时报名的工人有200人，其中女工二十余人，实际到校学习的工人有三十余人。该校授课时间为上午7时至9时，供夜班工人学习；晚上7时至9时，供日班工人学习。授课内容有政治常识和劳动组合等相关问题。李启汉、李震瀛、包惠僧等人轮流去上课，李震瀛任校长。①为了更好地对工人进行教育，中国劳动组合书记还组织发行了施光亮编写的《劳动运动史》，作为劳动学校的教材，用简明扼要的方式将世界各国劳动运动的经过、现状、趋势、教训写出来，为中国工人提供启示。②

3、组织产业工会。早在中共成立之前，上海共产党早期组织就领导工人成立了上海机器工会（1920年11月）、上海印刷工会（1920年12月）、上海纺织工人会沪西支部等产业工会。中国劳动组合书记部成立后，又直接领导或帮助工人先后成立了上海烟草工人会（1921年8月）、上海印刷工人会（1921年11月）、上海纺织工会浦东分会（1922年3月）、上海邮务友谊会（1922年5月）、上海海员工会（1922年7月）、机器工人俱乐部（1922年）等产业工会。③在组织产业工会的同时，中国劳动组合书记部还和招牌工会作斗争。所谓招牌工会指的是打着工人的旗号，实际上却在维护资方利益，其特点是提倡阶级调和，抹杀阶级对立；宣扬劳资合作，反对阶级斗争；主张改良主义，阻挠工人运

---

① 中共上海市委党史资料征集委员会、上海市总工会编：《中国劳动组合书记部在上海》，知识出版社1989年版，第8页。

② 《施光亮编劳动学校教科用书〈劳动运动史〉出版》，《民国日报》副刊《觉悟》，1922年4月18日。

③ 中共上海市委党史资料征集委员会、上海市总工会编：《中国劳动组合书记部在上海》，知识出版社1989年版，第8页。

动。①1921年11月上海各工团筹备成立上海工团联合会（上海总工会），中国劳动组合书记部联合上海机器工会、纺织工会、烟草工人会、印刷工人会等进步工会参加；参与此事的还有中华全国工界协进会、中华工会总会、上海电器工界联合会、中华劳动联合会、工商友谊会等招牌工会。中国劳动组合书记部"希望上海的工人，借着一致对外的机会，共同起来谋一个真实的系统的团结，作工人自决的新起首。"书记部在会上提出："暂设全国劳工的总通信处于上海，作全国真正工人总工会的基础"；"快快成立上海各业工会真正工人的代表团，以作成立上海真正工人总工会的基础"。结果，会上对筹备上海工团的总机关问题，书记部与招牌工会发生分歧；招牌工会主张成立"上海工团联合会"，凡是工界团体都可加入；而书记部则提出成立"上海各业工会代表团"，成员限于本市产业工会。最终书记部的主张被否决，书记部代表李启汉、李震瀛等人愤然退出会议。随后，以书记部为代表的进步工会为重组上海各业工会代表团，连续开了5次筹备会，并分头去联络约请上海各业工会，准备在多数工会加入以后，再开上海各业工会代表团成立大会。时任中央局书记的陈独秀对书记部的这次斗争十分称赞："鄙人对于新组织的上海各业工会代表团，抱有无穷的希望。现在，他们居然能够觉悟，居然能够离开工人的招牌工会，居然能够集合机器、纺织、印刷、烟草等真正工人的工会筹备组织，更加令人不能不欢迎佩服了。这件事对于促起真正工人对于非工人组织之工会的觉悟，更是一桩大大的幸事。这桩幸事是上海工人运动日趋进步之现象，在中国劳动

---

① 刘明逵、唐玉良编：《中国工人运动史》第2卷，广东人民出版社1998年版，第259页。

运动史上有记载价值。"①

4、领导工人罢工。早在中国劳动组合书记部筹建时，张国焘、李启汉等后来书记部之主要成员便领导了浦东英美烟厂工人的罢工。1921年7月21日，英美烟厂八千余工人，因反对洋监工克扣工资与殴辱工人爆发大罢工后，新生的中国共产党成员适时参与进去。李启汉来到烟厂组成工人代表会议作为罢工的领导核心，接着帮助他们起草了罢工宣言，拟定了增加工资、撤换虐待工人的监工等8项条件，并推派工人代表与资方谈判，经过3个星期的罢工斗争，于8月10日取得胜利。这是党领导的第一次工人罢工。②中国劳动组合书记部成立后，领导和参与工人罢工是书记部为工人谋取利益，赢得工人支持，扩大在工人中影响力的重要途径。1921年10月24日，英美烟厂新厂机车间500名工人，为反对监工任意欺压工人而罢工，26日新老两厂一万工人全体加入。此次罢工发生后，书记部李震瀛在《劳动周刊》上报道了罢工消息，并鼓励工人们说："可敬可爱的一万激涡中的弟兄姊妹哟！望努力勿懈！最后五分钟，才是胜利的时候呀！"3个月前，李启汉在领导该厂罢工时，工头王凤山破坏罢工，结果此次王凤山悔悟。为此书记部还在《劳动周刊》上发文希望工头们"赶快觉悟起来，以王君为模样，急与工人携手，共谋幸福"。除了领导和参与英美烟厂工人的两次罢工之外，书记部还于1922年1月在上海组织了"香港海员后援会"支援香港海员大罢工，1922年4月发起"浦东纺织工人经济后援会"支援浦东日华纱厂工人

---

① 刘明逵、唐玉良编：《中国工人运动史》第2卷，广东人民出版社1998年版，第259—261页。

② 中共上海市委党史资料征集委员会、上海市总工会编：《中国劳动组合书记部在上海》，知识出版社1989年版，第4页。

罢工，及先后领导了1922年4月的上海邮务工人罢工和1922年5月的上海宝隆医院医务人员罢工。①

除书记部上海总部之外，各地之书记部分部在成立后，也纷纷从事出版工人刊物、开办工人教育、组织产业工会、领导工人罢工等工作。它们与工人打成一片，逐步扩大书记部在工人中的影响力，如北方分部对北方铁路工人和开滦煤矿工人的影响、武汉分部对京汉路南段江岸站和粤汉铁路徐家棚站工人的影响、湖南分部对安源路矿工人的影响等，就此打开了党领导工人运动的新局面。

三、中国劳动组合书记部南方分部

作为第一次全国劳动大会具体组织方的中国劳动组合书记部南方分部，成立于1921年10月，负责人有谭平山、冯菊坡、刘尔崧、梁复燃、张瑞成、郭植生等人，由谭平山担任主任，地点位于广州素波巷，这里也是中国共产党广东支部所在地。②广州是中国近代工业起步较早的地方，也是较早建立现代工会的地方，早在1909年便建立广东机器研究公会，至1921年建党时广州工会已增加到一百多个。不过，这些工会的状况不一，有无政府主义的工会，有受国民党控制的工会，如广东机器工人维持会、广东总工会、广州互助总社等，还有很多以行业为基础建立起来的工会，如酒楼茶室、车务、理发、印务、革履、旅业等工会。总之，成分非常复杂。因此，1921年7月广州党组织提出：广州工会工作的首要任务是建立广东机械工人工会和铁路工人俱乐部，以及

---

① 中共上海市委党史资料征集委员会、上海市总工会编：《中国劳动组合书记部在上海》，知识出版社1989年版，第19—22页。

② 谭天度：《建党初期的广州工人运动》，刘明逵、唐玉良编：《中国近代工人阶级和工人运动》第4册，中共中央党校出版社2002年版，第39—40页。

成立工会学校、工人夜校等用于觉悟工人。① 中国劳动组合书记部南方分部成立后，即将工作重点首先放在了广东机器工会上。1921年4月，广东机器工人另行建立没有雇主参加的广东机器工人维持会（后改称广东机器工会）后，但仍抱着劳资调和的态度。因此，广东党组织决定派干部进入该维持会对之加以改造。10月30日广东机器工人维持会准备成立工人补习学校时，陈独秀即推荐谭平山、冯菊坡等书记部成员给廖仲恺，请其转荐到工人补习学校充任义务教员，借以通过机器工会进行革命宣传活动。此事由于国民党员马超俊、邓汉兴，无政府主义者李德轩等人的阻挠，最终改造机器工人维持会之事未果。②

南方分部虽改造机器工会未果，但却在土木建筑工会上取得进展。早在广州共产党早期组织时期，梁复燃、王寒烬等人便到广州木匠、泥水匠工人中开展工作，至1921年2月组织成立了统一的广州土木建筑工会，会员有四千多人，以郭植生为工会主席。③ 南方分部成立后，该工会进一步拓展至广东全省，会员发展到一万余人，并在佛山等地建立分会。此工会为提高工人工资，成功进行了多次地方性的工人罢工，还尝试与其他城市的地方联合会联络，以建立全国的联合会。④ 此外，从1921年至1923年，南方分部还派刘尔崧等在广州、顺德等地的油业工会中，进行细

---

① 《广州共产党的报告》，《建党以来重要文献选编》（1921—1949）第1册，中央文献出版社2011年版，第18—19页。

② 《梁复燃回忆中共广东党组织对工运领导的概况》，《中国工会运动史料全书》（电子版）（广东卷），中国职工音像出版社2002年版，第80页。梁复燃在回忆中提到机器工人补习学校是由谭天度负责，还介绍机器工人入党。

③ 《梁复燃回忆广东共产主义小组在工人中的活动》，《中国工会运动史料全书》（电子版）（广东卷），中国职工音像出版社2002年版，第75页。

④ 马林：《向共产国际执行委员会的报告》，《中国共产党第二次全国代表大会档案文献选编》，中共党史出版社2014年版，第77页。

致的工作,"最后建立了党支部,并按照党的要求改造了旧工会,使油业工人队伍面目为之一新。"①

经过中国劳动组合书记部南方分部的努力,广州在全国劳动大会召开前参加工会组织的工人达五万人。②1922年6月30日,陈独秀在给共产国际的报告中在提到广东工运方面的成绩时,主要谈到"参加建筑工人大罢工,组织广东建筑工会";"参加机器工会改造运动,设立工人学校3所";"香港海员罢工时,全部党员及青年团员参加招待及演讲,以共产党名义散传单3000份";"设立劳动通信社";"援助盐业工人罢工"等③。这些工作全部都是在南方分部成立之后开展的。

由上可知,中国劳动组合书记部及其地方分部成立后,已在各地工人运动中开展了细致扎实有效的工作,成功地争取到了各地工人、工会对书记部的信赖。正因如此,当1922年4月中国劳动组合书记部发起召开全国劳动大会之时,便得到了各地工人、工会组织的积极响应,纷纷遣派代表参加。这与中国劳动组合书记部贯彻党的工运方针,积极开展工运工作是分不开的。

---

① 刘明逵、唐玉良编:《中国工人运动史》第2卷,广东人民出版社1998年版,第282页。

② 马林:《向共产国际执行委员会的报告》,《中国共产党第二次全国代表大会档案文献选编》,中共党史出版社2014年版,第77页。

③ 陈独秀:《中共中央执行委员会书记陈独秀给共产国际的报告》,《中国共产党第二次全国代表大会档案文献选编》,中共党史出版社2014年版,第70页。

第二章 广州召开全国劳动大会的社会历史条件

全国劳动大会在广州召开是多方共同努力的结果。全国劳动大会由中国共产党首先发起，并为之拟定了"不分党派，团结合作"的方针，其具体的筹备工作由中国劳动组合书记部为主进行。大会得到了广大工人团体的积极响应，受到香港海员罢工和湖南劳工会黄爱、庞人铨被害案直接影响，工人们渴望通过全国劳动大会总结经验，寻找到未来工运的方向。孙中山广州革命政府为大会在广州顺利召开，提供了宽松的政治法律条件，及诸多实际的支持。这些都是全国劳动大会顺利召开的必备条件，而广州则成为全国劳动大会召开的绝佳之地。

第一节 中国共产党首倡全国劳动大会

一、共产国际关于建立民主联合战线的方策

作为在共产国际直接指导下所成立的远东无产阶级政党，中国共产党早期的很多重要决策，都受到共产国际的深刻影响，其中就包括中国共产党所提议召开的"不分党派，团结合作"之全国劳动大会。这一指导方针明显受到共产国际关于民族和殖民地理论，尤其是共产国际主持召开的远东各国人民代表大会的影响。

它是中国共产党建立民主革命联合战线思想的重要组成部分。

1920年7月19日至8月7日，共产国际在莫斯科召开第二次代表大会，会前列宁起草了《民族和殖民地问题提纲初稿》。列宁在提纲中根据当时的国际形势，特别是未解放民族和殖民地国家的状况提出："共产国际在民族和殖民地问题上的全部政策，主要应该是使各民族和各国的无产者和劳动群众为共同进行革命斗争、打倒地主和资产阶级而彼此接近起来。这是因为只有这样接近，才能保证战胜资本主义，如果没有这一胜利，便不能消灭民族压迫和不平等的现象。"[1] 可见，列宁认为民族与殖民地问题已经成为世界无产阶级革命的一部分。为了完成这一重要历史任务，他提出了民族、殖民地解放运动与苏俄结盟的思路："必须实行使一切民族解放运动和一切殖民地解放运动同苏维埃俄国结成最密切的联盟的政策，并且根据各国无产阶级中共产主义运动发展的程度，或根据落后国家或落后民族中工人和农民的资产阶级民主解放运动发展的程度，来确定这个联盟的形式。"[2] 他还提出各国共产党必须帮助各国的资产阶级民主解放运动，且认为"共产国际应当同殖民地和落后国家的资产阶级民主派结成临时联盟，但是不要同他们融合，要绝对保持无产阶级运动的独立性，即使这一运动还处在最初的萌芽状态也应如此。"[3] 他在此提纲中比较完整地将无产阶级应与资产阶级民主派联盟，但要保持无产阶级的独立性之观点表述出来了。

---

[1] 列宁：《民族和殖民地问题提纲初稿》，《中国共产党第二次全国代表大会档案文献选编》，中共党史出版社2014年版，第106页。

[2] 列宁：《民族和殖民地问题提纲初稿》，《中国共产党第二次全国代表大会档案文献选编》，中共党史出版社2014年版，第106页。

[3] 列宁：《民族和殖民地问题提纲初稿》，《中国共产党第二次全国代表大会档案文献选编》，中共党史出版社2014年版，第107页。

列宁在会上代表民族和殖民地委员会所作的报告中,又特别强调了落后国家的资产阶级民主运动问题。他认为剥削国家(即帝国主义国家)和殖民地国家的资产阶级有密切的关系,导致被压迫国家的资产阶级往往是:一方面支持民族运动,一方面又按照帝国主义资产阶级的意志行事。所以他提出:"只有在殖民地国家的资产阶级解放运动真正具有革命性质的时候,在这种运动的代表人物不阻碍我们用革命精神去教育、组织农民和广大被剥削群众的时候,我们共产党人才应当支持并且一定支持这种运动。"①

罗易在会上起草了《关于民族和殖民地问题的补充提纲》,他提出共产国际二大的最重要问题之一,就是"确定共产国际与资本帝国主义所统治的国家(例如中国和印度)内的革命运动之间的关系",并特别强调"为了推翻外国资本主义——实现殖民地革命的第一步,利用与资产阶级民族革命分子的合作,是有好处的。"他认为"殖民地革命在其初期,应该推行列有许多小资产阶级改良项目的纲领,如分配土地等,但绝不能由此得出结论说,殖民地革命应交由资产阶级民主派领导。"②这一思想与列宁的思想一脉相承。

列宁的提纲和罗易的补充提纲,均为大会所通过而形成大会决议,成为指引世界各民族和殖民地国家赢得民族革命胜利的重要理论基础。特别是关于落后国家、殖民地国家之无产阶级,应该如何处理与资产阶级的关系,为后来国共两党在反帝反军阀斗

---

① 列宁:《民族和殖民地问题委员会的报告》,《中国共产党第二次全国代表大会档案文献选编》,中共党史出版社2014年版,第112页。

② 罗易:《关于民族和殖民地问题的补充提纲》,《中国共产党第二次全国代表大会档案文献选编》,中共党史出版社2014年版,第109—110页。

争中的合作提供了重要理论准备。

1921年6月22日至7月12日，共产国际召开第三次代表大会。该大会基于当时世界革命的形势和共产国际的现实，提出各国共产党要转变策略，争取群众中的大多数的支持。列宁在大会上提出："我们不仅应当把工人阶级的大多数争取到我们这边来，而且应当把农村居民中被剥削劳动群众的大多数争取到我们这边来。"① 至于如何争取大多数群众，共产国际三大之《论策略（提纲）》提出："自己的任务不是建立一些单单使用宣传鼓动的方法来对工人群众发生影响的不大的共产主义派别，而是直接参加工人群众的斗争，对这一斗争实行共产主义的领导，并且在斗争过程中建立强大的、革命的、群众性的共产党。"② 此前，列宁在写给季诺维也夫《关于策略问题的提纲》草案意见中，更是直接提到了"争取工人阶级的大多数，首先是在旧工会内部。"③ 共产国际三大，特别是列宁关于从旧工会内部着手，直接参与工人斗争，争取工农群众大多数的观点，对于各国无产阶级政党集中力量从事工人运动，赢得工人阶级的支持有直接指导意义。根据共产国际三大的决议精神，1921年12月共产国际执行委员会制订了《工人统一战线（提纲）》，并在1922年3月之共产国际第一次扩大全会上通过了《统一战线的策略》。这使得争取群众的大多数，建立统一战线的思想得到具体的细化。

张太雷作为共产国际远东书记处的中国支部书记，俞秀松作

---

① 《捍卫共产国际策略的讲话》，《列宁全集》第42卷，人民出版社1987年版，第36页。
② 《论策略（提纲）》，《共产国际文件汇编》第1册，生活·读书·新知三联书店1965年版，第261页。
③ 《给格·叶·季诺维也夫的信（6月10日）》，《列宁全集》第42卷，人民出版社1987年版，第11页。

为中国社会主义青年团代表出席了共产国际三大。会前，张太雷与共产国际驻远东全权代表舒米亚斯基共同起草了中国共产党早期组织致共产国际三大的报告。张太雷在报告中全面介绍了中国的政治形势、经济状况、知识分子、社会主义运动、妇女运动、工人与农民状况、工人运动、共产主义运动，并在报告中提出：中国共产党作为无产阶级政党，其基本目标是"加紧把分散的无产阶级力量联合成一些强大的阶级组织，把所有至今还处于分散状态的分子聚集在一起，并把他们吸收到这些组织中来，将他们组成一支无往而不胜的无产阶级革命大军，使之成为整个世界无产阶级的一个组成部分。"对于工人运动，张太雷指出："工人暂时还只是满足于要求提高工资，改善待遇，但是他们已经证明自己具有坚定性和无产阶级团结精神，他们还证明，他们没有丧失革命精神，在必要时他们能够展示自己的力量。"[1] 不过，该报告未能在大会上宣读或散发，只于会后刊登在共产国际远东书记处机关刊物《远东人民》1921年第3期上。这是中共历史上首次向共产国际所作关于中国国内情况的报告，它使共产国际特别是远东书记处对中国的情况有所了解。[2]

在会议期间，张太雷参加了大会所设"东方问题委员会"的工作，并就东方殖民地问题起草了一份关于殖民地问题致共产国际三大的提纲（草案）。在草案中，张太雷提出东方国家共同的革命任务，首先是同帝国主义压迫进行斗争。由于东方各国国情不一，故东方无产阶级运动的国际主义任务，"过去和将来都只有在把国际无产阶级政党的纲领和方法正确地运用于各国具体特

---

[1] 《致共产国际第三次代表大会——中国共产党代表张太雷同志的报告》，《中共首次亮相国际政治舞台档案资料集》，上海人民出版社2016年版，第133—137页。

[2] 《张太雷文集》，人民出版社2013年版，第602页。

点的基础之上才能实现。"他仔细分析了各国内部各种力量之间的相关关系,认为它们包括有"倾向反革命一边并联合帝国主义的封建势力";"能够走到资产阶级民主革命及其土地改革的最后胜利的小资产阶级和千百万受压迫农民";"总是既'害怕布尔什维主义革命'及其'极端性',又'害怕'更强有力的帝国主义资本的压迫和竞争的年轻的民族资产阶级"。显然在张太雷看来,国际无产阶级联合的对象只能是小资产阶级、农民和具有两面性的民族资产阶级。他主张在民族革命运动的开始阶段,在同帝国主义的斗争中要依靠"民族统一战线"的力量,并认为资产阶级在"民族统一战线"的形式下参加斗争,可能只是暂时性的。因此,其提出东方殖民地半殖民地国家共产主义者的任务:"不要丢掉自己纲领和组织的独立性,要掌握住各国的民族革命运动,要把参加运动的群众从民族资产阶级的领导下争取到自己一边来,并且要尽可能暂时迫使资产阶级跟随革命运动,迫使他们在'打倒帝国主义'和'民族独立万岁'的口号下参加斗争,并在必要的时候将他们从这个运动中驱逐出去。"[1] 该草案在7月11日的"东方问题委员会"会议上正式提出。它既符合列宁的民族与殖民地理论,又体现了争取团结大多数工农群众参加民族革命的大会精神。

7月12日在大会第二十三次会议讨论东方问题时,张太雷又作了5分钟的简短发言。他在发言中强调了远东共产主义的意义,且告诉与会代表:"中国的工人阶级在无产阶级革命发生后也已开始觉醒,中国各地的罢工已成为经常的现象,我们应该把这些

---

[1] 《张太雷就殖民地问题致共产国际第三次代表大会的提纲(草案)》,《中共首次亮相国际政治舞台档案资料集》,上海人民出版社2016年版,第116—118页。

新生力量变成红色的旗帜，不能让他们变成黄色的"；"在未来的世界革命中，中国极其丰富的自然和人力资源是用于反对无产阶级，还是由无产阶级用来反对资本家，就将取决于中国共产党的工作。但是，不应忘记，中国共产党的工作在很大程度上取决于共产国际对中国运动支持。"①张太雷的报告、提纲和发言，对于共产国际坚定对中国共产党和中国工人阶级的信心，起到重要作用。

共产国际三大最终提出："没有东方特别是亚洲无产阶级的革命，就不可能有世界无产阶级革命的胜利，决定召开远东大会"，以与在美国召开的华盛顿太平洋大会相抗衡。张太雷随后参加了远东各国共产党及民族革命团体大会筹备会，并起草了"关于召开远东人民代表大会的呼吁书"。他在呼吁书中提出："1921年11月11日，帝国主义者将要举行旨在肢解远东人民的华盛顿会议。正是在这一天，我们也将要在伊尔库茨克召开远东人民代表大会，其目的是要把东方劳动人民联合起来对付新的危险。""我们的口号：争取国家的和平与独立！耕者有其田！工厂属于工人！"②

二、远东各国人民代表大会的召开

1921年8月，张太雷从苏俄回国，将共产国际关于与资产阶级结成临时联盟、争取工人阶级大多数的决议精神，以及即将召开远东人民代表大会的消息带回国内。对中共一大上所形成的"对

---

① 《张太雷在共产国际第三次代表大会第二十三次会议上的发言》，《中共首次亮相国际政治舞台档案资料集》，上海人民出版社2016年版，第151—152页。
② 《关于召开远东人民代表大会的呼吁书》，《张太雷文集》，人民出版社2013年版，第56页。

现有其他政党，应采取独立的攻击的政策，……不同其他党派建立任何关系"之激进路线进行修正，及对二大形成民主革命联合战线的决议，起到了重要指导作用。值得特别指出的是，张太雷不仅作为中国社会主义青年团代表参加了第一次全国劳动大会，而且又参加了1922年4月底在广州召开的中共党团负责干部会议，正是该次会议为全国劳动大会定下了"不分党派、团结合作"的指导方针。由此可见共产国际决议对全国劳动大会所产生的影响。

1921年10月，共产国际执行委员会正式发表《告远东诸民族书》，号召中国、日本、朝鲜的无产阶级联合起来，并再次公告了11月11日在伊尔库茨克召开远东人民代表大会的消息。[①] 为了更广泛地邀请亚洲国家代表参加远东大会，共产国际驻远东代表马林在中国与国共两党高层接触。他与陈独秀就中共与共产国际、国民党的关系协调立场，后又在上海会见国民党代表张继，国民党决定派张秋白出席大会。12月马林还南下桂林会见孙中山，并与国民党南方政府建立更进一步联系。期间，他还派张太雷前往日本，与日本社会主义者界利彦、近藤荣藏等商谈参加远东大会事宜。[②]

经过马林等人的联络，远东各国代表于11月初陆续到达伊尔库茨克，1922年1月21日转往莫斯科正式开会。参加大会的远东各国代表计127人，其中中国、日本、韩国、蒙古四国代表116人，占了绝大多数。中国参加大会的正式代表37人，另有在东方劳动者共产主义大学的中国教员和学员2名，此外还有列席

[①] 《共产国际执行委员会告远东诸民族书》，《中共首次亮相国际政治舞台档案资料集》，上海人民出版社2016年版，第178—184页。

[②] 《张太雷文集》，人民出版社2013年版，第603页。

会议的非正式代表，总计45人。其中正式代表（有议决权、发言权）为：王光辉、王振翼、王筱锦、王居一、王寒烬、王福源、高尚德、欧阳笛渔、倪忧天、王尽美、唐道海、邓又铭、邓培、冯菊坡、林育南、李霁初、梁鹏万、马念一、马章录、刘一华、夏揆予、许赤光、夏曦、宣中华、宋伟年、郝天柱、贺恕、蒋佛生、黄凌霜、黄璧魂、贺衷寒、张国焘、赵子俊、朱枕薪、于树德、张伯亚、瞿秋白，另有两人姓名不详。这45人中，从党派来看，有共产党员14人，青年团员17人，无政府主义者13人，国民党员1人；从职业上看，有知识分子、学生20人，工人9人，农民9人，其他7人；从受教育程度上看，有高等教育者9人，中等教育者26人，初等教育者4人，不详者6人。[①]由此可见，与会代表中以中国共产党员和社会主义青年团员最多，故由中共代表张国焘任中国代表团团长。

1922年1月21日，共产国际主席季诺维也夫宣布远东大会开幕，众推举列宁、托洛斯基、片山潜、季诺维也夫、斯大林5人为名誉主席；共产国际远东书记处萨法罗夫和美国、印度、匈牙利三国共产党代表和远东各国主要代表等16人被推为大会主席。会议的主要议程是：一、季诺维也夫报告国际形势与华盛顿会议结果；二、各国代表报告；三、由萨法罗夫报告共产主义者对民族和殖民地问题的立场，以及共产主义与民族革命政党合作的问题；四、通过会议宣言。此次大会于2月2日在列宁格勒闭幕，共举行12次会议。[②]

张国焘代表中国代表团向大会致祝词。他指出远东"这些国

---

① 《远东人民代表大会代表调查表》，《中共首次亮相国际政治舞台档案资料集》，上海人民出版社2016年版，第299—313页。

② 张国焘：《我的回忆》（上），东方出版社2004年版，第184页。

家的革命运动还相当软弱，革命力量处于分散状态，远东的革命运动还没有同世界其他地方的革命运动联系起来"；"希望这次大会把革命组织联合起来，使它们更加强大，并且制定出明确的行动纲领。"①

会上，季诺维也夫报告了华盛顿会议的结果和远东地区的局势。他在关于中国的部分指出："中国四亿人事实上已经成了被列强掠夺的殖民地"，"大部分中国工业、林业和其他行业都由外国人掌控"，而军阀是帝国主义的代理人。他认为对帝国主义不要抱有幻想，"华盛顿会议在全世界面前暴露了大国政治的真面目"。为此"中国劳苦大众只能依靠在苏俄领导下同帝国主义进行坚决斗争的全世界劳苦大众和受剥削的群众"才会有希望。他特别点出"为民族存亡展开斗争的中国南方革命者在北洋军阀的攻击下不断面临着危险"，若民主革命无法在全国获得胜利，中国人民就无法成为自己命运的主人。②这代表了共产国际高层对孙中山及国民党民族救亡斗争的肯定，为中共与国民党合作提供了可能。

共产国际远东书记处书记萨法罗夫则广泛全面地论述了中国问题。他在1月23日第二次会议上所作的报告中，谈到中国情况时批评了南方革命党同情于美国的行为："在中国革命的南方的革命党之中，在孙文派之中有许多表同情于美国，于美国的资本主义，因为他们以为从美国那里中国可以得着德谟克拉西的幸福。华盛顿会议真可以使中国南方革命党，主张独立运动者（即

---

① 《中国代表团长张国焘向大会的祝词》，《中共首次亮相国际政治舞台档案资料集》，上海人民出版社2016年版，第202页。
② 《华盛顿会议的结果和远东地区的局势——季诺维也夫报告中关于中国情况的论述》，《中共首次亮相国际政治舞台档案资料集》，上海人民出版社2016年版，第293—294页。

便不是社会主义者），都应该知道：伪善的资本主义者，决不是他们的'友'，而是他们的'敌'，美国的资本家尤甚。"① 因此，他认为此次大会的职任就是指出一条中国革命运动的正路来；这条正路就是"联合中国国内无组织的单独的革命者。"② 萨法罗夫在这里提出了与中国国内革命者联合的思想。1月26日，萨法罗夫在第八次会议上作了"第三国际与远东民族问题"的演说。他说："中国的劳动运动，中国的劳动者必须踏稳他们自己的脚步，不可和任何民主党或资产阶级分子混合"，但同时又提出"在最近的将来，我们和这些在民族革命中组织起来的资产阶级民治分子，决不会有若何激烈的冲突。"③ 他在这里指出了在民族革命中，无产阶级与资产阶级不会有激烈冲突，即二者有联合进行民族革命的可能。1月27日，萨法罗夫在发言中更直接地提出："中国南方政党真正是民主主义的革命党"，"这一党确实为中国创许多革命事业，以后我们还都望和他携手并进。"这是共产国际方面首次明确表达出与国民党合作的意见。萨法罗夫更进一步推而广之说道："我们将要赞助维持殖民地半殖民地上一切资产阶级民主运动，只要他真正倾向于民族解放运动。""在殖民地及半殖民地，革命运动之第一阶段，必不可免为民族民主运动。我们赞助这种运动，因为他反对帝国主义，我一定赞助他，将来也要赞助。"然而，萨法罗夫还是提醒代表"按这种运动的性质，不能承认他是无产阶级革命"。"无产阶级、半无产阶级应当组

---

① 《萨法罗夫在第二次会议上的报告中关于中国情况的论述》，《中共首次亮相国际政治舞台档案资料集》，上海人民出版社2016年版，第233页。

② 《萨法罗夫在第二次会议上的报告中关于中国职任的论述》，《中共首次亮相国际政治舞台档案资料集》，上海人民出版社2016年版，第235页。

③ 《第三国际与远东民族问题》，《中共首次亮相国际政治舞台档案资料集》，上海人民出版社2016年版，第271页。

织独立的阶级的联合","无产阶级群众不应当就因此抛弃自己的观察点,自己的奋斗,自己阶级的党派。于此必须有自愿的协合,自愿的共同工作。"[①]他在这里提出在民族革命阶段与资产阶级合作,同时要保持无产阶级的独立性,显然这是继承了列宁的民族与殖民地理论,对于后续国共合作之形成有直接指导作用。

季诺维也夫和萨法罗夫关于民族革命中如何处理与资产阶级的关系,特别是处理与国民党的关系,引起了中国代表团的高度关注。作为大会中国民党唯一代表张秋白,在1月25日的发言中称:"中国代表团已经接受了季诺维也夫同志所作的报告。我也大体上同意季诺维也夫同志的报告。"但是他反对共产国际方面认为国民党是亲美派,倾向美国的资产阶级民主的看法,而提出"国民党早在二十年前就已建立。本党派从建立之初就公开声明它的目标,是寻求建立一个自由的中国。第二步是进行政治革命,第三步是进行社会革命。按照这样的计划,国民党就更不可能接受美国的资产阶级民主。"[②]为了进一步让共产国际,尤其是俄国方面对国民党放心,张秋白在1月27日发言时,更是进一步向与会代表推介国民党的党纲——三民主义,并找到三民主义与俄国现行主张的共通点。他说:民族主义就是"民族自决主义";民权主义有很多与俄国的制度相仿佛,因为它的计划也是要从全国各县职工、职业组合选举"国民大会",所有全国各种各级的行政人员都要由国民自行选出,也要由国民自行罢免,……他们对于现在西方的"国会代议制度"均不赞成;民生主义就是

[①] 《萨法罗夫的发言》,《中共首次亮相国际政治舞台档案资料集》,上海人民出版社2016年版,第271页。

[②] 《中国国民党代表张秋白在第七次会议上的发言》,《中共首次亮相国际政治舞台档案资料集》,上海人民出版社2016年版,第261页。

一般人所说的"社会主义",它的办法有很多与俄国所定的计划相同,如土地国有,全国铁路、矿山、大工业统归国有,粮食由政府分配,根本上不承认资本主义存在。①张秋白在向远东大会所提交的报告中,再次向大会表态:"国民党誓与帝国主义和奴役中国的势力做最坚决的斗争。它最强烈地反对华盛顿会议。国民党不与帝国主义同流合污,我们愿意与共产国际并肩前进,不会联合中国军阀。"②他以上接二连三的表态,让共产国际和苏俄方面对中国国民党产生了某种期待。值得指出的是,张秋白参加远东大会有两份委任状,一份是由上海太平洋与中国社发给的,另一份是由中国国民党总理孙中山、总务部长居正、宣传部长张继共同开具的,委任张秋白为国民党赴俄"全权代表"③。这种身份为张秋白的表态加持了国民党官方的意旨。

会议期间,俄国领导人列宁还特别会见了中国代表张国焘、邓培和张秋白。列宁问张秋白:中国国民党和中国共产党是否可以合作?张秋白作肯定表示:国共两党一定可以很好地合作。列宁又以同样问题问张国焘,张回答:在中国民族和民主革命中,国共两党应当密切合作,而且可以合作;同时指出在两党合作的进程中可能发生若干困难,不过这些困难相信是可以克服的。中国共产党成立不久,正在学习着进行各项工作,当努力促进各反帝国主义的革命势力的团结。列宁亲自询问国共两党的人能否合作,这说明了他当时对国共合作的关心。而实际上,从远东大会

---

① 《中国国民党代表张秋白在第九次会议上的发言》,《中共首次亮相国际政治舞台档案资料集》,上海人民出版社2016年版,第273页。

② 《中国国民党代表张秋白的报告》,《中共首次亮相国际政治舞台档案资料集》,上海人民出版社2016年版,第280页。

③ 《与会代表委任状》,《中共首次亮相国际政治舞台档案资料集》,上海人民出版社2016年版,第371—372页。

上各方的发言来看，中国问题的核心是在反帝斗争中各派革命势力的团结，国共两党合作是各派团结的关键。所以，当时张秋白和张国焘都认为列宁的问话是代表列宁希望看到国共两党能够合作，故他们也认定在中国现阶段的革命中，确应从国共两党合作做起。①

2月2日，远东大会闭幕，它发表了《远东各国共产党及民族革命团体第一次大会宣言》，号召"全世界的无产阶级和被压迫的人们联合起来！"②而对于中国代表来说，最重要的收获就是远东大会所确立的建立"反帝国主义的联合战线"的思想已为各方代表所熟知；该思想一举奠定了国共合作的基石。③

三、中国共产党召开全国劳动大会方针的确立

远东代表大会后，与会代表将其关于建立反帝联合战线的思想带回国内。1922年3月，张国焘回到上海向陈独秀汇报了远东大会的情况。当时，陈独秀对于国共合作虽"深表同意"，但又"总觉得国民党有很多毛病，如注重上层、勾结土匪、投机取巧、易于妥协、内部分子复杂，明争暗斗等等。"在这之前，共产国际代表马林已经与孙中山见过面，他在广州期间目睹国民党支持海员罢工的情况，因而对国民党"具有好感"。马林认为："孙中山先生可以和苏俄建立友好关系，国共两党也可以密切合作"。④所以，从1922年3月的形势来看，共产国际、苏俄、共产国际代表、

---

① 张国焘：《我的回忆》（上），东方出版社2004年版，第186页。
② 《远东各国共产党及民族革命团体第一次大会宣言》，《中国共产党第二次全国代表大会档案文献选编》，中共党史出版社2014年版，第120页。
③ 张国焘：《我的回忆》（上），东方出版社2004年版，第194页。
④ 张国焘：《我的回忆》（上），东方出版社2004年版，第199页。

国共两党高层,皆对两党之合作已有初步共识,其难点在于各自党内共识之形成以及合作的具体方法。

张国焘在回忆中提到:为了给合作找到突破口,"我们(指他和陈独秀)首先定于五月一日在广州举行第一次全国劳动大会。我们认为此时举行这个会正合时宜,而且意义重大。"因为,经历香港海员罢工,"国共两党先行在工会运动中合作,以为初步尝试,似乎较易办到";更为重要的是"中共中央认为如果建立各革命党派的民主联合战线,中共必须首先获得代表工人发言的资格。"[1] 如果张国焘没有记错的话,这是目前所见最早关于召开全国劳动大会文字记载的倡议,其目的是为国共合作提供初步尝试。

为了更好地指导第一次全国劳动大会以及青年团第一次全国代表大会,上海中央局决定让陈独秀和张国焘先到广州。1922年4月底,各地党组织负责人,以及劳一大、团一大代表也陆续抵达广州。陈独秀决定召开一个党团负责干部会议(张国焘称中共广州支部会议),讨论中共对于即将召开的劳一大和团一大的方针。参加会议的有陈独秀、张国焘、林伯渠、谭平山、陈公博、谭植棠、张太雷、瞿秋白,以及少共国际代表达林等二十余人。在这之前,达林已经与孙中山见面,就建立反帝民族革命统一战线的具体形式与孙中山交谈,达林提出共产党作为一个政党加入国民党,但要保持政治和组织上的独立性;他同时强调统一战线要有一个前提,即国民党不应对工人运动进行任何限制,要承认工人有组织工会的权力,有罢工的权力。[2] 所以,这次中共党团

---

[1] 张国焘:《我的回忆》(上),东方出版社2004年版,第200页。
[2] [苏]C·A·达林著,侯均初等译:《中国回忆录(1921—1927)》,中国社会科学出版社1981年版,第90—91页。

干部会议，尽管是为劳一大、团一大确定方针，但如何处理与国民党的关系，以与国民党建立统一战线仍是焦点问题。达林在会上作了报告，谈到根据远东人民代表大会的决议，建立反帝民族统一战线的必要性，并向大会介绍了共产党加入国民党的策略问题。①

在此次广州会议上，与会代表对建立国共合作统一战线产生了意见分歧：张太雷与瞿秋白表达支持意见；张国焘表态"反对和小资产阶级联合"，认为这些人是"左"倾宗派主义者。②而考虑到当时国民党内的孙、陈关系，与国民党哪一方合作，也成为会议分歧所在。林伯渠认为国共合作要与孙中山先生合作，而谭平山、陈公博、谭植棠等人倾向与陈炯明合作。③由于意见不一，广州会议没有形成决议。陈独秀在作结论时提出："中共应与国民党所有革命分子合作，国民党内部既有斗争，我们现在应先观察清楚，再作决定。"这实际意味着陈独秀已经总体接受了与国民党合作，建立统一战线的策略，是中共自一大以来对其他政党政策调整的开始。在这个背景下，陈独秀提出："第一次全国劳动大会应避免卷入国民党内部的斗争，力求各地工会不分党派，团结合作，使能形成一个全国性的工人组织。"会议接纳了他的提议。④

所以，中共所确定的"不分党派、团结合作，形成全国性工人组织"的全国劳动大会方针，是基于中国共产党作为无产阶级

---

① ［苏］C·A·达林著，侯均初等译：《中国回忆录（1921—1927）》，中国社会科学出版社1981年版，第90页。

② ［苏］C·A·达林著，侯均初等译：《中国回忆录（1921—1927）》，中国社会科学出版社1981年版，第91页。

③ 张国焘：《我的回忆》（上），东方出版社2004年版，第209页。

④ 张国焘：《我的回忆》（上），东方出版社2004年版，第209页。

政党必须"支援工人阶级"的党性决定的。这也是在列宁民族与殖民地理论指导下,共产国际于远东人民代表大会上所确定的建立反帝统一战线方针在中国的具体体现。在国共两党尚未完全确定建立联合战线的情况下,以工人、工会合作作为试金石,探讨国共合作的可能方式,可为最终确立国共合作统一战线提供先导。这也是国共两党及其他势力所乐见,且风险较小的尝试。

第二节　全国工运高潮的开启

全国劳动大会深处于第一次工人运动高潮之中,它是第一次工运高潮开启后的结果,同时又推动着第一次工运高潮的深入发展。张国焘认为:"这次大会的召开,显然是以职工运动的蓬勃发展为其背景的。"[①] 邓中夏也说:"中国共产党见当时罢工高潮之到来,认为有召集一次全国劳动大会的必要。"[②] 谌小岑则强调:"这个会能够造成,有两个大原因,一是由于香港海员罢工,二是由于湖南军阀之惨杀黄庞二君。"[③] 从这几位全国劳动大会代表的表述来看,第一次工运高潮,尤其是香港海员罢工和湖南劳工会黄爱、庞人铨被杀案,是全国劳动大会召开的重要原因。

一、香港海员罢工展现工人团结的力量

1922年1月12日至3月8日的香港海员罢工,是这次工运高潮的起点。其起因初看是香港海员的生活状况太差,如:工资微薄、包工制剥削、待遇不平等、失业恐慌等经济动因,其实这

---

① 张国焘:《我的回忆》(上),东方出版社2004年版,第205页。
② 《邓中夏全集》(下),人民出版社2014年版,第1401页。
③ 《全国劳动大会已开幕(续)》,《广东群报》1922年5月4日,第6版。

背后却有深刻的政治、社会根源。中国海员工人由于职业特点，常年来往于世界各地的港口，他们是比较早的观察、接触到海外新思想和世界革命形势变化的一群人，也是比较早的组建工人团体，形成阶级觉悟，并付诸罢工行动的一群人。1920年前后，在俄国十月革命的持续影响下，世界革命的形势日益高涨，各国的工人罢工此起彼伏，海员工人目睹世界各地的工人斗争形势，也萌发了通过海员工人自己的斗争，为海员工人谋求整体利益的阶级意识。加之，在五四运动和中国共产党成立前后，中国各地也出现了一股工人罢工的浪潮，如上海英美烟厂罢工、粤汉铁路武长段机工罢工、汉口租界人力车工人罢工等，特别是1920年4月的香港机器工人罢工，及1921年6月的广州机器工人罢工的胜利，更是直接给予香港海员罢工以莫大的鼓舞。[①]

而此时，香港海员工人又建立了属于自己的现代工会组织。早在辛亥革命期间，香港广大海员工人便有支持孙中山民主革命的传统。从1914年至1920年，海员工人在积极分子的带领下组建了一系列互助互救、同舟共济的福利性质团体，如"中华海员公益社"、"中华海员慈善会"，并在香港立案。这些团体对于加强海员工人的团结，提高工人觉悟都起到了积极作用，但还不是真正意义上的工会。1920年12月，中华海员慈善会召集各馆口代表开会，商讨组建工会，会上即席选出筹备委员17人，不久租借香港德辅道中137号3楼为筹备处所在地，正式宣布成立海员工会筹备会。筹备会成立后，拟定会章，征求会员，并分别在港英政府、广州军政府立案。1921年3月6日，中华海员工业

[①] 刘明逵、唐玉良编：《中国工人运动史》第2卷，广东人民出版社1998年版，第305页。

联合总会（简称"海总"）宣告成立，总会长陈炳生、副会长蔡文修、司理翟汉奇、司库罗贵生、交际林伟民和邝达生。"海总"是在香港成立的中国海员工人第一个工会组织，也是中国最早成立的产业工会之一，香港海员罢工便由它领导。①

"海总"成立后就开始用工会名义同轮船资方作些斗争，如抗议殴打海员、要求恢复海员工作等，以赢得工人的信任。不久，工会进一步提出增加工资的要求，准备大罢工，并为此组织"增加工资维持团"负责专办此事；此外，它还组织"征求队"、"劝进队"、"宣传队"、"防护破坏罢工队"、"交通队"以及各种秘密机关，并在广州设立办事处，预备罢工后工人回广州。1922年9月"海总"正式向轮船公司资方提出增加工资等要求：工资10元以下加五成，10元至20元加四成，20元至30元加三成，30元至40元加二成，40元以上加一成；工会有职业介绍权；雇工合同签定时，工会有派代表权等等，但资方一直不答应这些要求。1922年1月12日，"海总"第三次提出要求，并限24小时内答复，否则就罢工。结果不到12小时，罢工便爆发。凡香港开往澳门及广州、江门、梧州的轮船，以及到港的英、荷、法、日、美各国海轮，一致罢工，人数约一千五百人。次日，罢工海员搭火车回到广州，其他轮船海员也陆续罢工，并影响到新加坡、暹罗、汕头、上海等外地口岸。罢工之总办事处设在广州，香港则设分办事处，并设秘密机关，还在汕头另设办事处。一周之内，罢工海员已达六千五百人。②

香港海员工人罢工后，港英政府极为恐慌；它1月16日宣

---

① 中国海员工会广东省委员会编：《广东海员工人运动史》，广东人民出版社1993年版，第16—25页。

② 《邓中夏全集》（下），人民出版社2014年版，第1383—1384页。

布戒严，17日又提出船主的条件以缓和罢工；但因双方差距太大，罢工继续。1月底香港运输工人又举行同情罢工，罢工人数增至3万人。海员罢工后，海运停顿，外地粮食及一般日用品无法满足供给，造成香港本地物价飞涨，且当时正值农历新年前后，海员与运输工人罢工让香港的形势更加严峻。2月1日港英政府决定采取强硬手段，下令封闭海员工会和运输工会，逮捕罢工领袖和工人，并架设大炮对准海员工会，还拆去海员工会的招牌。同时港英政府又采取调停政策，一方面委托华工总会、华商总会、东华医院等团体代表与海员工会进行协调，一方面派人到上海、菲律宾、印度等地招募新工人，以图取代罢工海员，这一两手政策均告失败。罢工进一步扩大，至2月中旬罢工船只166只，总吨位182404吨，双方的对峙局面持续。[1]

2月底，香港全市工人筹备举行同情总罢工，港英政府获知消息后于27日宣布战时戒严令，将中国各口岸所有的英国军舰调集香港，禁止火车通行，加岗巡查街道，严令工人不得离开香港。至3月初，全港各业举行同情总罢工，罢工人数激增至10万人以上，罢工浪潮席卷全港，市内交通中断，生产停顿，商店关门。全市工人同情罢工后，罢工工人决定离开香港返回广州，由于交通中断，工人决定步行回广州。3月4日，罢工工人行至新界沙田，该处有英国军警驻扎，禁止工人通过，工人们毫不退缩继续前进，英国军警开枪向工人射击，当场打死4人，打伤几百人，有2人重伤后死亡，这就是"沙田惨案"。沙田惨案发生后，罢工海员更加愤慨，誓死与英帝国主义斗争到底。他们一面督促广东政府向港英政府提出严正抗议，一面通电国内外请求主持正义予以援

---

[1] 《邓中夏全集》（下），人民出版社2014年版，第1384—1391页。

助。①港英政府面临更加严峻的国际国内压力。

至此,港英政府对于罢工的策略全然使尽,他们"先之以欺骗,继之以压迫,三之以调停,四之以破坏,最后出之铁血",然而均不能奏效。在各种手段使尽后,港英政府不得已派出驻沙面英国领事和香港副华民政务司到广州请求广东政府出面调停,广东政府表示同意。海员工会认为解决问题的时机已到,派出林伟民、翟汉奇等4人为谈判代表,偕同广东政府代表陆敬科等同抵香港谈判。3月5日,双方达成协议,对于最关键的增加工资问题之协定是——将1922年正月十二在香港应支之工价,须由1922年正月初一起,增加如下:华人内河轮船,加三成;其余华人轮船在一千吨以下者,加三成;省港轮船公司,加二成;其余英人轮船公司,加二成;沿岸轮船,加一成半;来往渣华轮船,加一成半;来往太平洋轮船,加一成半;来往欧洲轮船,加一成半;来往澳洲轮船,加一成半。此外,协议中还对船员返工工资、新的雇用船员办法、恢复原有工会、释放被捕工人、沙田惨案死者抚恤金1000元等问题作了说明。②

3月6日,港英政府发表《特别公报》,宣布取消封闭海员工会的命令,并于当日派人送回海员工会招牌。3月7日,被港英当局封闭的其他工会完全恢复,海员工会发出传单,通知3月8日复工。香港各工会也发出复工通告:"吾人希望目的已达,凡我工界同胞,均宜各安职责。"3月8日,广州各界群众10万人隆重举行欢送海员复工大会。至此,历时56天的香港海员罢工胜利结束。③

---

① 《邓中夏全集》(下),人民出版社2014年版,第1392—1393页。
② 《邓中夏全集》(下),人民出版社2014年版,第1398—1399页。
③ 刘明逵、唐玉良编:《中国工人运动史》第2卷,广东人民出版社1998年版,第330页。

香港海员罢工的胜利不是偶然的。它是香港海员在"海总"的组织下团结斗争的结果,也离不开内外各界的广泛支援。罢工者将总办事处设在广州,内设总务科、财政科、粮食管理处、纠察队、宣传队、慰问队、骑车队、招待处等机构,设立宿舍数十所,饭室设于紫洞艇上。办事十分有条理,当时苏兆征便是总务科主任。① 这样一来,广州俨然成为香港海员罢工的大后方,这与广东政府和广州各阶层民众的支援是分不开的。早在香港海员酝酿罢工时,广州各工会、团体即积极准备协助安置罢工海员,帮助他们解决食宿问题,"海员未罢工之先,预在省城联兴街一连预备寄宿舍 12 间,并购备伙食,足供两月之用。"② 海员罢工发生后,香港海员陆续返回广州,以广东总工会为代表的各界团体前往广九车站迎接,后又到罢工办事处慰问。③ 据海员陈一清回忆:"我经常看见广州机工会会长黄焕庭挽着一皮箱白银交给紫洞艇办事处,有时偕同一律师夫妇到来慰问,此外,据我所知还有茶居、油业、铁路等社团工会每天均有代表到来慰问。"④ 罢工期间这种工界慰问现象比较普遍。2 月底全港工人举行同情罢工后,香港酒楼总工会、茶居工会、酒宴总工会、牛羊行工会、协进总工会、茶叶集成工会、工亲爱国烧腊行等工会之工人返回广州时,广州各团体同样对其表示欢迎、慰问,为他们解决实际困难,"各

---

① 《邓中夏全集》(下),人民出版社 2014 年版,第 1394—1395 页。
② 刘明逵、唐玉良编:《中国工人运动史》第 2 卷,广东人民出版社 1998 年版,第 309 页。
③ 《广州各工团慰问归国工人》,《中国工会运动史料全书》(电子版)(广东卷),中国职工音像出版社 2002 年版,第 84 页。
④ 《老海员陈一清回忆广州工人对罢工海员的支持》,《中国工会运动史料全书》(电子版)(广东卷),中国职工音像出版社 2002 年版,第 86 页。

团体急办招待所约数十处，预容十万人为度。"①

除广州各工团的支援之外，广州革命政府的支持更为关键。由于国民党党政当局早年与海员工会有密切联系，海员罢工期间孙中山曾致电慰问罢工工人，支持罢工，并要求"党方派出马超俊，政方派出古应芬，经常与加薪维持团，切取联系，设法关照"。②除了慰问、联络、关照之外，罢工期间，广州革命政府还多次出面帮助罢工工人解决实际困难。罢工开始后，陆续返回广州的海员人数不下五万人，后来加上同情罢工的运输工人和香港各业工人，其人数更多，罢工经费十分拮据。为解决这些问题，除由广州各团体援助之外，负责与海员工人联络的黄焕庭、马超俊等人，先后拜访省长公署政务厅长古应芬、粤军总司令部参谋长邓铿、财政部次长廖仲恺等人，希望政府能够进一步以经济支援罢工海员，最终广州革命政府先后筹拨公币五十余万元③。当时，陈炯明的广东省政府也每日借出数千元，前后共计约十万元，援助罢工海员。④此外，在沙田惨案发生后，陈炯明一面电令宝安县长、深圳警察区长查明事由，一面向港英政府提出严正交涉，并派交涉员李锦纶赴港密查、交涉⑤。这些革命政府力量的介入，对于海员罢工的胜利也起了重要推动作用。

海员罢工时，中国共产党和中国劳动组合书记部虽成立不久，

---

① 《继续罢工的香港工人抵省》，《中国工会运动史料全书》（电子版）（广东卷），中国职工音像出版社 2002 年版，第 84 页。

② 刘明逵、唐玉良编：《中国近代工人阶级和工人运动》第 4 册，中共中央党校出版社 2002 年版，第 263 页。

③ 刘明逵、唐玉良编：《中国近代工人阶级和工人运动》第 4 册，中共中央党校出版社 2002 年版，第 264 页。

④ 《邓中夏全集》（下），人民出版社 2014 年版，第 1394 页。

⑤ 《海员罢工昨今两日之消息》，《中国工会运动史料全书》（电子版）（广东卷），中国职工音像出版社 2002 年版，第 84 页。

却也通过各种方式竭尽所能为海员罢工提供支援。中共中央局较早表态支持海员罢工。中国劳动组合书记部上海总部更是为支持罢工做了许多实际的工作。1月20日,香港海员工会致函上海各水手公所,劝告上海海员不要应雇前往香港。27日,中国劳动组合书记部召集上海各工团各水手公所代表,共同发起上海"香港海员后援会",并公推中国劳动组合书记部李启汉等4人为代表,向来上海负责招募海员赴港的桂阿茂进行劝止。①2月8日,上海香港海员后援会开会,推举李启汉为主席,讨论通过捐款和派人劝告海员勿破坏同业团体作为援助香港海员的两种办法。中国劳动组合书记部当即捐款150元②,2月17日待各团体捐款和个人捐款到位后,上海香港海员后援会将捐款寄往广州。③由此可知,中国劳动组合书记部不仅令香港各轮船公司在上海招募新海员去代替罢工者的计划归于失败,同时还给罢工海员募集到一笔援助款项。

身处于广州的中共广东支部发表《敬告罢工海员》书,称赞广大海员"与资本宣战,实行阶级斗争"的伟大举动,号召海员工人"坚持到底"、"团结一致"、"严守秩序"、"注重自治",并提出"本党以海员同志们为开始阶级斗争的急先锋,定当竭其能力,为之后援。"④设在广州的中国劳动组合书记部南方分部

---

① 刘明逵、唐玉良编:《中国近代工人阶级和工人运动》第4册,中共中央党校出版社2002年版,第254页。

② 刘明逵、唐玉良编:《中国近代工人阶级和工人运动》第4册,中共中央党校出版社2002年版,第255页。

③ 刘明逵、唐玉良编:《中国近代工人阶级和工人运动》第4册,中共中央党校出版社2002年版,第256页。

④ 《中国共产党广东支部〈敬告罢工海员〉》,《中国工会运动史料全书》(电子版)(广东卷),中国职工音像出版社2002年版,第82页。

也热烈地招待香港海员，并给予经济上的援助。① 此外，当时北方深受中共影响的铁路工人，也热烈援助香港海员罢工。如京奉、京汉、陇海、正太、京绥等路工人，曾发起"香港海员罢工北方后援会"。他们举行多次大会，发出多次通电和文告，一面向铁路工人宣传海员罢工与铁路工人"休戚相关"的道理，一面捐款援助香港海员罢工。特别是京汉铁路工人在火车头上竖起"援助香港海员"的大旗，让它在京汉路上来回飘扬，极具宣传效果。各地的工会也纷纷函电汇款慰问海员罢工，声势显得相当浩大。②

显然，这次香港海员罢工向海内外展现出了中国工人阶级空前的团结一致，也反映出中国各派政治势力在反帝的旗帜下，为了工人阶级的利益可以团结合作。这种不分党派、团结合作的精神，促成与彰显了全国工人团结的趋势。这为第一次全国劳动大会再接再厉形成全国性工人组织，提供了充分的可能性。

二、湖南劳工会黄爱、庞人铨被害案的直接推动

另一个对全国劳动大会召开有直接影响的事件，就是湖南劳工会黄爱、庞人铨被杀案。湖南劳工会成立于1920年11月21日，黄爱、庞人铨都是发起人，黄爱还是筹备主任。湖南劳工会主张基尔特自治主义③，即无政府工团主义。这在湖南劳工会的宗旨和机构设置中都能看得出。湖南劳工会的宗旨是"改造物质的生活，增进劳工的知识"。这是典型的改良主义，将劳工的经济、知识等个人福祉作为其组织目标。其会员主要有"操机器工业者"、

---

① 张国焘：《我的回忆》（上），东方出版社2004年版，第206页。
② 《邓中夏全集》（下），人民出版社2014年版，第1395页。
③ 刘明逵、唐玉良编：《中国近代工人阶级和工人运动》第3册，中共中央党校出版社2002年版，第617页。

"操手工业者"、"在工业学校毕业或职业学校毕业者"、"有工业上之特别技术者"。同时按职业分成机器工、电气工、纺织工、机织工、印刷工、土木工、测量工、缝纫工、刺绣工、理发工、矿工、铁路工、翻砂工、藤竹工、色染工、皮革工、窑业工、应化工、运输工、铜工、漆工、美术工等22个工团，并由这些工团各自推出代表组成评议委员会和执行委员会，共同讨论重大事项。[①] 因此，湖南劳工会不设会长。黄爱在湖南劳工会成立前曾致信陈独秀，告知组织湖南劳工会之事时便讲到："我们的'会'系合议制，铲除领袖的。"[②] 成立初期的湖南劳工会下设评议部、交际部、教育部、调查部、出版部、介绍部、俱乐部、会计等八部，黄爱、庞人铨当时分别是教育部和出版部主任；后修改章程，仅设书记、教育、交际三部，黄爱、庞人铨、张理全分任三部委员[③]，成为湖南劳工会的灵魂人物。

湖南劳工会的无政府工团主义主张，与中国共产党的主张不一样，但由于建立初期加入湖南劳工会的工人众多，会员一度达7000人，所以，1921年中共湖南支部成立后，便着手与湖南劳工会合作，依托湖南劳工会开展湖南的工人运动，同时着手对湖南劳工会进行改造。[④]1921年10月，湖南劳工会派出代表王光辉出席在苏俄召开的远东人民代表大会，此举密切了湖南劳工会与中共、与共产国际的关系。[⑤] 当年11月华盛顿会议举行时，湖南

[①] 刘明逵、唐玉良编：《中国近代工人阶级和工人运动》第3册，中共中央党校出版社2002年版，第610—611页。

[②] 刘明逵、唐玉良编：《中国近代工人阶级和工人运动》第3册，中共中央党校出版社2002年版，第615页。

[③] 刘明逵、唐玉良编：《中国近代工人阶级和工人运动》第3册，中共中央党校出版社2002年版，第648页。

[④] 《邓中夏全集》（下），人民出版社2014年版，第1372页。

[⑤] 张国焘：《我的回忆》（上），东方出版社2004年版，第207页。

劳工会发动群众示威游行，提出"反对华盛顿会议"、"反对国际资本帝国主义"、"反对国内军阀及其走狗"等口号，这种举动显然与中共的主张相一致。在湖南劳工会成立一周年时，毛泽东于11月21日在湖南劳工会的刊物《劳工周刊》上发表文章《所希望于劳工会的》。他提出："（一）劳动组合的目的，不仅在团结劳动者以罢工的手段取得优益的工资和缩短工作时间，尤在养成阶级的自觉，以全阶级的大同团结，谋全阶级的根本利益。这是宗旨所在，希望劳工会诸君特别注意的。（二）组织上宜一依西洋工会组织，由代表会议产生相当名额之委员赋予全权组织委员会执行会务。旧的行会式的组织固然要不得，职员太多、分部太繁、权力太分也要不得。（三）工会是工人组织的，所以工人应该自己养活工会，更进则准备罢工基金和选举基金，现在不能遽言及此。我以为无论如何第一步要办到凡入会的工人每人必出至低限度的月捐，少至一个铜元都可；第二步办到自己养活工会。这一点很要紧，望劳工会诸君注意。"湖南劳工会在一周年改组时，接受了毛泽东所提出的建议。①

黄、庞被杀案的起因是湖南第一纱厂工人罢工。该纱厂创立于1913年，原是湖南省政府拨湖南银行二百余万元创办的政府公办企业，后来张敬尧又将第一纱厂作为"惠民彩票"的抵押品。但在1917年湖南省政府却将该厂租与华实公司，租期15年，总租金一百二十万元，第一纱厂因此变成商办企业。1920年纱厂经营不善，引入湖北商人赵子安合伙经营。赵子安便就此掌握第一纱厂的股本事权，这便引起了一部分湖南民众的不满。湖南劳工

---

① 《所希望于劳工会的》，《建党以来重要文献选编》（1921—1949）第1册，中央文献出版社2011年版，第49页。

会曾在1921年三四月发起过一场纱厂公有运动，但并不成功。①

1922年1月13日，湖南第一纱厂工人要求华实公司仿照上海、武汉工厂先例，发给工人年终双薪，为华实公司拒绝而罢工。在纱厂三千多工人向厂方和平请愿过程中，卫兵开枪打伤工人；后华实公司又商同监察委员李汝贤从军阀赵恒惕处，借来两营士兵包围工人住所，对工厂实施戒严，逮捕工人。事件发生后，黄爱代表湖南劳工会向华实公司驻长沙事务处提出警告，华实总理黄藻奇、董事彭祖植、戴云阶等人答应与李汝贤交涉，并请湖南劳工会从中协调。庞人铨、张理全也分别向省城各名流绅士游说，请其忠告政府，慎重民命。② 不过，湖南劳工会的调停却让李汝贤认为黄爱等人是罢工的主使者，从而设计杀害之。16日黄爱在与罢工工人谈妥条件后，同华实董事彭祖植、总务科长陈友梧、工务处长胡小岩到劳工会准备签字。结果在等候华实总理黄藻奇过程中，一群全副武装的士兵涌入，将黄爱、庞人铨捆走。1月17日凌晨，黄爱、庞人铨在长沙浏阳门外被斩首。③

1月18日赵恒惕布告黄、庞罪状："本部迭据秘报，有黄爱、庞人铨等盛倡无政府主义，假劳工会名义，煽惑人心。近复秘密收买枪支，勾结匪徒，乘冬防吃紧，希图扰乱治安等情。经本部派队拿获该黄爱、庞人铨二名到部，讯据供认前情不讳，实属罪不容诛。除将该犯黄爱、庞人铨二名提案验明正身，绑赴刑场，立予正法外，合行宣布罪状，俾众周知。"赵在发布罪状后，又

---

① 刘明逵、唐玉良编：《中国近代工人阶级和工人运动》第3册，中共中央党校出版社2002年版，第631—632页。

② 刘明逵、唐玉良编：《中国近代工人阶级和工人运动》第4册，中共中央党校出版社2002年版，第175—176页。

③ 刘明逵、唐玉良编：《中国近代工人阶级和工人运动》第4册，中共中央党校出版社2002年版，第177页。

派人查封了湖南劳工会。①

黄、庞被杀害后，同处于湖南的毛泽东17日上午召集湖南当地的共产党员、劳工会会员和各界进步人士参加的会议，商讨对付赵恒惕和安定工人情绪的办法。会议当即决定：毛泽东等人以湖南工界3.1万人的名义发出通电，驳斥赵恒惕强加给黄、庞的罪名；出版《血祭》，在湖南秘密刊印后发往全国，发动驱赵运动。同时，鉴于湖南的险恶形势，会议还决定毛泽东与劳工会之其他领导人，分赴上海、北京、武汉、天津、广州、桂林等地，广为宣传黄、庞血案真相，揭露赵恒惕罪行，争取掀起一场全国范围的驱赵运动。②

中国劳动组合书记部在黄、庞被害，湖南劳工会被封后，特别致电大总统孙中山，希望惩办赵恒惕。③中国社会主义青年团则发表《为黄庞被害事对中国无产阶级宣言》，认为此事无论从纵向的历史还是从横向的现世界看，都"找不出比这还更滑稽、更残酷、更愚蠢的、更无意识的怪事！"并指出只有"各种产业的劳动者团结了，进而为各地方的大团结，各地方的劳动者团结了，进而为全国的总团结，进而为世界的总同盟，推翻资本家阶级的政府，建设无产阶级的政府，那时候才是无产阶级的世界，才开始为无产阶级的历史底记载。"④

---

① 刘明逵、唐玉良编：《中国近代工人阶级和工人运动》第4册，中共中央党校出版社2002年版，第178页。

② 刘明逵、唐玉良编：《中国工人运动史》第2卷，广东人民出版社1998年版，第299—300页。

③ 刘明逵、唐玉良编：《中国近代工人阶级和工人运动》第4册，中共中央党校出版社2002年版，第178—179页。

④ 刘明逵、唐玉良编：《中国近代工人阶级和工人运动》第4册，中共中央党校出版社2002年版，第179—181页。

在湖南之外，上海、北京、广东、天津、武昌、南昌乃至海外的东京，都举行了声势浩大的悼念黄、庞之活动，谴责军阀暴行，宣誓继承遗志。特别要指出的是，上海举行的追悼活动，更与全国劳动大会的发起有直接关系。1922年3月26日，上海各界二百余人在霞飞路尚贤堂举行黄、庞追悼会，会议主席中国劳动组合书记部李启汉报告开会宗旨："黄、庞两君同努力为一般社会谋幸福之故，牺牲生命，在我辈同志理宜开会追悼。且不独追悼而已，我辈且应借此追悼会之纪念，互相鼓励，秉黄、庞两君未竟之志，努力于社会改造事业。"黄宗汉在发言中也持有类似看法："改造社会系我辈共有之责任，当仁不让。吾人固不当让黄、庞专美于前。凡有血气，莫不当继两君之后，秉赤心与精神继续奋斗。"陈独秀在发言中认为，黄、庞之死是"社会进化之际，社会旧时之理想制度组织，与新的理想制度组织不能相容"的结果。因此，只有社会改造取得成功，黄、庞之死才可避免。而"社会改造之成功，既不系于一二人身"，"国民全体应共同协力，一体具反抗之精神，与军阀及外力奋斗。"[①]可见，上海举行的追悼黄、庞大会一方面在于悼念黄、庞二人为人类谋幸福的牺牲精神，而另一层意义就是继承遗志，改造社会，投身到反帝反军阀的斗争中去。

湖南劳工会驻沪办事处之谌小岑，也参加了上海追悼会。他于追悼会后的3月31日，撰写了一篇《追悼会怎么才能不白开？一个紧急的提议》，并于4月2日发表在《民国日报》副刊《觉悟》上。该文提议：由"各处劳动团体派代表到一个适中地点"开会，

[①] 刘明逵、唐玉良编：《中国近代工人阶级和工人运动》第4册，中共中央党校出版社2002年版，第184—185页。

实现中国劳动界的大团结。① 这是目前所见关于召开全国劳动大会的最早倡议。

总之，第一次工运高潮的兴起，让中国共产党和中国劳动组合书记部看到工人运动的整体气势和力量，香港海员罢工让他们看到了海员工人的斗争精神和全国劳动大联合的胜利希望，而黄、庞被害及其追悼活动，更是直接催生了召开全国劳动大会的最早倡议，显然，第一次工运高潮的兴起对于全国劳动大会之召开无论是宏观还是微观层面，直接还是间接方面，都起到推动作用。

第三节 孙中山广州革命政府的支持

一、广州革命政府的政治法律环境

全国劳动大会之所以能够在广州顺利召开，还与当时广州作为革命大本营，作为孙中山革命政府的中心地，为大会召开提供了宽松的政治法律条件，为大会的筹备、组织、召开提供了实际的帮助密不可分。同时，大会的成功召开也为正在酝酿中的国共合作，提供了先行样本。

全国劳动大会的召开恰逢南北对峙的特殊政治时期。孙中山于1917年、1921年、1923年三次建政于广州，先后建立过中华民国军政府、中华民国政府、陆海军大元帅大本营，他晚年还改组国民党，创立了国共合作联合战线。孙中山在广州执政时期以及广州国民政府时期，广州实际处于中国革命中心的地位。当时的广州革命政府与北洋政府分庭抗礼。因受孙中山的重要影响，

---

① 《追悼会怎么才能不白开？一个紧急的提议》，《民国日报》副刊《觉悟》，1922年4月2日，第1版。

广州革命政府在对待工人、工会、工运的政策上与北洋政府迥异，这也决定了在北洋政府或南方其他地区范围内无法举行的全国工人大联合的会议在广州成为可能。

  三民主义是孙中山革命思想的集大成，尤以民生主义与工人福祉紧密相关。尽管孙中山在晚年才明确提出"扶助农工"的政策，但其对工人的关注却贯彻于革命生涯的始终。一方面，孙中山在革命生涯之中游走中西之间，对于工人阶级在资本家，尤其是外国资本主义的剥削与压迫之下种种痛苦惨状有深刻的了解与同情；另一方面，他也认识到工人阶级的巨大力量，动员工人参加反清反军阀的斗争也构成其民主革命的重要策略组成。因此，孙中山在革命过程中，一方面对于"受压迫最深革命最强的工人群众"，"宜加以深切的援助，使其本身力量与组织日臻强大"；一方面"须用种种方法取得其同情，与之发生密切的关系，使国民党在工人群众中，树立伟大的革命基础。"[1]可见，援助工人增强力量和利用工人从事革命，便成为孙中山时期国民党劳工政策的两大核心内容。例如，他在1912年的《中华民国临时约法》中，便有"人民有言论、著作、刊行及集会、结社之自由"[2]的条款，集会、结社自由给工人建立工人组织、举行工人集会、游行、示威乃至罢工留下了充分的空间，这属于从宪法层面援助工人增强力量的一面。1913年，二次革命后孙中山来到日本，在海员工人中间建立"侨海联义会"，其主要目的在于依靠海员传递革命信息、运输枪支弹药，这就属于利用工人从事革命的一面。

  而与之相比，当时袁世凯的北洋政府则严令禁止工人罢工、

---

[1] 马超俊：《中国劳工运动史》，商务印书馆1942年版，第59页。

[2] 刘明逵、唐玉良编：《中国近代工人阶级和工人运动》第1册，中共中央党校出版社2002年版，第711页。

集会、结社，完全剥夺工人曾经依法享有的集会、结社自由。1912年北洋政府颁布的《中华民国暂行新刑律》，更是直接将同盟罢工入刑。该刑律第224条规定："从事同一业务之工人同盟罢工者：首谋，处四等以下有期徒刑，拘役，或三百元以下罚金；余人处拘役，或三十元以下罚金。"第164条（骚扰罪）规定："聚众意图为强暴胁迫并已受该管官员解散之命令仍不解散者：处四等以下有期徒刑，拘役，或三百元以下罚金。""附和随行仅止助势者，处拘役，或五十元以下罚金。"其他诸如第165条、第223条第3项、第358条、第359条，分别规定了"聚众为强暴胁迫者"、"妨害使用多数工人之工厂或矿坑之执行者"、"以强暴胁迫使人行无义务之事，或妨害人行使权利者"、"散布流言，或以诈术损害他人或其业务之信用者"之量刑标准，即上述四种情况也会入罪。[1]1915年北洋政府对于上述《暂行新刑律》进行修订（即《暂行新刑律补充条例》），其中第226条规定："从事同一业务之工人决议、同盟罢工者，首谋处四等有期徒刑，或三百元以下三十元以上罚金，余人处五等有期徒刑，并科或易科一百元以下罚金。"[2]可知，修正后的量刑标准无论是首谋还是余人都比1912年的刑律更重了。这些关于同盟罢工、聚众等可能入罪的刑律条文使得北洋时期的罢工、集会等，几乎处于没有空间的状态。

在《暂行新刑律》之外，北洋政府的两部涉及警察执法权的专门法律，也有关于同盟罢工、聚众等入罪的规定。1914年3月

---

[1] 《〈广东工会法〉和劳动前途》，《中国工会运动史料全书》（电子版）（广东卷），中国职工音像出版社2002年版，第100—101页。

[2] 欧阳湘：《第一次全国劳动大会在广州召开的政治法律环境》，《党史与文献研究》2017年第5、6期，第21页。

颁布的《治安警察条例》中,将"劳动工人之聚集"与政治结社、政治集会、屋外集合等归于一类,授权行政官署以"治安警察权。"该条例第15条规定:"警察官吏对于屋外集合及公众运动游戏或众人之群集,认为有下列情形之一者,得限制禁止或解散之。一、有扰乱安宁秩序之虞者;二、有妨害善良风俗之虞者。"第22条规定:"警察官吏对于劳动工人之聚集,有下列情形之一者,得禁止之。一、同盟解雇之诱惑及煽动;二、同盟罢业之诱惑及煽动;三、强索报酬之诱惑及煽动;四、扰乱安宁秩序之诱惑及煽动;五、妨害善良风俗之诱惑及煽动。"第38条规定:"如有不遵者,处以五个月以下之徒刑或五元以上五十元以下罚金。"[1]在1915年北洋政府所出台的《违警罚法》中,下列聚众、喧哗等三种情况也会受到警察处罚,第34条第4项规定:"群众会合,警察官署有所询问,不据实陈述;或命其解散不解散者。"第35条第11项规定:"深夜无故喧嚷者。"第38条第1项规定:"于官署及其办公处所喧哗,不听禁止者。"[2]

1914年5月1日北洋政府更是直接废除了《中华民国临时约法》,人民依法享有的言论、著作、刊行、集会、结社之自由连根拔起,更别提罢工、聚众的自由了,在种种刑律、治安条例的限制下,工人集会、工人罢工、工人运动处于违法的状态之下。至段祺瑞的皖系军阀控制北京政府时期,情况仍然没有得到好转。

1917年孙中山在广州建立中华民国军政府,10月3日,军政府发表声明:"除自国会解散后,伪政府之一切命令概认为无

---

[1] 刘明逵、唐玉良编:《中国近代工人阶级和工人运动》第1册,中共中央党校出版社2002年版,第711页。

[2] 《〈广东工会法〉和劳动前途》,《中国工会运动史料全书》(电子版)(广东卷),中国职工音像出版社2002年版,第101页。

效"。1918年7月广州国会仍重申:"中华民国大总统之职权未能依法行使前,非法政府所公布之伪法律,及其所发布关于抵护法行为之伪命令,绝对不生效力"。1921年2月,孙中山在广州就任非常大总统前,以内政部长身份咨行广东、湖南、云南、贵州、陕西各省省长:"嗣后北庭转来之文件不得照行,以明统系"。①然而,上述军政府关于北洋政府的命令、法律"无效"的声明,仅涉及广州军政府建立之后,并不意味着否认军政府建立之前的北洋政府命令、法律。因此,广州军政府建立之后,即着手开展对旧时北洋政府颁行法律的修正与广州革命政府的法律建构工作,以为南方的工人、工会、工运的发展提供更优越的法律制度环境。

孙中山在广州军政府建立后不久即宣布恢复临时约法,军政府辖下民众便依法重获言论、著作、刊行、集会、结社之自由,南方工人就此可以组织工会,广东机器工人维持会便是此时在国民党的扶持下成立。后孙中山命令在国民党内长期从事工运工作的马超俊拟定"开展全国劳工运动计划",马最终拟出8项工运主张,其中便有扶植工会组织,制定工会法,使工会成为法团等内容。②1920年底孙中山第二次南下广州建立政权,在1921年1月所发布的《施政方针》中便明确提出:"保护劳工"、"谋进工人生计"、"提倡工会"等施政主张。1921年6月孙中山曾向要求改善工人待遇的工人代表说:"余对你们的行动一定给予援助。余所就任之总统实质上是工人总统而非军人总统。总之,因

---

① 欧阳湘:《第一次全国劳动大会在广州召开的政治法律环境》,《党史与文献研究》2017年第5、6期,第22页。

② 欧阳湘:《第一次全国劳动大会在广州召开的政治法律环境》,《党史与文献研究》2017年第5、6期,第23页。

为余是由于工人的拥护而取得总统职位,而非由于军人拥护而取得总统职位。"①可见,孙中山对工人的同情以及广州革命政府致力于援助工人的决心。

广州革命政府首先着手的便是废除北洋政府颁布的限制工人集会、结社的恶法。1921年1月19日,广州军政府发布命令"废止《治安警察条例》";②1922年2月17日孙中山颁布大总统命令"废止《暂行新刑律补充条例》";③1922年3月14日广州国会非常会议通过,4月5日内政部公布"废止《暂行新刑律》第244条罢工处罪律";④1922年4月广州非常国会又通过"废止《暂行新刑律》第164条聚众意图强暴胁迫罪律"。⑤

在废除旧法的同时,广州政府着手制定新法。1921年3月广东省政府颁布戴季陶参照法国有关法律所拟定的《广东省工会法草案》(二十二条),草案首先提出将1914年3月北洋政府制定的《治安警察条例》,以及《暂行新刑律》第224条、第164条、第165条、第223条第3项、第358条、第359条,《违警罚法》第34条第4项、第35条第11项、第38条第1项等限制工会及工会行动的条例、条文废除。草案提出:"凡从事于同一职业或产业之雇佣劳动者、公共场所及家庭之雇佣劳动者以及官公吏员、

---

① 刘明逵、唐玉良编:《中国近代工人阶级和工人运动》第4册,中共中央党校出版社2002年版,第674页。

② 张希坡编:《革命根据地法律文献选辑》第1辑,中国人民大学出版社2017年版,第274页。

③ 张希坡编:《革命根据地法律文献选辑》第1辑,中国人民大学出版社2017年版,第274页。

④ 张希坡编:《革命根据地法律文献选辑》第1辑,中国人民大学出版社2017年版,第275页。

⑤ 张希坡编:《革命根据地法律文献选辑》第1辑,中国人民大学出版社2017年版,第280页。

学校教师职员等，其以从事于同一业务者，五十人以上组织团体者，得适用本法，但现役军人不在此列。""工会为法人"，"工会之区域，从现行之地方行政区域，其超过现行之地方行政区域设置工会者，应得主管官厅认可"，"发起设立工会者，须由从事于同一业务者五十人以上连署，提出注册请求书"，"满十六岁以上的男子女子，从事于第三条所定之职务者，得自由为工会会员，且得自由退会"，"工会之会员，不限国籍，但外国人加入工会时，须为遵守中华民国法令之宣誓"，"依本法所设立之各工会，得以两工会以上之结合，组织工会联合会。本法之规定，适用于工会联合会"，"工会及工会联合会，得与他省或外国同性质之团体联合或结合。"草案还规定了工会的章程、职务、职员、会费、财产、违法处罚等具体事项。[①]这是我国首部省域工会草案，明确确认了工人有组织工会的权利，对于后来南方政府的《暂行工会条例》出台有直接影响，但限于条件，当时这部草案未能正式颁布实施。

在《广东省工会法草案》出台一年后，1922年2月24日广州革命政府颁布《暂行工会条例》（二十条），这是我国首部具有国家层面意义的工会条例，《民国日报》在报道时称"此为吾国破天荒之条例"。该条例充分继承了《广东省工会法草案》的精神，在体例和不少表述上与广东工会法高度一致，但也有很多与广东工会法不同之处。该条例提出"凡从事于同一职业之劳动者，有五十人以上，得依本条例组织工会"，"工会为法人"，"成年之男女劳动者，得自由为工会会员，且得自由退会"，"工

[①] 刘明逵、唐玉良编：《中国近代工人阶级和工人运动》第4册，中共中央党校出版社2002年版，第675—678页。

会之区域以省或县之区域为准，其合两区域以上设立工会者，须经省之主管官署认可"，"依本条例所设立之工会，得以两工会以上之结合组织工会联合会，适用本条例之规定"，"组织工会，须由发起人连署提出注册请求书，并附职员履历书及章程各三份，于地方官署。请求注册后，始得受本条例之保护。注册之地方官署在市为市政厅，在其他地方为县公署。"条例规定，工会的职责有："图工业之改良发展，向官署及议会陈述工业法规各事项，设立并管理关系工人公共利益的各种生产消费合作社、文化教育机构，以共同条件与其他机构缔结雇佣契约，同业者职业介绍，主张并防卫同业者之利益，调处劳资纠纷，调查同业者就业、失业、制成统计，调查劳动者经济生活状况"。[①]该法首次明确承认广州革命政府范围内的工人有组织工会之权，对于南方工会的发展提供了合法的制度条件，也造就了中国工运历史上特有的南方工会时代。

二、南方工会的壮大

南方工会为什么会首先发生？邓中夏认为跟"当时的政治状况"有关，辛亥革命后封建军阀代帝制而起，"革命之第二年袁世凯就削平当时革命派各省的政治军事势力，而大权独揽。后来解散国会，再后来帝制自为，于是当时革命派起兵讨袁，而有所谓'护国战争'。不久袁死，起而代之者为段祺瑞，取消帝制，恢复共和。后来段又解散国会，于是当时革命派又起兵讨段，而有所谓'护法战争'。从此南北分裂，国会南迁于广州，自建所

[①] 张希坡编：《革命根据地法律文献选辑》第1辑，中国人民大学出版社2017年版，第277—278页。

谓护法政府。但既号称护法政府,政治不能不略取开明,故人民颇有集会结社的自由,南方工人就因此得以组织工会。"①可见,南方工会的产生是当时南北政争的结果,是南方护法的副产品。受到这种政治局势的影响,南方工会进入了一个迅速发展的时代。

从1917年至1922年全国劳动大会召开之前,受广州革命形势影响成立了广东机器工人维持会、中华海员工业联合总会、广州印务公社、广州理发工会、广州茶居工会、广州酒楼茶室工会、广州革履工会等多个产业、行业工会,还组建了广东省总工会、广州互助社、工人合助社、无政府主义工团等多个联合性、综合性工会,其中据说广东省总工会有85个工团20万名工人②,广州互助社有23个工团人数不下2万③,受无政府主义影响的工团有三十多个④。综计当时广东全省有工团二百余个⑤,广州市工团一百三十多个,其中已在政府注册的工团七十多个。⑥此外,还有受广州革命政府影响较大的香港各类工团125个。⑦在如此短的时间内成立了众多工团,南方工会的发展显然与广州革命政府的政策支持有关,1922年3月陈独秀在上海纺织工会浦东部成立

---

① 《邓中夏全集》(下),人民出版社2014年版,第1354页。

② 刘明逵、唐玉良编:《中国近代工人阶级和工人运动》第3册,中共中央党校出版社2002年版,第583页。

③ 刘明逵、唐玉良编:《中国近代工人阶级和工人运动》第3册,中共中央党校出版社2002年版,第592页。

④ 刘明逵、唐玉良编:《中国近代工人阶级和工人运动》第4册,中共中央党校出版社2002年版,第693页。

⑤ 卢权、禤倩红:《广东早期工人运动历史资料选编》,广东人民出版社2015年版,第30页。

⑥ 卢权、禤倩红:《广东早期工人运动历史资料选编》,广东人民出版社2015年版,第52页。

⑦ 刘明逵、唐玉良编:《中国近代工人阶级和工人运动》第3册,中共中央党校出版社2002年版,第604页。

大会上曾经对比过上海与广东两地的工会,他说"上海底工厂比广东多,工人也比广东多,工会却比广东少。广东已有七十多个工会,都是真正工人所组织的,上海只有四十多个工会,而且'招牌工会'占了三分之二。广东底工人,已有二十分之十二入了工会,上海底工人,入工会的还不到四十分之一。"[1]可见,南方工会在当时中国的发达程度。

不过,邓中夏并不看好南方工会,他认为南方工会"严格来说,仍然算不得'现代式的'工会。"他认为"孙中山领导下的工人团体,简直不能算做工会",孙中山曾经在海外建立过一些工人组织,"这些组织当然不是阶级的组织,只是为了孙中山自己的目的";另外对于当时谢英伯、曾大辟等发起的华侨工业联合会和广东总工会,邓中夏认为"都还不是阶级的工会",对于广东机器工人维持会,他认为这是"广州办理市政的资本家,利用他们从南洋群岛招来的技术工人组织成的,为的是好和其他的资本家抢生意,至多只能说是行会工会的'欧化'"。[2]

尽管邓中夏批评南方工会不是阶级工会,不过南方工会在成立后却也领导或参与过多次南方工人的经济政治斗争,根据卢权、禤倩红的统计,从1917年广州军政府建立至1922年5月全国劳动大会召开前后,广东工会的工人先后开展各类政治经济斗争244次,其中1918年4次,1919年6次,1920年20次,1921年149次,1922年1月至5月65次。[3]尤其是影响力巨大的香港海员罢工,更是得到广州革命政府的鼎力支持,这才让当时来到

---

[1] 《民国日报》副刊《觉悟》,1922年3月21日,第1版。
[2] 《邓中夏全集》(下),人民出版社2014年版,第1355页。
[3] 卢权、禤倩红:《广东早期工人运动历史资料选编》,广东人民出版社2015年版,第193—221页。

广州的共产国际代表马林看到了"工人同国民党之间的联系","这个政治组织的领导人指导着罢工的全过程,罢工工人参加了这个党的民族民主主义的示威游行,所有资助都来自国民党方面","国民党同罢工者之间的联系非常紧密,在广州、香港和汕头大约有12000名海员加入了国民党。"①这些工人的政治经济斗争密切了南方工会与工人的关系,对于拓展国民党在工人中的影响有重要作用,从竞争中国工人运动领导权的角度而言,中共将全国劳动大会放在革命政府所在地也更有针对性。

正因在广州革命政府的政治氛围下,《暂行工会条例》颁布,南方工会纷纷建立,南方工人罢工此起彼伏,让全国劳动大会不仅可以在南方政府保护下以合法公开的方式进行,同时也具备更为充分的工会组织与斗争经验基础。所以,在第一次全国劳动大会中广州、香港两地代表最多,占全体80%②,这80%的参会代表便构成了大会的主体,使得会议之召开具备了极大可能。

三、广州革命政府的实际支持

广州革命政府除为全国劳动大会提供宽松的政治环境、合法的制度条件以及合适的社会氛围之外,还为大会的筹备与召开给予实际的帮助。早在全国劳动大会还处于酝酿阶段,上海《民国日报》主笔邵力子同国民党广州特设办事处干事长张继便访问了陈独秀,表示如果共产党愿意召集这样一次大会,广州政府可提供方便。③在1922年4月10日中国劳动组合书记部发出将在广州

---

① 《中国共产党第二次全国代表大会档案文献选编》,中共党史出版社2014年版,第76页。

② 《邓中夏全集》(下),人民出版社2014年版,第1401页。

③ 谌小岑:《我所了解的"一劳大"》,《党史研究资料》(4),四川人民出版社1983年版,第102页。

召开全国劳动大会的通告后，南方工会予以积极响应，受国民党影响颇深的广东省总工会会同中国劳动组合书记部南方分部为会议的筹备做了大量的工作，其中"五一"大游行更是由广东总工会主要负责完成的。在大会的筹备过程中，会议筹备处曾经向广东机器工人维持会商借会场，黄焕庭拜托马超俊请示孙中山的意见。孙认为"此项发起宗旨尚属正当，虽非本党主持，亦宜予以赞助，以免示人襟怀之不广"，[1] 故而答应予以赞助，所以，最终会议才得以在广东机器工人维持会召开。在会议举行期间，国民党广东支部、广东省总工会、广东机器工人维持会、广州互助社等国民党团体多次举行欢迎会，招待与会代表，孙中山于5月2日下午在总统府接见全体劳动大会代表[2]。另据张国焘回忆，5月5日下午孙还在总统府单独接见了与会外省劳动大会代表[3]，孙在接见时对劳动大会代表表示慰问，希望代表们执行劳动大会决议，为国家、社会尽力。孙中山的态度、行动鼓舞了劳动大会代表，为会议的成功举办提供了重要的精神、物质支援。

所以，总结梳理广州革命政府的政治法律社会氛围以及在会议发起、筹备、召开过程中，孙中山、广州革命政府、南方工会的实际行动，可以看到在当时的社会历史背景下要召开一次全国规模的劳工大联合的会议，在广州召开是最佳的选择，也是唯一的选择，这与孙中山及广州革命政府的支持是分不开的，于是中国共产党审时度势，乘机发起召开全国劳动大会之事。

---

[1] 中国劳工运动史编纂委员会：《中国劳工运动史》第1册，台北中国劳工福利出版社1959年版，第201页。
[2] 《国民党粤支部欢迎劳动代表》，《民国日报》1922年5月8日，第6版。
[3] 张国焘：《我的回忆》（上），东方出版社2004年版，第211页。

第三章　第一次全国劳动大会与全国劳工大联合的初步尝试

1922年5月1日至6日在广州召开的第一次全国劳动大会是中国共产党成立之后，为领导工人运动，对各派工人团体进行整合，实现无产阶级劳动大联合的一次尝试。大会建立在党成立初期对工人运动进行理论与实践探索的基础上，受到共产国际的影响，并得到孙中山领导的广州革命政府的支持。大会由中国劳动组合书记部负责组织，得到各地工团的积极响应，纷纷遣派代表参加，尽管在会中各方曾出现分歧，但在与会中国共产党的组织协调以及参会各方的配合之下仍圆满解决。大会的提案与决议案反映了当时中国工人的主要诉求，指引着中国工人此后奋斗的方向，也为中华全国总工会成立打下基础。大会的主要精神与成果对后续党的工运方针的确立、对劳动立法运动的开展、对推动第一次工运高潮的深入发展有重要影响。

第一节　第一次全国劳动大会的发起与筹备

一、《觉悟》关于召开全国劳动大会的讨论

关于第一次全国劳动大会的发起，现有之研究成果主要将

其视为1922年4月10日上海的中国劳动组合书记部发出的通告："近因多处劳动团体，要求在'五一节'开一全国劳动大会，以唤起各地劳动者之觉悟，速谋组织团体而保全劳动者安稳地位。是以该书记部应各处之要求，发起一个全国劳动大会。"①从通告来看，中国劳动组合书记部是应各处工人团体的要求而发起劳动大会的，显然最早的发起人和发起时间应在4月10日之前。这在中国劳动组合书记部负责人和"一劳大"代表张国焘的回忆中也能得到印证，张国焘在《我的回忆》中提到："一九二二年四月初，中共中央即通告各地组织，阐明这次大会的意义；并要求中共各地区委员会协助各工会选派代表出席。同时，又以劳动组合书记部的名义，直接与各地工会通讯，征求它们的同意。""劳动组合书记部得到一些主要工会的响应后，乃于四月十日向全国各地劳工团体，发出召开全国第一次劳动大会的正式通知。"②从张的说法来看，4月初中共中央已通告各地，中国劳动组合书记部已与各地工会联络，4月10日的通告是在中央通告和书记部与各地工会联络之后发出的，劳动大会的发起人是中共中央，时间是在4月初。冯资荣、何培香所编之《邓中夏年谱》甚至提出：3月"中共中央局决定在广州召开全国第一次劳动大会，由陈独秀、张国焘到会进行指导。"③该说法并未注明出处，但显然受张国焘的影响，张在回忆中提到"一九二二年三月间，我由莫斯科回到上海，自然须向中共中央的同志们报告此行经过，又和陈独秀先生作了多次长谈"，其中就包括"定于五月一日在广州举行第一次全国劳动大会"，中共中央当时还决定由陈独秀和张国焘在

---

① 《全国劳动大会之发起》，《民国日报》1922年4月11日，第10版。
② 张国焘：《我的回忆》（上），东方出版社2004年版，第204页。
③ 冯资荣、何培香编著：《邓中夏年谱》，中国文史出版社2014年版，第100页。

广州指导劳动大会和青年团大会两个大会的进行。①按此说法，1922年3月张国焘自苏俄回国后，在上海的中共中央已有召开全国劳动大会的决定。但目前除了张国焘的说法之外并未有其他证据也能够表明中央确实在3月已有召开全国劳动大会的决定。此外有学者将"一劳大"的发起人视为孙中山，提出"孙中山注意到全国工人运动的蓬勃发展，派人到上海与陈独秀商量，请中国劳动组合书记部负责召集一个全国劳动代表大会，国民党愿意大力支持。陈独秀经过再三考虑，同意了国民党的建议，派李启汉和董锄平等人负责全国劳动大会的筹备工作。"②此说法并未注明出处，无从得知孙是否派人到上海与陈独秀商议劳动大会之事，现有的《孙中山年谱长编》《孙中山史事编年》等具体反映孙中山生平活动的史料中均未提及。因此，从现有研究来看，对于第一次全国劳动大会的发起人及其发起时间，仍有不够明晰之处。那么，"一劳大"究竟发起于何时，由谁首先提出呢？

  1922年4月2日上海《民国日报》副刊《觉悟》发表了一篇文章《追悼会怎么才能不白开？一个紧急的提议》，文章提及前述在3月26日上海霞飞路尚贤堂举行的湖南劳工会领导人黄爱、庞人铨二人追悼会上，有几位先生表示希望"追悼会不要白开"，文章的作者认为"中国的劳工们，对于黄庞这次的牺牲，不能算没点觉悟。可是这种感情上的觉悟，有因为追悼会开完了而渐忘的可能性。要想保持这种的觉悟，就非使彼有一种实际上的依托不可"，文章提出"我们想要维持这一次的精神，唯一的而绝妙的方法，就是乘这个机会作个中国劳动界的大团结运动。大团结

---

① 张国焘：《我的回忆》（上），东方出版社2004年版，第200—201页。
② 夏远生：《工运赤子——李启汉》，中国工人出版社2016年版，第91页。

的起点，就在这一次的五月一日。由各处劳动团体派代表到一个适中地点，从这一天起开始筹备。我们可以由这个筹备会中传出一种声浪去：中国的劳动者团结起来呀！这样一来，不仅黄、庞追悼会不白开，以后中国劳动运动史的新纪元，也就从此产生出来了！"文章的作者是"小岑"，写于1922年3月31日。[1]"小岑"即是谌小岑，湖南安化人，早年参加过天津的觉悟社，此时是湖南劳工会驻沪办事处成员，后来参加了"一劳大"，根据谌晚年的说法，"当时，湖南劳工会已在上海成立办事处，经过商议，我写了一篇短文，建议于'五一'国际劳动节召开一次全国劳工代表大会。"[2]在这篇文章的后面，《觉悟》主编邵力子特别加上了一行字"我想，这个地方只有广州最合宜。"[3]这是目前所见最早的将在广州召开劳动大会的意思完整表达出来的详细记载。

邵力子为什么会认为广州最合宜？这是因为当时孙中山领导下的广州政府工会组织发达，工人所处的政治法律环境较为优越，特别是香港海员罢工的胜利，极大地激发了工人的斗争精神和对中国劳动者大团结的期待，使得当时的广州作为国民革命的大本营，成为中国工人、知识分子、革命者向往的地方。这在邵力子当时对于工人、工运的一些言论中明显体现出来。1922年2月9日，《民国日报》发表了一封工人致邵力子的信，列举了工人种种教育、组织团体方面的失败经历。邵力子在回信中提出："我更相信中国各地工人能多做些工夫，第一步必先能取得团体组织权。

---

[1] 《追悼会怎么才能不白开？一个紧急的提议》，《民国日报》副刊《觉悟》，1922年4月2日，第1版。

[2] 谌小岑：《我所了解的"一劳大"》，《党史研究资料》（4），四川人民出版社1983年版，第102页。

[3] 《追悼会怎么才能不白开？一个紧急的提议》，《民国日报》副刊《觉悟》，1922年4月2日，第1版。

港粤工人不也一样是'中国的工人'吗？"①这显示出他对于港粤工人取得团体组织权的欣赏。3月21日，《民国日报》发表香港海员工人林权一致邵力子的信，林在信中描述了海员工人在广州的场景："火车刚抵达省城，即有多数该省工会人员，手持欢迎海员等字样的旗帜在码头等候，并有人分头带我们在各处住，人民之自由比在上海真同天壤。……省城有公园数处，任人演讲，任人游玩……我在广东省城觉得事事都好得很。……但我想，如果我们在北京罢工，到了今日早饿死了。不然，定作囚人了！何以上海团体还不肯承认南方政府为我们唯一的政府呢？"邵力子在回信中写道这封信"使我感动"，并批评某些受过教育的人，不辨是非，"总说南北政府一丘之貉，这是更没法唤醒的。"②这显示出他对南方政府人民自由、工人团结的向往。5月1日《民国日报》发表评论文章《"劳动纪念节"的真觉悟》，邵力子提出"广东工会最发达，所以有海员罢工的大胜利，……最近罢工的都为有秩序的行动才能成功，我们固然不以此为满足，但我却相信中国劳动者确已向着觉悟方面走了。"③这显示出他对广东工会发达以及海员罢工胜利的肯定。

邵力子是浙江绍兴人，早年曾加入孙中山领导的国民党，后参加五四运动，与陈独秀等人研究马克思主义，1920年参与组建上海共产主义小组，其担任主编的《民国日报》副刊《觉悟》是五四运动时期宣传新文化、宣传马克思主义的主要阵地之一，该刊开辟专栏讨论有关现实问题，建党前后有一批共产党人和马克思主义者借助于副刊《觉悟》发声。因此，副刊《觉悟》发表谌

---

① 《劳动运动中的两个问题》，《邵力子文集》（下），中华书局1985年版，第628页。
② 《罢工海员在广州时的观感》，《邵力子文集》（下），中华书局1985年版，第663页。
③ 《"劳动纪念节"的真觉悟》，《邵力子文集》（下），中华书局1985年版，第681页。

小岑的文章，提出在广州召开全国劳动大会之后，引起各界的广泛关注，掀起了一股对广州全国劳动大会进行讨论的热潮。

4月6日，副刊《觉悟》发表中国劳动组合书记部董锄平的文章《对"一个紧急提议"的商榷》，文章提出"这个提议，可说是我们时时刻刻未曾忘记而无日不是尽力于这样运动，冀其即早实现的。然而因实际上种种碍难情形，故未在报章上发表。"[①]可见，中国劳动组合书记部已在着手考虑谌小岑关于召开全国劳动大会的提议，但因为各种"碍难情形"，没有公开发表。这就意味着关于召开全国劳动大会之事，存在着两条不同的线索，其一是副刊《觉悟》上的公开讨论，其二是中共中央在3月张国焘回国后作出决策并交由中国劳动组合书记部具体谋划的内部运作。这从中国劳动组合书记部另一位重要成员，也是"一劳大"代表的李启汉那里也能找到印证，李启汉在中国劳动组合书记部4月10日正式通告发表前，曾向党组织提出："工人运动日益高涨，但全国没有统一的工人团体，各地罢工多是分散的、零星的斗争，我们应该召开一次有各工会代表参加的全国劳动大会，商讨建立全国工会统一组织的问题！"[②]

那么，中国劳动组合书记部认为的"碍难情形"究竟是什么，以至于在内部讨论而不能公开呢？董锄平认为：主要有劳动团体的审查和出席代表的审查两个难题，他认为"劳动团体必要是真正工人所组织的——如在一产业当中所组织的工会，或直接利害相同之职业底下工人所组织的工会。""出席代表必要是真正的工人而又能代表所派出的工会的全体的。若非工人，而必须是在

---

① 《对"一个紧急提议"的商榷》，《民国日报》副刊《觉悟》，1922年4月6日，第1版。

② 夏远生：《工运赤子——李启汉》，中国工人出版社2016年版，第91页。

所派出的工会任为长时间的职务,经全体选定的。"董锄平认为"若不能合乎以上二个条件,虽团结的声浪充满中国,也不过是几个官僚式与资本家的劳动团体,招牌式的工会,或无聊的政客式的劳工代表团结罢了。"因此,他提出"欲求大团结底速成,还要特别努力于各地各业底真实的劳动团体的组织。"①可见,中国劳动组合书记部的顾虑主要是参加劳动大会的团体和代表应是真正能够代表工人的,而当时中国很多地方的工人组织并不健全。

4月7日,副刊《觉悟》发表谌小岑对董锄平的回应文章《对"一个紧急提议"的申论》,文章认为在代表审查问题上,应组织专门的筹备委员会去讨论,审查的手续上要"多加审慎",应由"多数劳动团体代表办理","使被屏除者不致另生枝节,有碍劳动运动前途"。关于劳动团体的组织问题,文章认为可以先组织"中国劳动者大同盟"筹备委员会,然后可以派人向各处工人劝说,要他们团结起来,一致加入。文章还提出在"大同盟"成立之前,有一个从权的办法,"在一地工作的工人,虽尚没有正式的团体,只要能以适当的方法,选举代表列席,我们就承认他够代表的资格。"②总之,谌小岑认为要组织筹备委员会,尽可能邀请多数劳动团体代表参加。不过,谌小岑认为广州位置太偏,不很适中,难以使各地劳动者代表集齐,但又提不出更好的地点。③

4月9日,副刊《觉悟》发表董锄平对谌小岑的回应文章《答"一个紧急提议"的申论》,对上述谌关于组建筹备委员会、中

---

① 《对"一个紧急提议"的商榷》,《民国日报》副刊《觉悟》,1922年4月6日,第1版。
② 《对"一个紧急提议"的申论》,《民国日报》副刊《觉悟》,1922年4月7日,第1版。
③ 《对"一个紧急提议"的申论》,《民国日报》副刊《觉悟》,1922年4月7日,第1版。

国劳动者大同盟、从权办法等观点表示"不够苟同",认为"欲在这一个五一节树立全国劳动者大团结——中国劳动者大同盟的基础,产生出以后中国劳动史的新纪元来,可惜在事实上不能照看这样实现,只能得一个虚名而无实用,甚或酿成一个无聊政客式的团体。"① 同期,中国劳动组合书记部的许白昊发表文章《劳动团结易劳动组织难》,提出一个劳动团体感到独自的能力太过薄弱,急希望同阶级同地位同目标的劳动团体团结起来,而大团结有如何的实力,全靠每个劳动组织的如何有实力,认为大多数劳动者如何需要组织,如何了解组织,如何运用组织体是劳动组合实力的重要元素,这些事项做得有成绩,"中国劳动者大团结"、"世界劳动者大团结"都是可以随时随地接气的。② 言下之意,在建立有实力的劳动组织之前,空喊劳动大团结是没有意义的,这与董锄平的观点是一致的,也基本代表了中国劳动组合书记部的主张。

尽管如此,董锄平还是建议"我们不妨施行一种劳动运动的政策,在'五一节'开一全国劳动界大联合的庆祝会,或曰全国劳动大会(系集会性质),借此以振发劳动界的精神,唤起组织的觉悟,事后分回各地作实际劳动运动的努力,那我也认为是有可能而急应实现的。"③

《觉悟》上关于全国劳动大会事宜的持续讨论,也引起了一般读者的兴趣,4月18日署名"正广"的读者发表评论,认为"小岑锄平两先生商量今年五月一日作一个中国劳动界的大团结运动

---

① 《答"一个紧急提议"的申论》,《民国日报》副刊《觉悟》,1922年4月9日,第1版。
② 《劳动团结易劳动组织难》,《民国日报》副刊《觉悟》,1922年4月9日,第1版。
③ 《答"一个紧急提议"的申论》,《民国日报》副刊《觉悟》,1922年4月9日,第1版。

提议得太迟了"，"审查劳动团体，审查出席代表，开筹备会，派人劝工人团结起来不是二三十天内做得到的"，所以他只希望大都市地方和大工业区如上海、广州、北京、唐山等地方工人，团结起来，举行示威运动，要求"每日工作八小时，每周四十八小时为原则"、"工资增加"、"废止工头和个数工银制"、"夜工底限制"等条件，五一节之后再劝说五一罢工的团体团结起来组织"大团体"。①4月20日副刊《觉悟》发表董锄平的回应文章，认为尽管时间很短，但可以促成"有极大的示威运动"的"预备者"，他进一步提出中国的劳动运动需要刺激，五一节的全国劳动大会重要的意义就是这一种使命，促进大团结运动精神的刺激，让各地的劳动者有彼此贯通奋斗精神的影响。②

二、中国劳动组合书记部的发起

在上海《民国日报》副刊《觉悟》进行全国劳动大会讨论的同时，邵力子同国民党负责人张继为此事访问了陈独秀，表示如果共产党愿意召集这样一次大会，广州政府可提供方便，因为当时国民党还没有专门从事工人运动的机构。③于是，在上海《民国日报》副刊《觉悟》的倡议与充分讨论，在中国劳动组合书记部的谋划，以及在国民党广州政府的配合之下，中国劳动组合书记部正式将会议举办地放在了广州。4月10日中国劳动组合书记部正式发出通告：

全国各工人团体钧鉴。顷接多处工会来函，主张"五一"纪

---

① 《今年的五月一日》，《民国日报》副刊《觉悟》，1922年4月18日，第1版。
② 《今年的五一节》，《民国日报》副刊《觉悟》，1922年4月20日，第1版。
③ 湛小岑：《我所了解的"一劳大"》，《党史研究资料》（4），四川人民出版社1983年版，第103页。

念节在适宜地点召集全国劳动大会,以志盛典,且可以联络全国工界之感情。本书记部认为有举行之要,特拟定宗旨及办法列后。请贵团体选派代表一人,持贵团体选派证书,如期赴会为荷。

（1）开会宗旨：纪念"五一"节、联络全国工界感情、讨论改良生活问题、各代表提议事件。

（2）每一工人团体要派代表一人。

（3）时间：五月一日起开会五天。

（4）地点：广州市。

（5）川资：由各团体自备,在广东膳宿费用由书记部供给。

中国劳动组合书记部通告,四月十日,上海招待处,上海英界北成都路十九号本部。[①]

从通告内容来看,中国劳动组合书记部召集此次大会的原则是不分何党何派,只要是工会便邀请其参加[②];从通告的措词上看,书记部并未对此次大会作煽动性的宣传,措词平淡,意在避免北京政府对各地工会的阻挠[③],以尽可能邀请更多的工会代表参加,将其开成一个"五一"庆祝会、工界团结会。该通告发出后,经《民国日报》（4月11日）、《申报》（4月12日）、《晨报》（4月15日）、《大公报》（4月16日）、《益世报》（4月18日）等报章广泛报道,得到了各地工会组织的广泛响应,并积极派遣代表参会。

三、全国劳动大会的筹备

大会的筹备工作由中国劳动组合书记部南方分部负责,并

---

① 《全国劳动大会之发起》,《民国日报》1922年4月11日,第10版。
② 《邓中夏全集》（下）,人民出版社2014年版,第1401页。
③ 张国焘：《我的回忆》（上）,东方出版社2004年版,第204页。

"通知广州各大工会总团共同办理"、广东社会主义青年团也积极参与活动。① 事实上,在书记部的正式通告发出之前,各地的五一纪念活动已经开始筹备了。如 4 月 6 日广东总工会曾向该省各工会发出通告,筹备该省的五一纪念活动②。4 月 12 日广东总工会召开首次筹备会议,议决各工团选派一人组成筹备处,并将五一巡游地点选在广州第一公园③。4 月 15 日广东工界收到中国劳动组合书记部的正式通知后,广东总工会开会商议全国劳动大会筹备事宜,并议决将全国劳动大会筹备工作移交给五一纪念活动筹备处办理,当晚广东总工会邀请谭平山和澎湃到会发表演说,阐述全国劳动大会的宗旨和召开全国劳动大会的理由。④ 谭平山当时是中国劳动组合书记部南方分部主任,也是广东社会主义青年团书记⑤,澎湃则是广东社会主义青年团宣传部讲演队主要成员⑥。所以,当中国劳动组合书记部发出通告后,在广州的具体筹备工作是由中国劳动组合书记部南方分部、广东社会主义青年团、广东总工会等负责的,与广东本地的五一纪念活动一并进行。

当广州的对接部门确定之后,4 月 18 日,广东社会主义青年团和广东总工会致电中国劳动组合书记部欢迎各代表:"中国劳动组合书记部转全国劳动代表诸公,来粤携手同盟,藉亲雅范,肃电欢迎。青年团谭平山,广东总工会黄焕庭。"⑦ 4 月 20 日中国劳动组合书记部南方分部致电上海书记部总部,"全

---

① 《广东党史资料》第 16 辑,广东人民出版社 1990 年版,第 178 页。
② 《工界筹备庆祝劳动节》,《广东群报》1922 年 4 月 7 日,第 6 版。
③ 《各工团筹备劳动节之会议》,《广东群报》1922 年 4 月 13 日,第 7 版。
④ 《总工会议决三要案》,《青年周刊》第 8 号,1922 年 4 月 16 日,第 4 版。
⑤ 《谭平山文集》,人民出版社 1986 年版,第 581 页。
⑥ 《澎湃文集》,人民出版社 2013 年版,第 363 页。
⑦ 《赴全国劳动大会代表踊跃》,《民国日报》1922 年 4 月 21 日,第 10 版。

国劳动大会已筹备完善，招待处设广州市素波巷宣讲员养成所内，请通告上海及内地各省劳动团体。"①这里的"素波巷宣讲员养成所"是陈独秀1920年在广州创办的,旨在宣传马克思主义,提升基层宣传人员政治理论素养的地方，是广州共产主义小组所在地，也是建党后中国共产党广东支部所在地，以此处作为全国劳动大会的招待处，可见当时中共广东党团对劳动大会的贡献。

随着大会的临近，筹备处于23日召开第一次会议，拟定会议地点和相关会议流程，决定"除外省各工团体由中国劳动组合书记部接洽外，所有本省各工人团体亦派代表一人出席"，为免"调查未周或有遗漏"，筹备处决定"专函通知"，并于25日在《广东群报》上发出两则筹备处启事："请各工人团体各派代表一人于本月二十九日以前用贵团体正式公函通知敝处，俾使招待是所"。同时，将中国劳动组合书记部4月10日的通告再次刊发，更明确了会议的宗旨、开会时间地点、接待场所和所需费用情况："一、开会宗旨：1、纪念'五一'节，2、联络全国工界感情，3、讨论改良工人生活问题，4、各代表提议事件。二、每一个工人代表团体派代表一人。三、时间五月一日起开会五天。四、开会地点在广州市河南和珠社广州机器工人维持会。五、川资由各团体自备，外省代表在广东膳宿费由书记部供给。六、其余费用由各工人团体自由捐助。上海招待处：上海英界北成都路十九号中国劳动组合书记部。广东总招待处：素波巷十九号。"甚至连筹备处的办事时间，27日前后的办公地点都有明确说明，"本处经已开始办事，每日下午

---

① 《赴全国劳动大会代表踊跃》，《民国日报》1922年4月21日，第10版。

三时至五时为办事时间，并因便利上在本月二十七日以前以素波巷十九号为临时办事处，二十七号以后迁至河南和珠社广州机器工人维持会。"① 可见其工作的细致入微。4月底参加第一次全国劳动大会和社会主义青年团第一次全国代表大会的中共党团代表陆续来到广州，拟定了全国劳动大会的方针，大会的召开时机成熟。

第二节 第一次全国劳动大会的经过

一、全国劳动大会代表抵粤

4月底，参加第一次全国劳动大会的各省代表陆续抵粤。出席大会的代表来自十几个城市，共计173人，他们代表着一百一十多个工会、34万有组织的工人，大会代表的政治背景，有共产党派、有国民党派、有无政府主义派、有毫无主义和信仰的招牌工会，甚至还有劳资混合组织的团体，以地区划分，广州、香港两地最多，占全体代表的80%。其中有名可考和知道来源的有：

上海：中国劳动组合书记部张国焘、李启汉、梁鹏万；上海中华电器工会许白昊、王奠世；上海中华劳动联合会陈广海；上海中华工界协进会邵博强；上海水手焱盈社朱明江；上海均安水手公所朱宝庭；上海中国劳动同盟会谭竹轩；上海中华总工会陈家鼐；上海浦东纺织工人会王春鑫；上海工商友谊会关玉麟；上海船务栈房工界联合会李澄宇、白萍X、陈亦X；上海印刷工会郑覆他。（17人）

---

① 《第一次全国劳动大会筹备处启事》，《广东群报》1922年4月25日，第2版。

湖南：中国劳动组合书记部湖南分部王梁、易礼容、陈子博；湖南劳工会唐薰琴、张理全、谌小岑。（6人）

长辛店：中国劳动组合书记部北方分部、长辛店铁路工人俱乐部邓中夏。（1人）

唐山：京汉铁路工会史文彬；唐山京奉铁路机务同人联合会李树彝。（2人）

石家庄：正太铁路工业研究会孙云鹏。（1人）

天津：天津机织工会王爱真。（1人）

济南：济南城北纺织工会滕沛昌。（1人）

武汉：徐家棚粤汉铁路工人俱乐部吴海堂；汉口人力车夫工会彭大汉。（2人）

江西：江西总工会胡占魁。（1人）

安徽：芜湖劳工会薛卓汉。（1人）

香港：中华海员工业联合总会苏兆征、林伟民、陈炳生、谭华泽、陈越、刘达潮；省港集贤工会何洲泉。（7人）

广东：中国劳动组合书记部南方分部谭平山、张瑞成、冯菊坡、刘尔崧、梁复燃；中国社会主义青年团张春木（张太雷）；广东总工会黄焕庭；广州互助总社谢英伯；广东机器工会邓汉兴、李占标、黄裕谦；广州铁路车务同业工会潘兆銮；广东内河船艇工会董维；广州茶居工会黎端；广州石井兵工厂罗珠；广州工人代表谭天度；广东江会地区社会主义青年团陈日光、区云轩；潮汕地区社会主义青年团叶纫芳；佛山理发工会梁桂华。（20人）

海外：南洋华侨工界代表何国基。（1人）

广西工会（代表不详）。（1人）

存疑：广州国会议员田桐。（1人）①

这份63人的大名单基本涵盖了出席"一劳大"的知名代表，从所在区域看上海代表17人、湖南6人、长辛店1人、唐山2人、武汉2人、天津1人、济南1人、石家庄1人、安徽1人、江西1人、广西1人、香港7人、广东21人、海外1人，其中属于中国劳动组合书记部及其地方分部派出的代表12人，显示出中国共产党及其中国劳动组合书记部在此次全国劳动大会的主导地位。

二、广州纪念五一节大游行

第一次全国劳动大会于1922年5月2日上午在广州河南（珠江南岸，今海珠区滨江路）广东机器工会举行开幕礼，至5月6日上午闭幕，大会时间共计5天。然而，广义上的全国劳动大会还包括5月1日在广州市第一公园举行的纪念五一节大游行以及全国劳动大会结束后部分劳动大会代表访问香港的行程。具体安排如下：②

---

① 上述名单是根据《民国日报》4月21日、4月23日、4月28日、5月6日、5月8日；《广东群报》5月3日、5月4日、5月5日的报道；以及部分当事人回忆、学界研究成果而拟定，如：张国焘：《我的回忆》（上），东方出版社2004年版，第210页；刘达潮：《回忆第一次全国劳动大会》，《新观察》1953年第10期；共青团中央青运史档案馆编：《团一大参会代表研究》，2014年6月；《在广州召开的第一次全国劳动大会的经过情况及其影响》，《广东党史资料》第16辑，广东人民出版社1990年版，第178—179页；刘明逵、唐玉良编：《中国工人运动史》第2卷，广东人民出版社1998年版，第342—343页；中国海员工会广东省委员会编：《广东海员工人运动史》，广东人民出版社1993年版，第65页。关于国会议员田桐，根据谌小岑的回忆（《我所了解的"一劳大"》，《党史研究资料》（4），四川人民出版社1983年版，第103页。）"五月三日下午，国民党举行招待会，由国会议员田桐讲话。"显然田桐当时是作为国会议员参加国民党举行的招待会，欢迎"一劳大"代表并讲话，并不一定是"一劳大"代表。

② 《空前的全国劳动大会》，《民国日报》1922年5月24日，第6版。

日期	时间	事项	地点
5月1日	上午10时起全天	纪念五一节大游行	第一公园
5月2日	上午9时至12时	行开幕礼	河南机器工会
	下午3时	赴国民党广东支部欢迎会	广西会馆
	下午4时	谒见孙中山	观音山越秀楼
	下午5时	瞻仰黄花岗七十二烈士墓	黄花岗
	晚6时至10时	晚宴	亚洲酒店
5月3日	上午9时至12时	开会	河南机器工会
	下午2时	赴广州互助社欢迎会	东园
5月4日	上午9时至12时	开会	河南机器工会
	下午、晚	赴总工会、海员工会、中华工会等欢迎会	总工会、亚洲酒店
5月5日	上午9时至12时	开会、中国社会主义青年团一大开幕礼	河南机器工会
	下午、晚	赴社会主义青年团和机器工会欢迎会	东园、河南机器工会
5月6日	上午9时至12时	开会行闭幕礼	河南机器工会
	下午	赴广东全省工会欢迎会、赴车衣女工会欢迎会	西园、车衣女工会

由于全国劳动大会的筹备工作从一开始就与广东省的五一纪念活动一并进行，故而广东总工会在五一纪念活动方案中设计了"是日各省劳动代表加入一致庆祝"，"各省劳动代表演说"[①]等具体环节。

当天的五一纪念活动在第一公园、东园两处举行，广东总工

---

① 《工界举行劳动节预志》，《广东群报》1922年4月28日，第6版。

会、中华工会、工人合助社、华侨工业联合会、广东机器总会等二百余个团体参加在第一公园的活动，广州互助社等二十余个团体参加了东园的活动，全国劳动大会代表主要参加的是在第一公园举行的纪念活动。当天，广州第一公园布置一新，红旗招展，仪式感十足，在第一公园门前临时搭建起一座牌楼，牌楼上用白布红字书写"全国劳动联合庆祝劳动节"字样，牌楼顶上悬挂一面红旗，牌楼两侧悬挂众多三角红旗。公园的大门头上悬挂一块牌匾，上书"庆祝五一劳动节"七字，大门两侧贴有一副对联"博爱互助，平等自由"。在第一公园内部，临时搭建一座讲演台，为纪念大会召开的场所，台上两侧悬挂工旗和红旗各一面，以及众多生花、小三角红旗。在公园所划定的出入路线两旁，也遍插各种工旗和红旗。当天的第一公园俨然一片红色的海洋，赴会各工团代表便沿红旗站立，秩序井然。[①]现场还散发有各类印刷品，《五一圣节之由来》《广东社会主义青年团敬告工人》《先驱"五一纪念号"》，以及售卖《劳动运动史》《马克斯共产党宣言》等小册子。[②]

根据《广东群报》的报道，当日参加五一纪念活动的外省劳工团体代表有：汉口人力车夫工会代表彭大汉、粤汉路代表吴海堂、天津机织工会代表王爱真、湖南劳工会驻沪办事处谌小岑、唐山机务处联合会代表李树彝、劳动组合书记部湖南分部代表王梁、长辛店铁路工人俱乐部代表邓中夏、湖南劳工会代表唐薰琴、上海纺织工会代表王春鑫、上海均安水手公所代表朱宝庭、上海焱盈社代表朱明江，以及江西工会代表、广西工会代表各一人，

[①]《劳动节之空前大会》，《广东群报》1922年5月3日，第3版。
[②]《广州五一见闻录》，《民国日报》1922年5月6日，第6版。

其他为广东本省工会团体代表。①

纪念大会从12时开始，李亦愚首先宣布举行此次活动的理由："劳动界受资本家势力所压迫与不良制度所支配，今天全国工界在粤举行劳动节纪念，诚空前未有之盛举。但是我们工人纪念劳动节不是空洞的一件事，必须劳动界组成一个阶级，推翻一切不良的制度与打破资本主义。"这实际上讲的就是无产阶级革命的思想，在会上颇引起共鸣。此后，黄爱的父亲黄士勋、中华总工会代表陈家鼎、中国劳动组合书记部代表张国焘、全国劳动同盟会代表谭竹轩、陈独秀、长沙军人余希乾、湖南劳工会代表谌小岑、省港集贤工会代表何洲泉、中国社会主义青年团代表张太雷、南洋工会代表何国基等依次发言，余希乾在演讲后更是血书"切勿畏专制派何如，但要我侪协力同心一致，将来必达到社会主义之目的"。作为中国共产党的重要领导者陈独秀在这次大会上作了"工人须晓解劳动节的由来与意义"，张国焘作了"无产阶级革命之必要"的演讲。在演讲中，会场不时响起"无产阶级世界"、"劳工神圣"、"社会主义"的声浪。②值得指出的是，这些演讲者中除了陈独秀、黄士勋、余希乾3人外，全部参加了第二天召开的全国劳动大会，所以，这次公开演讲所传达出的无产阶级大联合思想也可视为全国劳动大会的先声。

下午1时，巡行正式开始，参加的有二百多个工会，总数在十万人以上，开创了广州巡游的新纪录。为突出中国劳动组合书记部在工人中的地位和全国劳动大会代表在巡行中的地位，巡行中特别专设了中国劳动组合书记部方阵，南方分部主任谭平山亲

---

① 《劳动节之空前大会》，《广东群报》1922年5月3日，第3版。
② 《劳动节之空前大会》，《广东群报》1922年5月3日，第3版。

担大红旗先行，各省劳动大会代表持有长白布旗紧随其后。巡行开始后，以孤儿院军乐队为先导，广州互助社、广东社会主义青年团、中华海员工会、广东机器工会俱乐部、广东高师等方阵依次进行化装巡行，现场"不劳工不得衣食住"、"劳工神圣"、"劳动神圣"、"工作八小时"、"休息八小时"、"教育八小时"、"金钱万恶"、"破除资本主义制度"等标语、油画林立，国旗、工旗、大小红旗、文字旗四处飘扬，各工会的锣鼓、舞狮热闹非凡，即便下了一场雨也没有浇灭巡行队伍的热情。晚上，还举行了提灯会，"银烛辉煌，牌灯如鲫"，热闹程度一点不亚于白天。[①]

广州的这场五一纪念活动是广州工界的既定纪念活动，却因各省劳动大会代表的参与而更具特色和影响力，活动中国民党广东支部的广泛参与，出现的"博爱互助，平等自由"的对联，"南方大胜"、"民治精神"、"民生在勤"[②]等标语，以及巡行队伍在省长公署前的"省长万岁"，在总统府前三呼"中华民国万岁"、"大总统万岁"、"劳工万岁"[③]都体现出国民党广州政府对此次活动的影响力，对部分工人运动领导权的掌控力。同时，在这场活动中中国共产党充分地展现出了对中国工人运动的进取心，党的领导人陈独秀、张国焘在大会公开发表演讲，宣传无产阶级革命学说，中国劳动组合书记部在巡行中独树一帜，在巡行队伍世界名人中公开出现马克思、列宁画像[④]，广东社会主义青年团对活动的深度参与，在活动现场出现《共产党宣言》《劳动运动史》等小册子，"劳工神圣"、"八小时工作制"、"破除资

---

① 《劳动节之空前大会》，《广东群报》1922年5月3日，第3版。
② 《广州五一见闻录》，《民国日报》1922年5月6日，第6版。
③ 《广州工界庆祝五一纪念》，《民国日报》1922年5月8日，第3版。
④ 《工界举行劳动节预志》，《广东群报》1922年4月28日，第6版。

本主义制度"、建立"无产阶级世界"、"社会主义"等标语口号，以及贯穿整个活动始终的红旗，无不展现出刚成立不久的中国共产党对于中国工人的同理心，对中国工人运动领导权的争取，以至于共产国际代表达林认为"这一次游行是纯粹无产阶级性质的，特别是在共产党的领导下进行的"。[①]国共两党在五一纪念活动中的表现，表明两党对于中国工人运动领导权的高度重视，也意味着即将召开的全国劳动大会并不会一帆风顺，国共两党及其他势力必将借助于全国劳动大会的平台进行一番新的争夺。

三、第一次全国劳动大会的召开

大会于5月2日上午9时在广东机器工会举行开幕礼，到会的各地工会代表共计75人，其中外省代表26人，广东本地49人，另有不少人在旁听席观会。当天的广东机器工会会场布置一新，主席台中央位置悬挂一面大红旗，左右两侧分别张贴红色横幅"世界劳动者及被压迫的民族联合起来！"、"打破军阀主义！打破帝国主义！打破资本主义！"。会场中央悬挂一颗大红星，场内放置多面小红旗，上面书写各种劳动标语，为全国劳动大会营造气氛。[②]

在乐曲声中，与会代表高呼"全国劳动大会万岁！"、"全世界劳工联合万岁！"。大会正式开始，首先由中国劳动组合书记部总部主任张国焘报告会议缘起，他说："中国近年来劳动运动正如海潮汹涌，蓬蓬勃勃，其中为劳动运动牺牲者极大，如过去之海员罢工及现在上海之纺织工人罢工，及广东各次罢工，皆

[①] [苏]C·A·达林著，侯均初等译：《中国回忆录（1921—1927）》，中国社会科学出版社1981年版，第89页。

[②] 《全国劳动大会已开幕》，《广东群报》1922年5月3日，第3版。

足以为中国劳动运动的模范，作中国劳动运动的先驱。我们劳动界对此，都应该站起来，唱几声悲壮的以表示我们的敬仰。"他特别介绍了本次全国劳动大会的意义，"这个会议是中国劳动界第一次联合大会议，第一，我们要把我们的力量用在正当基础之上；第二，我们要应用欧洲百年来劳动运动的经验，把这个会议做成一个很美满的会议；第三，我们要借这个会议，把全国劳动界放在一个大组织之下；第四，我们要认定这个会议实实在在负着一个空前未有的重担。"①

当日，另一重要议题便是推举大会主席团。张国焘提出根据欧洲劳动会议的经验，大会应设立主席团，于是会上有代表提议推举黄焕庭、林伟民、谭平山、邓培、谢英伯5人组成主席团负责主持会议②。根据邓中夏后来的说法这份主席团名单是"共产党拟定而由一建筑工会的代表提出"，实际上反映的是共产党的思路，因为第一次全国劳动大会代表成分非常复杂，国民党、共产党及其他各派均有代表参加，"共产党为了联合各派，故各派都有人在内"。③ 但这份主席团名单却在大会上引起激烈争论，首先起来反对的便是无政府主义者。无政府主义者反对"在朝"的国民党，更反对国民党政客，名单中谢英伯是国民党出身，曾追随孙中山多年，担任过大元帅府秘书和众议院议员，当时是广州互助总社的社长，下辖几十个手工业工会。谢英伯以工人团体——广州互助总社的名义出席劳动大会，并进入主席团名单在邓中夏看来"确也应当"，而对于无政府主义者来说由国民党政客出任劳动大会的主席团无法接受，但又没有十足的理由，于是

---

① 《全国劳动大会已开幕》，《广东群报》1922年5月3日，第3版。
② 张国焘：《我的回忆》（上），东方出版社2004年版，第210页。
③ 《邓中夏全集》（下），人民出版社2014年版，第1402页。

便主张"根本不要主席团",因为"主席团是新从苏联搬去的,中国开会旧例只有一个主席,没有什么主席团,因此不为大会群众所了解"。①

而对于国民党来说,在南方革命政府中心地召开劳动大会,且国民党工会代表众多(根据张国焘的回忆,参加会议的"以国民党人占多数,共产党人次之,无政府主义者也有一二人参加"),会议场地又是向国民党工会商借,将国民党工会代表选进主席团理所当然。于是国民党要求"主要把该党代表选进大会主席团","结果激起了代表们的愤怒,工人们严厉谴责政府和国民党,结果国民党方面的要求被绝对多数票否决,当选为主席团的主要是共产党员和共青团员","国民党人退出了会场,以示抗议,尔后再也没有露面"。②

无政府主义者与国民党的对立、激进态度客观上为中国共产党从中协调、树立威望,掌控劳动大会全局提供了契机。作为妥协的结果,大会最终没有设立主席团,仍由中国劳动组合书记部代表主持,但主席换成了谭平山。根据张国焘的说法,此举是"为避免刺激国民党工运人物的情绪,退居幕后","由于广东与外省言语的隔阂,能说普通话和广东话的谭平山始终执行着主席的职务","但大会的种种决议多半是由我拟定的"。③而根据共产国际代表达林的说法,此举是因为以谭平山为首的"中共广东党组织的领导推行支持陈炯明的路线,大会主席张国焘在陈炯明的问题上与广州代表冲突起来,故而破坏了统一战线的建立,他

---

① 《邓中夏全集》(下),人民出版社2014年版,第1402页。
② [苏]С·А·达林著,侯均初等译:《中国回忆录(1921—1927)》,中国社会科学出版社1981年版,第92页。
③ 张国焘:《我的回忆》(上),东方出版社2004年版,第210页。

自动放弃代表大会的领导职责，实际上不再担任大会主席"。①不管是因为避免刺激国民党还是因为当时中共党内路线分歧，选择同是广东人、且与国民党交好的谭平山出任大会主席应是"各派均无异言"②的最佳选择，于是全国劳动大会的领导权便落到共产党的手里。

谭平山向大会报告了劳动大会的筹备情况，他首先向与会代表表达歉意，"这个会议，筹备时间甚为短促，很多未周的地方，请诸位原谅。"因为"原来全国劳动大会，非有一年半载的长时间，不能与各方周密接洽。所以当开始筹备时，只可通知广州各大工会机关共同办理，对于广州以外港澳各工团，因为调查之时，未能详细通知"。他随后代表筹备组向代表说明了会议的场地选择和经费筹措情况，"这个会议，原来想假教育会为地址，后来因为汪会长离省，故未果，所以改在这个地方。""至于一切经费，多由书记部筹备，其余一部分打算在广东各工团处分筹。"③可知，中国劳动组合书记部和广州本地工会组织对此次全国劳动大会的突出贡献。

随后，大会进入代表演说环节。首先登场的是上海中国劳动同盟会代表谭竹轩，他高度肯定近年来广东劳动运动所取得的成就，"我离了广东多年，现在回来觉得社会情形及社会事业非常发达，极为可喜，尤以工界情形尤甚。我们须知道，现在除了广东之外，无论在那一省那一处外人势力范围之下，关于劳工运动，都有很大障碍的。我们觉得广东这样自由，又不禁感着各省的黑

---

① ［苏］C·A·达林著，侯均初等译：《中国回忆录（1921—1927）》，中国社会科学出版社1981年版，第92页。

② 《邓中夏全集》（下），人民出版社2014年版，第1402页。

③ 《全国劳动大会已开幕（续）》，《广东群报》1922年5月4日，第6版。

暗情形了。"他希望与会代表将劳动大会的精神带回各省，以为全体劳工谋幸福，"我希望各工界朋友，要把这个大会势力推及各省，为协助全国工友谋幸福。"①接着，张太雷代表中国社会主义青年团发言，他说："我们青年团的全同志，都是很表同情于工人无产阶级的，而且是很愿意无产阶级朋友们帮助的。我现在代表全国同志，向诸位申说，希望你们积极去革资本家的命，为全世界无产阶级谋幸福。"②第三位发言的是广东机器工会的邓汉兴，他认为各方对于这次大会的态度是不一样的，"有一般人对于工人是热心赞助的，而对于工人横加摧残的实居其数"，他着重对比了南北政府的态度，"广东政府持宽大态度，对于我们工人绝无压抑，而北方政府则不然，常以不正当的暴力，压迫我们的工界"，他特别提出湖南军阀对于黄、庞的血案，"湖南工界最有热心毅力之黄、庞二君，绝无犯罪行为，不过热心为工界奔走，而当地的军阀资本家大为疾忌，遂以金钱与武力，而惨杀了二君，这是一件极可悲的事，更是一件极可痛的事"，他号召"我们工界对于这种敌人，资本家军阀，总要努力去铲除他，不至连根都拔起不止。"③第四位发言的是湖南劳工会驻沪办事处谌小岑，他认为"这个会能够造成，有两个大原因，一是由于香港海员罢工，二是由于湖南军阀之惨杀黄、庞二君。我们鉴于这件事，知道压迫我们的敌人正多。我们不要误认他们是我们的好友，不要戴他的政府，必须自己努力去奋斗。"他对广东工界在黄、庞血案之后所给予的支持表示感谢。④最后一位发言的是

---

① 《全国劳动大会已开幕（续）》，《广东群报》1922年5月4日，第6版。
② 《全国劳动大会已开幕（续）》，《广东群报》1922年5月4日，第6版。
③ 《全国劳动大会已开幕（续）》，《广东群报》1922年5月4日，第6版。
④ 《全国劳动大会已开幕（续）》，《广东群报》1922年5月4日，第6版。

省港集贤工会的何洲泉，他说："今日是中国数千年为一时之好机会，有两位先生说北方政府极力压迫我们，并防范我们工人的举动，他们实在不愿意我们工人的觉悟，我希望各位明白对于这个大会势力去发展，回去之后尤要开通各工人，使其早日觉悟才是。"①五位发言代表所阐发的重点在于：一、南北政府对于工人的态度不同，因此工界要支持南方革命政府；二、黄、庞血案是军阀资本家屠杀工人的代表，因此工人要联合起来铲除军阀资本家政权；三、青年与无产阶级一道进行推翻资产阶级的革命，同时也是全世界无产阶级的世界革命；四、工人代表要将大会的精神带回各地，继续启迪全体工人觉悟。五位发言代表的主张将在会议决议案中得以体现。上午的会议在三声"劳动大会万岁！"中结束。

下午3时，国民党广东支部在广西会馆举行欢迎会，欢迎全国劳动大会代表。各省劳动大会代表及广东工界代表三四百人出席，由广州互助总社社长谢英伯主持，田桐、陈家鼐、胡占魁、张理全、朱明江以及德国新闻记者治尔曼等十余人相继发言，对于劳工问题发表见解。至下午4时，散会，代表们一同前往观音山总统府谒见孙中山，孙中山在接见劳动大会代表时勉励大家要为国家为社会尽力。在接见时，黄爱之父黄士勋突然跪地请求孙中山为其子伸冤，并向孙中山详细陈述湖南军阀赵恒惕惨杀劳工代表的不法行径，孙中山"为之恻然"，答应"此事依法惩办"，代表们对孙中山的答复感到满意。②辞别孙中山之后，代表们来到黄花岗瞻仰七十二烈士墓。③晚上6时，劳动大会代表来到亚

---

① 《全国劳动大会已开幕（续）》，《广东群报》1922年5月4日，第6版。
② 《国民党粤支部欢迎劳动代表》，《民国日报》1922年5月8日，第6版。
③ 《专电》，《民国日报》1922年5月4日，第2版。

洲酒店参加由国民党广东支部举行的欢迎晚宴，赴宴的各省代表及广东工界代表二百余人，由国民党中央执行委员会候补委员冯自由主持，冯阐述了国民党举行此次欢迎晚宴的理由，并就孙中山的民生主义有所发挥，与会代表共同举杯为中国劳工进步庆祝，一时欢呼"万岁"之声响彻宴会内外，后陈家鼎、田桐、谢英伯、谭平山、叶纫芳、谭竹轩、陈广海、梁鹏万等人陆续发言，场面十分热闹，至晚上10时尽欢而散。①

5月3日，大会原本会休会一天，因在2日上午的会议上谭平山提到由于时间短促，广州之外港澳工团未能详细通知，加之到会的香港洋服工会的一位代表也指出因筹备时间太短，到会代表不多，于是张国焘宣布3日休会一天，打电报到香港邀请更多的工会代表参加。②但由于2日上午无政府主义者与国民党之间关于主席团之事所产生的矛盾，导致部分议程没有完成，大会决定3日召开一次临时会，并非正式会议。出席当天临时会的代表70人，张国焘因故缺席，由谭平山主持。在临时会上，各方就前一天的意见分歧作进一步解释，不少代表认为前一天的意见分歧"系彼此一时误会"，愿意"互相谅解"，冰释前嫌，各方应"根本联合，以与资本家奋斗"。临时会的另一项任务是讨论组设"审查委员会"问题，该议题在前一天已经提出，但未有结果。临时会提出所组设之审查委员会主要审查列席代表资格，不能审查议案。最终临时会从37名候选人中选出了邓汉兴、谭平山、区云轩、潘兆銮、张理全、张国焘、黄裕谦、彭大汉、张瑞成、许白昊、

---

① 《国民党粤支部欢迎劳动代表》，《民国日报》1922年5月8日，第6版。
② 谌小岑：《我所了解的"一劳大"》，《党史研究资料》（4），四川人民出版社1983年版，第103页。

李占标11人组成审查委员会。①这11人中谭平山、区云轩、潘兆銮、张国焘、黄裕谦、张瑞成、许白昊是共产党员,显示出中国共产党对于会议出席代表的掌控力。当天下午,代表们参加了广州互助总社在东园举行的欢迎会。②

5月4日,大会继续举行,出席代表101人,由谭平山主持。会议首先由审查委员会委员邓汉兴报告审查列席代表资格经过情况。当日的中心议题是讨论议案,谭平山号召代表们积极准备提案,会议还通过了一个议案的议事规则,所有代表提案经大会通过后才能形成议案。为更好地接收提案,准备议案,形成决议案,会议决定组建秘书团,经大会主席提名,会议表决,最终选定邓中夏、邓汉兴、陈越、李启汉、潘兆銮、谭平山、黄焕庭、张瑞成、黄裕谦9人组成秘书团,负责具体的提案、议案工作。③这9人中,邓中夏、李启汉、潘兆銮、谭平山、张瑞成、黄裕谦是共产党员,显示出中国共产党对于会议决议案形成的突出影响力。当天下午至晚间,劳动大会代表出席了广东总工会、海员工会、中华工会举行的欢迎会。④

5月5日是马克思诞辰纪念日,也是中国社会主义青年团第一次全国代表大会开幕的日子,由于劳动大会代表中张太雷、谭平山、邓中夏、许白昊、李树彝、陈子博、易礼容、梁复燃、叶韧芳、梁桂华、谢英伯等人也是团一大代表⑤,几乎占到团一大代表的半数,所以当天全国劳动大会除继续开会讨论议案外,还

---

① 《谭平山研究史料》,广东人民出版社1989年版,第136页。
② 《空前的全国劳动大会》,《民国日报》1922年5月24日,第6版。
③ 《全国劳动大会第三日开会纪》,《广东群报》1922年5月5日,第6版。
④ 《空前的全国劳动大会》,《民国日报》1922年5月24日,第6版。《中华工会欢迎劳工代表》,《广东群报》1922年5月4日,第7版。
⑤ 李玉琦主编:《中国共青团史稿》,中国青年出版社2010年版,第39页。

在广东机器工会举行了团一大开幕礼,张太雷主持了开幕礼,邓中夏代表中国劳动组合书记部北方分部发表演说。① 同时,5月5日也是孙中山就任大总统周年纪念日,国民党工会代表提出全体劳动大会代表到总统府庆贺。与会代表产生意见分歧,共产党工会代表主张自愿者去,无政府党工会代表根本反对,引起一场其势汹汹的大争论。邓中夏认为国民党当时所需要的只是这个"面子"问题,那时国民党并未注意这个大会(劳动大会),因为国民党那时根本只看见军事势力,而未看见民众势力,那一天讨论时,国民党工会代表甚至"暗怀手枪"入场,可见他们是如何有决心争取这个"面子",国民党工会代表之所以如此决心,是因为"引领工人去庆贺,可以在孙中山面前邀功,做猎官的阶梯"。结果,还是照共产党的主张通过。② 于是,在当天下午,劳动大会代表在参加完团一大开幕礼之后,出席了在东园举行的中国社会主义青年团欢迎会。③ 而张国焘则率领外省工会代表,到观音山总统府谒见孙中山,孙中山在听到劳动大会进行情形的报告后,表示欣慰,认为大会的成绩很好,希望能切实执行决议。④ 晚间,劳动大会代表共同出席了广东机器工会举行的欢迎会,并邀请"非我镜"白话剧社、南洋振天祥乐队到场助兴。⑤

5月6日上午,全国劳动大会闭幕,通过了"罢工援助案"等10项决议案,并通过了由会议秘书处起草的《第一次全国劳动大会宣言》,大会顺利结束。下午,与会代表还在西园参加了

---

① 《空前的全国劳动大会》,《民国日报》1922年5月24日,第6版。冯资荣、何培香编著:《邓中夏年谱》,中国文史出版社2014年版,第105页。
② 《邓中夏全集》(下),人民出版社2014年版,第1403页。
③ 《空前的全国劳动大会》,《民国日报》1922年5月24日,第6版。
④ 张国焘:《我的回忆》(上),东方出版社2004年版,第211页。
⑤ 《广东机器工人维持会鸣谢》,《广东群报》1922年5月10日,第2版。

广东全省工会欢迎会,并参加车衣女工会举行的欢迎会。①

总体而言,这五天的会议还算平稳,尽管在会上无政府主义代表与国民党工会代表之间也曾出现过激烈的争执,但在共产党工会代表的充分斡旋之下,会议一次次得以顺利进行。邓中夏将其总结为共产党在大会中的"威望",因为共产党的基本力量是北方及长江一带的工会代表,人数虽少,却是外省远道而来的,因此引起广州香港代表相当的尊重,而且共产党刚成立不久在当时还不是各派反对的目标,所以各方对共产党并未防备,甚至于大会会场布置成一片红色海洋,会上直接提出"打倒帝国主义"、"打倒军阀"、"中国共产党万岁"三大口号,各派均未提出异议。②也正因共产党在大会中的"极大威望",主席团名单问题、议程更改问题、议案提出与通过等具体事宜都得以顺利解决。

这次大会也成为全国工人阶级一次大团结的会议,不同政治倾向的工会代表积极参加,向大会提交议案,通过关乎工人命运、关乎工会前途、关乎工运未来的决议案,特别是广东本地工会,对劳动大会代表礼遇有加,"相敬如宾",纷纷举行欢迎会,邀请劳动大会代表参加,发表演说、交流思想、联络情感。大会也让工商组合团体的代表备受打击,因为工商团体的代表实际上就是资本家,虽然是小资本家,但当他们登台发言时,工人们纷纷指着会场的横幅说"这里明写着'工人讲坛'不是商人讲坛,请下来吧!"③这也体现出在大会中不同倾向的工人展现出共同的阶级意识。

---

① 《空前的全国劳动大会》,《民国日报》1922年5月24日,第6版。
② 《邓中夏全集》(下),人民出版社2014年版,第1402页。
③ 《邓中夏全集》(下),人民出版社2014年版,第1403页。

四、全国劳动大会部分代表访港

由于香港海员罢工的胜利是此次全国劳动大会的重要诱因，而在当时香港海员工人受国民党的影响却要超过共产党，共产国际代表马林曾在一份给共产国际执委的报告中提到："在广东省和华侨当中，孙中山同工人已经有了长期联系。……今年1月海员罢工期间，我清楚地看到工人同国民党之间的联系情况。……广州的共产主义小组同罢工海员完全没有联系，也没有采取任何行动支持罢工，因为那里的党认为只能进行秘密工作。"[1]马林说共产党与罢工海员没有联系，所有资助都来自国民党未必公允，却也反映出刚成立不久的共产党与海员工人联系不紧密的事实。邓中夏也持有类似观点，他说："此时工会确还没有分化，广州、香港工会分明包含许多极坏的成份"，"海员工会在五一节那一天在海傍街口扎了一座雄伟奇丽的花牌楼，左右一付对联，就是'拥护三民主义'，'实行五权宪法'"，海员"欢迎会是用西式大餐，满屋悬挂青天白日旗"，"这些事实都可以看出那时海员工会对国民党信仰到了如何程度，这是很自然的，因为海员罢工当时的确得国民党政治上和物质上切实的帮助，于是也就把阶级意识模糊起来了。""同时在另一方面，也可以证明当时共产党对于海员工会的影响又是如何的薄弱！"[2]

作为当时中国最为成功的一次工人罢工——香港海员罢工竟然受到国民党影响如此之深，这对于新生的中国共产党在争夺工人运动的控制权方面是极为不利的，于是尽快与海员工会建立更

---

[1] 中共中央党史研究室第一研究部编：《共产国际、联共（布）与中国革命文献资料选辑》（1917—1925），北京图书馆出版社1997年版，第235页。

[2] 《邓中夏全集》（下），人民出版社2014年版，第1403—1404页。

紧密联系，扩大中国共产党对海员工会的影响，便成为加强党对工人运动领导的迫切任务。而全国劳动大会代表访问香港为此提供了契机。

此次全国劳动大会有多名香港海员工人参加，其中表现活跃的有苏兆征、林伟民等人。大会期间，苏兆征、林伟民向与会代表详细介绍了香港海员罢工的斗争经验，引起与会代表的高度兴趣，代表们就香港海员罢工中的经验教训进行了充分的讨论，部分结论为大会决议案和大会宣言所接受，成为指引全国工人继续奋斗的共同智慧。大会宣言指出："这次（香港海员）罢工使我们知道：工人们的确具有伟大的能力和工人们是必要有组织，而且使我们知道：全国工人们非一致行动不可。""因为中国海员与各国海员没有亲密的联络的缘故，所以在此次罢工中间有的外国海员是隔岸观火，有的外国海员还破坏中国海员的战线呢。但是资本家剥夺哪一国海员和一切的工人们都是一样的，我们工人阶级哪能坐视那些各国资本家联合着对付各国的工人们，而各国的工友们倒不自己联合起来呢。所以劳动大会宣告要使中国工人们和外国工人们建立亲密的关系，共同向着世界的资产阶级前进。"[①] 这些宝贵的经验显然是从香港海员罢工当中获得的。

大会期间，湖南劳工会代表张理全提出针对黄、庞被杀案，劳动大会"应该有相当的表示"，苏兆征报告海员罢工期间，港英政府也制造了骇人听闻的沙田惨案，要求与黄、庞一样有相当的表示，于是大会通过下列决议案："（一）表示，关于黄、庞二先生事，用本会名义，通电全世界表示此事。（二）纪念，（1）定于本年一月十七日为黄、庞二先生牺牲纪念日，是日全国劳动

---

① 《第一次全国劳动大会宣言》，《民国日报》副刊《觉悟》，1922年6月8日，第2版。

界休息一天，开会纪念。（2）定每年三月某日为被杀海员诸先生牺牲纪念日，与黄、庞纪念日同一办法。"①

大会期间，苏兆征、林伟民等人特意来到上海工会代表的住处，向前来参会的上海工会代表李启汉、朱宝庭等人致谢，因为在香港海员罢工期间港英政府曾有从上海招募海员的打算，正是在李启汉、朱宝庭等人的劝说下，上海海员才没有前往香港，从而挫败了港英政府的图谋，这显然是沪港两地工人合作的结果。两地海员代表相谈甚欢，就香港海员罢工经验、海员工会的发展交流意见，李启汉、朱宝庭还邀请香港海员工会派出代表前往上海指导、协助上海海员工会开展工作。这就为双方工会进一步合作打下了基础。②

正因海员工会代表在大会上的出色表现，以及与会代表对香港罢工胜利经验的向往，在全国劳动大会结束后，为进一步加强内地工人与香港工人之间的联系与团结，苏兆征、林伟民等人盛情邀请全国劳动大会代表访问香港。5月7日，张国焘、邓中夏等三十多名全国劳动大会的代表在苏兆征、林伟民等人陪同下来到香港参观考察。代表们来到德辅道香港海员工会所在地，参加海员工会举行的欢迎会，香港本地十余个工团代表参加，出席者五百人以上，"会场内外扎着鲜花缤纷的彩牌"，"在一片爆竹声后"，代表们先后致辞。③ 在现场，劳动大会代表目睹海员罢工期间曾被港英当局抢走的工会招牌，如今十分醒目威武地高高悬挂在香港海员工会门前；一位香港罢工海员还特意为代表们详细介绍了3月6日当天，在广大海员和市民的严正要求下，港英

---

① 《全国劳动大会经已闭会（续）》，《广东群报》1922年5月9日，第6版。
② 卢权、褟倩红：《林伟民》，中国工人出版社2012年版，第100页。
③ 张国焘：《我的回忆》（上），东方出版社2004年版，第212页。

当局被迫委派专人在众目睽睽之下，恭恭敬敬地把海员工会的招牌挂回原处的情景，代表们听后为之感到自豪与振奋。代表们还出席了香港各工团联合举行欢迎宴会，情况同样热烈，香港不少工会团体纷纷派出代表赶来，对来自内地的工人代表们表示热烈欢迎。[1]

这次全国劳动大会代表访港之行无疑是成功的，受到香港工界的热烈欢迎，现场气氛十分活跃，这与苏兆征、林伟民等劳动大会参加者在广州与他们结下的友谊密不可分，张国焘后来回忆道："后来成为著名的共产党员的苏兆征那时担任海员工会的总务主任，表现得十分活跃，招待我们尤其周到。"[2] 这种周到招待是劳动大会代表的私人友谊，更是全国工人阶级共同的阶级自觉与阶级同理心，在现场，"无产阶级联合起来的口号"高唱入云，这就是最好的见证。

这次劳动大会代表访港，不仅密切了香港工人与内地工人之间的联系，更是新生的中国共产党与香港工人及香港社会建立联系的开始，并通过香港走向海外。正如张国焘所言："前此，各工会多半受到国民党的影响，中共在香港工人中那时连一个党员也没有，就由这次我们访问香港开始，中共的影响初步到达了香港和海外。"[3] 随着这次访港，香港海员工会逐渐受到中国共产党的影响，中国共产党也由此全面加强了对香港工会的领导，后来1925年发生的省港大罢工能够始终由中国共产党主导也即是由此打下基础。

---

[1] 卢权、褟倩红：《林伟民》，中国工人出版社2012年版，第100—101页。
[2] 张国焘：《我的回忆》（上），东方出版社2004年版，第212页。
[3] 张国焘：《我的回忆》（上），东方出版社2004年版，第212页。

第三节　第一次全国劳动大会的主要成果

一、全国劳动大会代表提案与决议案

（一）代表提案

由于此次劳动大会为中国劳工界首次全国性会议，各方均予以高度关注，除积极派出代表参加大会之外，他们或通过媒体对大会提出期待，或通过与会代表向大会提出议案，经大会充分讨论后形成决议，为中国工人运动提供指引。

1922年5月1日，邵力子在《觉悟》上发表《"劳动纪念节"的真觉悟》，提出劳动者应注重"用真实的工夫，做实际的运动"，"今天在广州方面各地工人代表有何等决议，虽尚不能预知，但我相信其必注重于实际的组织。我敢断言，全国劳动者能再'用切实的工夫，做实际的运动'，到了明年，必能有真正的'强有力的表示'了。"[①]这体现出他对广州劳动大会在以实际的组织促成实际的运动方面的期待。

同日，共产党人李达在《先驱》上发表《对于全国劳动大会的希望》，提出劳动大会"一、要组织永久的全国劳动大同盟"；"二、各处工会要设法去除乡土观念"；"三、工人不要怕社会主义"；"四、立法运动"，"承认劳动者有罢工权"，"制定工会法"，"制定工场法"，"实行八小时劳动制"，"保护童工、女工"，"制定劳动保险法"。[②]

除了邵力子、李达等人借助于媒体表达期待之外，出席"一

---

① 《"劳动纪念节"的真觉悟》，《民国日报》副刊《觉悟》，1922年5月1日，第1版。
② 李达：《对于全国劳动大会的希望》，《先驱》第7号，1922年5月1日，第3页。

劳大"的工团与代表更是积极提交议案。在"一劳大"之前,上海工商友谊会便拟定大会提案八条:"劳动者承认政府问题";"减少工作时间问题";"劳动者增资问题";"劳动者教育问题";"劳工参政问题";"劳动者不可忘却国家观念";"劳动者无宗教及各种信教之关系";"打破买卖式之婚姻"。①"一劳大"举行期间,中华工会总会向大会提出:"组织永久全国劳动大同盟";"普及劳工教育";"组织工会法";"承认南方政府为中央正式统一政府"。②

由于各代表所提议案众多,且有重复、冲突之处,于是大会决议组建会议秘书团负责审查提案的收集、整理、归并乃至注销工作。其中,中华总工会代表陈家鼐所提出的"普及劳工教育各案",因提议人缺席,连属人否认,暂作保留;江西总工会代表胡占魁所提出的"提议请愿设立工部案",代表认为理由不充足,自行注销。③

(二)全国劳动大会决议案

本次大会最终共通过决议案10项:

1、罢工援助案(中国劳动组合书记部代表李启汉提出);

2、八小时工作制案(提出人同上);

3、全国总工会组织原则案(长辛店京汉路工人俱乐部代表邓重远(即邓中夏)提出);

4、订定中国劳动歌及劳动旗帜案(唐山京奉路机务同人联合会代表李树彝、徐家棚粤汉路工人俱乐部代表吴海堂共提出);

5、湖南劳工会黄、庞二君被杀及香港罢工沙田海员被杀案(湖

---

① 《工团对全国劳动大会提案》,《申报》1922年4月29日,第4版。
② 《劳动界提议拥护新政府》,《民国日报》1922年5月11日,第3版。
③ 《全国劳动大会经已闭会》,《广东群报》1922年5月8日,第6版。

南劳工会代表张理全、中华海员工会联合总会代表苏兆征共提出）；

6、组织全国人力车夫联合会案（汉口人力车夫总会代表彭大汉提出）；

7、中国在相当期间内的劳动运动，只作经济运动不与闻政治案（徐家棚粤汉路工人俱乐部代表吴海堂提出）；

8、尊重劳动节及儆戒工界虎伥案（中国劳动同盟会沪总部代表谭竹轩提出）；

9、规定第二次全国劳动大会案（广东机器工会代表邓汉兴提出）；

10、全国总工会未成立以前，请中国劳动组合书记部为全国通讯机关案（公众临时动议）[①]。

另据《广东群报》记载称："全国劳动大会经已闭会，议决提案九种"，少的提案就是第10项，因为邓中夏所提的"全国总工会组织原则案"原案并无"全国总工会未成立以前，请中国劳动组合书记部为全国通讯机关"内容，是为大会"公众临时动议议决"的结果[②]，故这项临时动议在《民国日报》那里以临时议案单独列出，而在《广东群报》那里作为邓中夏"全国总工会组织原则案"一部分，所以产生了"一劳大"有10项和9项决议案的分歧。

就当时的中国工人运动而言，比较有指导意义的是"罢工援助案"、"八小时工作制案"、"全国总工会组织原则案"、"尊重劳动节及儆戒工界虎伥案"。各个决议案内容如下：

[①] 刘明逵、唐玉良编：《中国近代工人阶级和工人运动》第4册，中共中央党校出版社2002年版，第310—311页。

[②] 《空前的全国劳动大会（续）》，《民国日报》1922年5月25日，第6版。

罢工援助案

理由：现我国劳工运动尚在幼稚时代，能力薄弱，平时既受不正当势力压迫，在罢工时候，尤受资本家欺蔑，非我工人本互助的精神，互相援助，必无胜利希望，故工人无论在何地罢工，应当设法援助，以达我工人牺牲奋斗自求幸福的目的。

办法：（一）凡遇某地工会发生罢工时，应设法通知全国各工会，或即以现在各地劳动组合书记部暂担通讯义务。（二）凡某地某工会知道别处有罢工事情发生时，即通知各会员，干下列各事：（甲）一处罢工，所有工人均不受该处东家之雇请。（乙）派人慰问或通讯慰问。（丙）派人帮助办理事务。（丁）捐助经费以维持罢工伙食。（戊）如东家势力强大，不易压服，则举行相当程度之同情罢工。①

八小时工作制案

理由：八小时工作制，在英国十八世纪早已实行，欧战后华盛顿国际会议亦议决采用，于是欧美各国一致实行，澳洲且有嫌八小时工作太多要求六小时工作者，则吾人要求八小时工作制，可知亦非过分，吾国工作甚至十二时十三时以上，终日劳动不休如同牛马，可痛熟甚，故吾人非努力奋斗，达到八小时工作不可。

办法：（一）以本会名义要求大总统命令规定。（二）如各东家不遵依此制，一律采取同盟罢工手段，务期达到目的为止。（三）女子及小童每日不得满八小时工作。②

全国总工会组织原则案

理由：工人阶级争斗力的强弱，全视工会组织法的良窳而定，

---

① 《全国劳动大会经已闭会》，《广东群报》1922年5月8日，第6版。
② 《全国劳动大会经已闭会》，《广东群报》1922年5月8日，第6版。

比如工会是由一种职业的工人所组织而成，则罢工运动每至一行业的工人陷于孤立，而容易失败。产业组合则不然，把一种产业中的各种职业的工人，联合于一个工会之中，则争斗力就异常雄厚了。故我们组织工会，应当以产业组合为原则，但确实不能采用产业组合法的各种职业的工人，则仍不妨沿用职业组合法以为着手之起点。又，我们工人希望将来有真正的全国劳动总组织出现，则必首先组合每个地方所有的工会（无论是职业组合或产业组合），而成为一个地方的劳动联合会，将来更由各地方劳动联合会组成全国总工会，则工会的组织，就上了真正的轨道，成为一个铁样的团体了。

办法：（一）凡能采用产业组合法的，都应一律采用产业组合法去组织工会。（二）确实不能采用产业组合法的，不妨用职业组合。（三）务必将每个地方所有各产业组合和职业组合的工人，将来由各地方联合会组成全国总工会。（四）在全国总工会未成立以前，先设一全国总通讯处，委托中国劳动组合书记部担任。①

尊重劳动节及儆戒工界虎伥案

理由：（尊重劳动节）五月一日乃劳工纪念，例应全国劳动休息，乃有一部分日工工友，于是日休息，则无工值，而苦于膳费无着，欲表同情而不得，此中困苦，应由本会函告全国工厂，一律于劳工节日休息，无论长工日工，照常发给工值，以济困难之工友。（儆戒工界虎伥）我工友们既饱受资本家之压制，复受虎伥之欺凌，查各管工人爱惜工友者固不乏人，而借资本家淫威为虎作伥者亦复不少，每每有资本家所给工值十成，而管工者有种种剥削侵蚀，以图中饱者，及诸般苛待，罄竹难书，愿凡各管

---

① 《全国劳动大会经已闭会》，《广东群报》1922年5月8日，第6版。

工之工友，有则改之，无则加勉，以后再犯者，应如何惩戒，请公定办法。

办法：（甲点）秘书处照办。（乙点）办法分三层，先警告，次宣布罪状，最后则以铁血对待。①

上述四案反映了中国工人阶级在当时经济斗争与政治斗争中所面临的迫切问题，通过劳动大会决议的形式为中国工人阶级的持续斗争提供可供选择的指导意见，代表着中国工人运动由分散走向统一的开端。然而，从上述决议案中我们也能看到，除全国总工会组织原则案之外，罢工援助、八小时工作制、惩戒工贼、人力车夫联合、黄、庞与海员纪念、劳动歌与劳动旗等决议案大多针对某一局部、某一具体问题所提出的解决方案，并不具有整体系统化的斗争方案与策略，正如邓中夏所言："这些决议案一望而知不是太局部，便是太技术，然而当时大会的代表的智慧确只有此限度。"②

甚至于大会所通过的"中国在相当期间内的劳动运动，只作经济运动不与闻政治案"，更是将大会中无政府主义者所提出的"工会不参加政治运动"的提案修改而成，"工会不参加政治运动"原为无政府主义组织广州旅业工会代表所提，主张工会不要参与政治活动，工会不要受到政治活动、政治人物的影响，但在大会第一日所拟定的劳动大会主席团名单中明显含有政治人物，如主席团名单中的谢英伯是国民党，曾是同盟会粤支部部长，孙中山大元帅府秘书，众议院议员，此时以广州互助社代表名义出席劳动大会，谢的政治身份明显与无政府主义者的主张不符，结果遭

---

① 《全国劳动大会经已闭会（续）》，《广东群报》1922年5月9日，第6版。
② 《邓中夏全集》（下），人民出版社2014年版，第1405页。

到无政府主义者的反对,他们反对"在朝"的国民党,更反对政客式的谢英伯,主张开会只要一个主席,不要主席团,并利用这一点企图捣乱会场。为了保证会议的正常进行,谭平山请广东机器工会代表邓汉兴从中斡旋,作为"交换条件"谭平山答应在大会讨论提案时首先通过无政府主义者所提的"工会不参加政治运动"案。[①] 这也从一个层面反映出"一劳大"代表的复杂,斗争的激烈,以及部分决议案的妥协与无奈。所以,在当时受到中共广州支部深刻影响的《广东群报》在会后不久(5月8日、9日)所发表的全国劳动大会决议案九种中仅公布八种,并有意将"中国在相当期间内的劳动运动,只作经济运动不与闻政治案"遗漏,以免对中国工人造成错误指引。

作为此次大会重要成果之一,就是在决议案中提出"全国总工会未成立以前,请中国劳动组合书记部为全国通讯机关",这实际上意味着中国劳动组合书记部扮演着全国总工会的角色,负有联络、指导全国工人运动的职能,标志着中国共产党在全国工人运动中开始获得领导地位,为推动第一次中国工运高潮的持续发展,为确定党对工人运动领导具有凝聚共识的开拓意义。

大会还就全国劳动大会的常态化、规范化、制度化提供建议,提出全国劳动大会"每年开大会一次,时间仍为'五一'";"每次开会即行规定下届开会地点";"每次开会在未开会五个月以前,通信召集,一个月前交到提案";"如全国总工会未成立之前,仍由中国劳动组合书记部召集";"大会筹备处改为大会事务所,职务自筹备至所有会务完全结束为止,且于会期三个月前成立。"

---

① 中国劳工运动史编纂委员会:《中国劳工运动史》第1册,台北中国劳工福利出版社1959年版,第201页。

大会还将第二次全国劳动大会会址定在汉口,"如有障碍,应由召集处通知。"①

二、第一次全国劳动大会宣言

大会闭幕后,由秘书处起草并发表了《第一次全国劳动大会宣言》,对外展示此次劳动大会的精神。《宣言》首先指出中国工人阶级痛苦、痛苦的根源以及拯救工人痛苦的道路:"资本主义没有不是靠着剥夺工人们的血汗做养料的,他发展的过程,便是工人们受痛苦的过程。所以资本主义在中国发展的结果,使百余万的男女工人们集中在用机器的工厂里或各种企业里,变成一无所有的机器附属物。一般男女劳工在这种新式生产制度下面的工作状况,简直和牛马奴隶一样。所赚的工资,多半不能维持自己的生活;受饥受冻的劳动,随处都可以发现。还有数十万的小孩子,在这种制度下面,牺牲他们的康健。他们永不能得到受教育的机会。他们从极年幼的时候起,就变成资本家的新式奴隶。这些都是我们工人身受的痛苦。我们受了这些痛苦的经验,实在不得不使我们团结起来,共同向着东家奋斗,而且我们从此觉悟,这是救济我们的惟一道路。"②

《宣言》接着指出"组织"对于工人的重要性。"工人们渐渐明白组织的重要,所以在中国各大商埠已是组织了一些工会,也有了一些为增加工资和改良待遇的罢工运动。虽然这些工会的组织和罢工运动,还只是一个工厂,一条铁路或是一个地方的举动,但是已能证明给我们知道,凡是组织或运动的范围较大的,一定得到胜利。"特别是香港的海员罢工,"这次罢工使我们知

---

① 《全国劳动大会经已闭会(续)》,《广东群报》1922年5月9日,第6版。
② 《第一次全国劳动大会宣言》,《民国日报》副刊《觉悟》,1922年6月8日,第1版。

道全国工人们非一致行动不可。从此我们也渐渐明白要是工人们只有公所和无意义的工会组织,是断断不行的,因为这种组织是不能够自卫,更没有反抗的能力。我们也渐渐明白工人们是不可容那些东家或东家的走狗加入工会里去,因为那些敌人们是会破坏我们这个阶级的团体。"[1]

《宣言》又指出建立"组织"不是搞地域帮派,而是要建立现代产业工会。"工人们不可把我们自己分为什么广东帮、宁波帮、江北帮、天津帮等,因为这是使自己这个阶级互相分裂,断不能用这种'帮的团体和资本家奋斗'。""我们工人们决不要分地域,决不要分党派,决不要分男女老少,只要是赚工钱的工人们,都应该按照产业的分类法,组织在各种工会里;而且要把各地工人们按照产业组织的工会,联络起来,组织各种全国的产业总工会。即使一时不能组织成产业组合的工人们,也应该把他们的工会组织成一个纯粹工人阶级的团体,而且要弄成组织的范围较大和更有系统的团体。"[2]

《宣言》进而指出建立工会的目的是团结工人阶级与资本家、列强、军阀作斗争,以谋求工人状况的改良。它说:"我们组织工会并不是无意义的,也不仅仅是娱乐、教育或抚恤的机关,我们组织工会的目的是要用我们这个阶级的组织力,做奋斗的工作,谋达到改良我们的状况。""无论哪种或哪个地方的工人们对资本家的奋斗,都是我们这个阶级对资产阶级的奋斗,我们必定要互相援助,才能得到胜利。"[3]它又强调:"国际帝国主义和本国军阀也是我们的敌人","他们时常压迫我们,杀戮我们的领袖,

---

[1] 《第一次全国劳动大会宣言》,《民国日报》副刊《觉悟》,1922年6月8日,第2版。
[2] 《第一次全国劳动大会宣言》,《民国日报》副刊《觉悟》,1922年6月8日,第2版。
[3] 《第一次全国劳动大会宣言》,《民国日报》副刊《觉悟》,1922年6月8日,第2版。

枪击我们罢工的兄弟,禁止我们的罢工,剥夺我们集会结社言论的自由。""所以我们要结合全国的农人,至与小资产阶级暂时联络,共同向着那些敌人奋斗,争得我们的自由。"①在这里,《宣言》实际上表达出了为反抗帝国主义和封建军阀,工人阶级要与农民、小资产阶级建立民主联合战线的思路,为中共二大民主革命纲领的制定,乃至国共第一次合作提供思想基础。

《宣言》还号召全世界工人联合起来,共同反抗全世界的资产阶级。"无论外国或本国的资本家,都是我们的敌人,无论哪一国的工人们都是我们的弟兄,因此全世界工人们的联合是最必要的。"《宣言》以香港海员工人罢工为例,指出"在此次罢工中间有的外国海员是隔岸观火,有的外国海员还破坏中国海员的战线",认为"资本家剥夺哪一国海员和一切的工人们都是一样的,我们工人阶级哪能坐视那些各国资本家联合着对付各国的工人们,而各国的工人们倒不自己联合起来呢。"所以全国劳动大会宣告"要使中国工人们和外国工人们建立亲密的关系,共同向着全世界的资产阶级前进。"②

《宣言》强调:第一次全国劳动大会开启了全国工人阶级联合的新纪元。"我们要即刻联合起来,组成一个阶级的强固的紧密的阵线,向着资产阶级和压迫阶级不断的奋斗,因为我们再不能不得到地位的改良和自由。"它最后号召"全国男女工人们!我们手携着手大踏步向前进罢!并且在我们前进的行列中,要高呼全国工人们联合起来!全世界劳动者和被压迫人民联合起来!共同向着资产阶级和压迫阶级前进呀!"并鼓舞广大工人阶级"我

---

① 《第一次全国劳动大会宣言》,《民国日报》副刊《觉悟》,1922年6月8日,第2版。
② 《第一次全国劳动大会宣言》,《民国日报》副刊《觉悟》,1922年6月8日,第2版。

们极相信我们这个阶级是会得到最后的胜利的,将来的世界必定是无产阶级和被压迫阶级的世界。"①

综观《宣言》全文可知,其主要价值在于:一、明确指出工人阶级苦难的根源在于资本家的剥削与压迫,工人只有组织起来,建立现代产业工会,并以产业工会组建全国总工会,才是实现工人解放的正确道路。二、提出工人建立工会组织的目的是与资本家进行斗争的阶级斗争思想。三、认识到国际帝国主义与封建军阀是工人的斗争对象,要联合农民、小资产阶级建立民主联合战线。四、号召全世界工人阶级联合起来。

上述关于"全世界无产阶级联合起来"、"阶级斗争"、"民主联合战线"、"组织起来"等具有鲜明的中共政治话语符号在《宣言》中的体现,反映出因为第一次全国劳动大会代表的复杂性而未能完全在大会决议案中充分显现的中共主张,已通过会后大会《宣言》的方式向中国的工人阶级,乃至全世界的工人阶级呈现,为此后的中国工人运动指明方向,标志着中国共产党在工人运动中领导地位的初步形成。

第四节 第一次全国劳动大会的影响

全国劳动大会结束后,与会代表回到各地,将全国劳动大会的精神带到各地,并运用到各地工人运动中去,进一步推动了第一次全国工运高潮的发展。特别是中国共产党,在经历了这次与各党派合作召开全国劳动大会并取得重要成果,让党进一步认识到工人运动在党的事业中的重要性,认识到与一切进步党派团结

---

① 《第一次全国劳动大会宣言》,《民国日报》副刊《觉悟》,1922年6月8日,第2版。

合作的重要性，这对于后续党的工运方针的确立、完善与发展起到促进作用。

一、持续影响党的工运方针

作为党的中央局书记陈独秀没有出席第一次全国劳动大会，不过在五一节当天陈独秀在《先驱》第七号发表文章《告做劳动运动的人》，他在这篇文章中告诉从事工运工作的人，"现在所谓劳动运动，乃专指工厂劳动、矿山劳动及交通劳动（为主的是铁路、轮船）而言，因为只有这三种劳动是资本制度产生的，是有近代劳动意义的，是可以做无产阶级之中坚与资产阶级战斗的"，这就意味着工厂工人、矿山工人、交通工人是党在下一阶段工运工作的重点对象。陈独秀提醒做劳动工作的人，"不可忘记了自己并不是劳动者，乃是帮助劳动者的人，更不可乌合一班非劳动者组织劳动团体，冒充劳动团体"。陈独秀认为劳动组织系统主要有党派组织、职业或产业组织、地方组织三类，在这三种组织中党派组织最适于阶级争斗，但在劳动运动幼稚时代极难成立，倘勉强成立，不是无力量，便是无政见的冒牌团体；职业产业组织与地方组织都比较的容易实现，但必须注意："仅仅一个地方底职业或产业的工会及一个地方的联合会，都断然不可假冒全省或全国总工会名义"，"一个地方的联合会必须是团体的联合，不可是个人的联合"。他提出劳动运动的最终目的是要造成劳动者的国家、劳动者的世界，但在没有完全力量建设革命的政府以前，对于别的阶级反抗封建式的政府之革命党派，应该予以援助，因为援助这种革命的党派成功了，劳动者即少可以得着集会、结社、出版、罢工底自由，这几种自由是劳动运动重要的基础。为了这几种重要的基础，即在封建式的现政府之下，对于普通选举及废止束缚集会、结社、出版、罢工等法律的运动，劳动者也不能不拼命去干。关于党派问题，陈独秀认为劳动者对于基督教会及反革命的顽固党"都应该反对"，对于一切非革命的政党"都不可和他们接近"，对于非革命的社会党"不应该亲近"，对于无政府党"不宜相信他们"，最应该亲近的是革命的社会党——共产党，因为他们是想用急进的革命手段，推翻掠夺劳动者的资本阶级，建设劳动者的国家，劳动者的世界的。陈独秀还认为八小时工作制及星期日休假是劳动运动中重要事件之一，罢工是劳动者对资本家的唯一武器，但实行罢工时必审度资本家企业状况及劳动市场底供求状况。[1]陈独秀关于劳动运动的对象、劳动运动的性质、劳动运动的组织、劳动运动的目的、劳动运动的党派、八小时工作制、罢工策略等见解，对于全国劳动大会以及全国劳动大会之后的工运方针有重要指导作用，不少见解已在全国劳动大会上形成决议。

全国劳动大会结束后不久，5月23日，陈独秀特别针对共产党在当前劳动运动中的态度发表文章。他提出："中国共产党应该本着党义，对于劳动运动，比他党加倍的努力，自负的努力；同时又应该理解在目前中国劳动运动第一战线上，与他党真心做劳动运动者有同一的目的。在同一目的之下，共产党、无政府党、国民党及其他党派在劳动运动的工作上，应该互相提携，结成一个联合战线。"[2]组建劳动联合战线是第一次全国劳动大会顺利召开的宝贵经验，也是第一次全国劳动大会宣言的重要内容，陈独秀此时着重提出联合战线之事，表明劳动联合战线已经成为党

---

[1] 《陈独秀文集》第2卷，人民出版社2013年版，第245—248页。
[2] 《陈独秀文集》第2卷，人民出版社2013年版，第251—252页。

在劳动工作方面被劳动大会证明可行的重要方针。

中共中央局书记接二连三针对劳动问题发声，一方面是当时身处工运洪流中的陈独秀切身体会到劳动运动对于党的工作的极端重要性，另一方面也与当时共产国际方面对党的工人运动工作不满有关。5 月 20 日，共产国际代表利金在给共产国际执委会远东部的报告中提到："其组成部分是清一色知识分子的中国共产主义小组，通常都是与中国工人群众完全隔离的。试图借助我们成立的工会来争夺对工人的影响的做法，并未收到什么令人满意的效果。在中国成立的工人局脱离群众。真正的工人运动是在没有共产主义小组参与下进行的。这种情况在香港大罢工期间显示得很突出，对于这次罢工，我们的小组不仅袖手旁观，而且也未能采取援助措施。……因此，需要指出，现在我们的小组确实与中国工人运动格格不入，与其没有联系。"[1]7 月，共产国际执行委员会甚至在给中国共产党中央执行委员会的信中讲到："你们党的成份依然主要是知识分子，党与工人没有什么重要联系。虽然也在印刷一些宣传品，但是向群众发表宣言口气不恳切，听不出有联系群众的意愿。工人的疾苦在这个宣传中，则根本没有提及。在海员大罢工的日子里，我们置身于这场运动之外。但是在广州，没有任何理由隐瞒我们组织的存在。我们能够谅解，党在中国华北是秘密工作的。但是，秘密工作绝不意味着可以持消极态度，让工人群众全然不知共产党的存在这回事。""我们应该力争对迄今一直与民族运动有联系的有组织的工人产生影响。"[2]

---

[1] 中共中央党史研究室第一研究部译：《联共（布）、共产国际与中国国民革命运动》（1920—1925），北京图书馆出版社 1997 年版，第 86—87 页。

[2] 《中国共产党第二次全国代表大会档案文献选编》，中共党史出版社 2014 年版，第 81 页。

正是在这种情况下，6月15日的《中国共产党对于时局的主张》中提出"保障人民结社集会言论出版自由权，废止治安警察条例及压迫罢工的刑律"、"定保护童工女工的法律及一般工厂卫生工人保险法"等反映工人疾苦的主张，并"邀请国民党等革命的民主派及革命的社会主义各团体开一个联席会议，……共同建立一个民主主义的联合战线"。①6月30日，陈独秀代表中央执行委员会给共产国际的报告中特别讲到了全国劳动大会的情况："本年由书记部召集全国劳动大会于广州，各省工会代表到会者173人，由5月1日至5月6日开会6天，发表宣言反对国际资本主义及本国军阀，决议明年5月1日由书记部在汉口召集第二次全国劳动大会，及实行八小时工作制，全国罢工援助等议案。"；"发布《全国劳动大会宣言》5000份"。想必在他看来这全国劳动大会便是中国共产党加强与工人运动联系的重要见证，可以给共产国际一个交代。其在报告所提将来计划中，特别向共产国际提出"准备全国第二次劳动大会的工作"；"集中力量组织全国5个大的产业组合：全国铁路总工会、全国海员总工会、全国电气工人总工会、全国机器工人总工会、全国纺纱工总工会"；"组织3个地方总工会：上海总工会、广东总工会、武汉总工会"；"设立4个工会职员讲习所：北京、上海、汉口、广州"。②这些计划大多是第一次全国劳动大会决议案中所提的内容。

1922年7月16日至23日，中共二大在上海召开，陈独秀、

---

① 《建党以来重要文献选编》（1921—1949）第1册，中央文献出版社2011年版，第98页。
② 《中国共产党第二次全国代表大会档案文献选编》，中共党史出版社2014年版，第68—71页。

李达、张国焘、蔡和森、高君宇、施存统、项英、王尽美、邓恩铭、向警予、张太雷、邓中夏12人出席，其中张国焘、邓中夏、张太雷3人是第一次全国劳动大会代表，陈独秀、李达在劳动大会召开前夕都曾撰文为劳动大会提供指导。会上，张国焘报告了出席远东民族会议的经过及第一次全国劳动大会的情况[①]；邓中夏也把他在工会运动和群众运动中，反对帝国主义和反对军阀斗争的经验带到了大会上。[②] 大会选举了党的中央执行委员会，陈独秀、蔡和森、张国焘、邓中夏、高君宇当选中央执行委员，李大钊、向警予、张太雷为候补中央执行委员，其中邓中夏分管劳动运动[③]，大会还决定由邓中夏接替张国焘，担任中国劳动组合书记部主任。[④] 可见，全国劳动大会对于中共二大之后党的劳动运动领导班子和劳动工作方针的影响。

中共二大明确提出：中国共产党是中国无产阶级政党，党的最终目标是"组织无产阶级，用阶级斗争的手段，建立劳农专政的政治，铲除私有财产制度，渐次达到一个共产主义的社会"，同时提出"中国共产党为工人和贫农的目前利益计，引导工人们帮助民主主义的革命运动，使工人和贫农与小资产阶级建立民主主义的联合战线。"中国共产党在这个联合战线里的奋斗目标就包括"消除内乱，打倒军阀，建设国内和平"；"推翻国际帝国主义的压迫，达到中华民族完全独立"；"工人和农民，无论男女，在各级议会、市议会有无限制的选举权，言论、出版、集会、结社、罢工绝对自由"；"制定关于工人和农人以及妇女的法律"，

---

① 冯资荣、何培香编著：《邓中夏年谱》，中国文史出版社2014年版，第110页。
② 《邓中夏全集》（下），人民出版社2014年版，第1713页。
③ 冯资荣、何培香编著：《邓中夏年谱》，中国文史出版社2014年版，第111页。
④ 《邓中夏全集》（下），人民出版社2014年版，第1713页。

其中与工人有关的是：改良工人待遇，包括废除包工制、八小时工作制、工厂设立工人医院及其他卫生设备、工厂保险、保护女工和童工、保护失业工人等。[①]其中打倒帝国主义、打倒军阀、建立民主主义的联合战线、八小时工作制等内容便是全国劳动大会已经取得的成果，并在此基础上写入了党的革命纲领，成为所有共产党人共同奋斗的目标。

鉴于当时劳动运动的极端重要性，中共二大还特别通过了"工会运动与共产党"议决案。该案提出：1、"中国共产党在他的工会运动范围内，必须集中他的力量为产业工人的组合运动，如铁路、海员、五金、纺织工人等"；2、"工会的出发点是保护工人切身利益和为工人的利益奋斗"；3、"工会应该认识到资本家与工人中间没有相同点，他们中间的利益冲突时不能调和的"；4、"工会应该努力做改良工人状况的运动，同时须使工会很快向着劳动运动的最终目的进行，就是完全打倒工银奴隶制的资本制度，并照共产主义原则改造社会"；5、"工会进行劳动者的经济改良运动必须进于为劳动立法运动"；6、"工会必须做民族独立政治的和市民的权利与自由的奋斗，并在民主主义联合战线中占独立的重要地位"；7、"工会务必把雇主们看作一个阶级来对抗，各种运动都要变成有普遍意义的阶级行动"；8、"工会有两个最重要的职务：团体契约、同等工钱"；9、"工会是阶级群众性质的，不能有雇主在里面"；10、"工会最主要的活动是与资本家和政府奋斗，互相帮助、联络感情不过是次要目的"；11、"工会要教育工会会员"；12、"工会的构造是产业组合"；13、"工会最

---

① 《建党以来重要文献选编》（1921—1949）第 1 册，中央文献出版社 2011 年版，第 133 页。

好的基本组织是工厂委员会";14、"工会要有阶级一致和纪律的训练,使全劳动阶级都联合起来,也要会调和一个产业组合和全国劳动阶级间的利益";15、"各国革命工会必须有统一的联合,去同全世界资本主义奋斗";16、"共产党作为无产阶级的先锋军决不可不注意工会活动,并要能适当的率领工会运动";17、"共产党必须在工会、工厂委员会以及一切劳动团体中组织强有力的团体";18、"共产党人在国民党、无政府党或基督教所组织的工会里面活动,不得任意引导工人脱离已成的工会,我们的战术是要在他们势力下的工会里面渐渐积成势力,推翻国民党、无政府党和基督教的领袖地位,自己夺得领袖地位";19、"为工人们目前利益的奋斗,我们共产党人要随时与国民党、无政府党甚至于基督教合作,但是我们要随时证明和解释给工人知道:只有共产党是工人的先锋,是工人的政党"。①

在上述议决案内容中,关于工会的组织基础是产业组合,工会的目的是保护工人利益,工人与资本家利益不可调和,工会要改良工人状况,工会运动是阶级行动,工会的性质是阶级群众性的,全国劳动阶级联合起来,各国革命工会统一联合,共产党要与国民党、无政府党、基督教合作,组建联合战线等内容,是全国劳动大会已经提出的决议案或宣言主张,其他诸如劳动运动的最终目标推翻资本制度,建立共产主义社会;工会在经济斗争同时要从事政治斗争;共产党要在工会中率领工人、组织强有力团体、夺得领袖地位、做先锋政党;工会的职务是团体契约、同等工钱;组建工厂委员会;工会要教育会员等内容,因与中国共产

---

① 《建党以来重要文献选编》(1921—1949)第1册,中央文献出版社2011年版,第150—154页。

党的政治主张过于接近或策略过于具体，为团结大多数则在全国劳动大会没有明确提出，可以看作是对全国劳动大会的继承、修正与发展。

以上二大议决案反映出全国劳动大会对中共工运方针形成的影响，这也标志着全国劳动大会所形成的工运方针，已通过党的决议成为全党的纲领，对于后续党的工运发展有持续影响。在当年11月陈独秀在莫斯科所提的《中国共产党对于目前实际问题之计划》中，关于"劳动运动"的部分指出："中国共产党的劳动运动，除普通运动（如减时加薪、劳动立法）外，应利导：有系统的巡回政治宣传，使工人阶级进到自动的、革命的、经济与政治不分离的运动；工厂委员会运动；组织全国铁路总工会及矿工总工会；组织铁路工、矿工、海员三角同盟；提出'全国劳动运动统一'的口号"，并特别提出"在第二次全国劳动大会，首先要提出'全国劳动运动统一'的议案及议定关系全国劳动阶级利害的各种共同工作，并组织全国工会总联合会之中央机关，筹划及指挥实施劳动阶级联合战线上各项统一的策略。"[①] 而到1923年6月的中共三大时，工运形势已与一年前大为不同，中国共产党仍将"八小时工作制"写入党纲草案，将"全国铁路总工会筹备委员会应从速召集全国各路代表会议讨论各路统一之工作"、"大的产业工会，尤其是海员工会，须设法引起与赤色职工国际联合"写入决议案[②]，体现全国劳动大会精神对于党的工运方针的持续影响力。

---

① 《建党以来重要文献选编》（1921—1949）第1册，中央文献出版社2011年版，第197—198页。

② 《建党以来重要文献选编》（1921—1949）第1册，中央文献出版社2011年版，第261—262页。

二、掀起劳动立法运动浪潮

尽管全国劳动大会成果丰硕，对党的工运方针有持续影响，但却有不足之处，二大后党内实际负责工运工作的邓中夏便称："第一次劳动大会最大的缺点，就是没有准对着罢工高潮制定一个目前的斗争纲领"，为弥补这一缺点，1922年7月至9月中国劳动组合书记部发起领导了一场劳动立法运动。①

这场运动的开展显然与当时中国的政治局势有关，早在1917年孙中山便在广东建立护法军政府，国会部分议员南下广州，与北洋政府形成南北分治的局面，此后中国南北战争、政变不断，局势极为混乱。1922年全国劳动大会前后，南北都发生战争，北方爆发吴佩孚对张作霖的直奉战争，结果是吴佩孚取胜；南方则为第二次粤桂战争后，孙中山誓师韶关进行北伐之际，结果陈炯明叛变，孙中山被迫离开广州，陈炯明宣布取消护法军政府，非常国会在广东不能立足。此时，吴佩孚宣布在北京恢复国会，"法统重光"。既然国会重开，准备制宪，中国劳动组合书记部便不能不加以利用，乘机号召全国工会发起劳动立法运动，以体现全国劳动大会所赋予的中国劳动组合书记部事实上的领导全国工运之权。②

1922年7月在国会即将重开之际，中国劳动组合书记部总部邓中夏、武汉分部林育南、上海分部袁大时、湖南分部毛泽东、南方分部谭平山、山东分部王尽美联名向国会众议院递交请愿书，提出劳动法案大纲十九条：

（一）承认劳动者之集会结社权。（二）承认劳动者之同

---

① 《邓中夏全集》（下），人民出版社2014年版，第1406页。
② 《邓中夏全集》（下），人民出版社2014年版，第1407页。

盟罢工权。（三）承认劳动者之团体的契约缔结权。（四）承认劳动者之国际的联合。（五）日工不得过八小时，夜工不得过六小时，每星期连续四十二小时休息。（六）十八岁以下的青年男女工人及吃力的工作不得过六小时。（七）禁止超过法定的工作时间，如有特别情形，须得工会同意才得增加工作时间。（八）农人的工作时间虽可超过八小时，但所超过之工作时间的工值须依照八小时制的基础计算。（九）须以法律担保一般不掠夺别人劳动之农人的农产品价格，此项价格由农人代表提出，以法律规定之。（十）吃力的工作及有碍卫生的工作，对于十八岁以下的男女工人绝对禁止，超过法定时间绝对禁止女工及十八岁以下之男工作夜工。（十一）体力的女工产前产后各八星期休工，其他工作之女工产前产后各六星期休工，均照常领取工资。（十二）禁止雇用十六岁以下之男女童工。（十三）为保障工人适当以至低限度之工钱，国家须制定这种保障法律，当立此项法律时，须准全国总工会代表出席，无论公私企业或机关的工资，均不得低于此项法律保障的至低限度。（十四）各种工人由他们的产业组合或职业组合保障可选举代表参加政府经济机关，及选举代表参加政府企业机关及政府所管理的私人企业或机关之权。（十五）国家对于全国公私各企业均须设立劳动检查局。（十六）国家保障工人有完全参加国家所设劳动检查局之权。（十七）一切保险事件须由工人参加规定之，以保障所有在政府的公共的私人的企业和机关内的工人之损失或危险，保险费完全由雇主和国家出之，受保险者决不分担。（十八）各种工人和雇用人一年工作中有一月之休息，半年有两星期之休息，并有领薪之权。（十九）国家须以法律保证男女工人有受补习教育的机会。

中国劳动组合书记部希望国会能够将上述十九条"尽量采纳通过，归诸宪法"，同时提出将《暂行新刑律》第 224 条"罢工骚扰罪"和 1914 年北洋政府《治安警察条例》正式决议取消。①

为动员全国劳动界起来响应，中国劳动组合书记部于 8 月 16 日国会重开之际，向全国劳动界发出通告："近年国会制定新宪法运动，进行颇速，但对于劳动立法之制定，尚未闻有提倡者，幸吾劳动界之奋斗精神与组织能力，尚能坚持不渝，此吾人所可庆幸者。惟吾等之自由屡受他人侵害，正式劳动工会始终未为法律所承认，同盟罢工屡为军警所干涉。凡此种种，均缘法律尚未承认劳动者有此种权利之故也。倘能乘此制宪运动之机会，将劳动者应有之利权以宪法规定之，则将来万事均易进行矣。望贵团体从速开会讨论，将其结果报告本部，并祈通电国务院及全国工商学各界，以增吾劳动界之声势。"②同时，它向劳动界提出劳动立法的四项原则："保障政治上自由"；"改良经济生活"；"参加劳动管理"；"劳动补习教育"，并认为以上四项原则为"最低限度之要求"，"应努力实现"。③

中国劳动组合书记部的劳动立法号召在全国劳动界产生了积极的回应。唐山京奉铁路制造厂职工会率先通电全国支持书记部的劳动法案大纲："劳动立法是关系我们生死关头的一桩事，是关系我们子子孙孙利害的一桩事。我们亲爱的指导者劳动组合书记部所拟定的劳动法案大纲，既得了一部分表同情的议员先生提出，我们当这个时候，更应加努力去奋斗，一面做劳动组合书记部的后盾，一面长表同情的议员先生的气焰，誓必达到劳动法已

---

① 《邓中夏全集》（上），人民出版社 2014 年版，第 182—186 页。
② 《邓中夏全集》（上），人民出版社 2014 年版，第 192 页。
③ 《邓中夏全集》（上），人民出版社 2014 年版，第 193—194 页。

列入宪法了,劳动法已完全采纳劳动组合书记部所拟定的劳动法案了,那我们才能休止。"同时,他们还致电国会参众两院议员,提出"劳动组合书记部所拟的劳动法案大纲,是我们最低限度的条件,务必要条条如愿以偿。我们要求制定劳动法,是要以法律来保护我们利益,不是以法律来限制我们的利益,这是要请两院议员先生千万注意的。倘此次制宪,我们尚不能得到法律上的良好保障,那我们也再不愿度这种奴隶生活了。将会相率来京,以求速死。"该职工会还发起成立唐山劳动立法运动大同盟,以图联合唐山所有工人为劳动立法而奋斗。①随后,郑州京汉铁路工人俱乐部、长辛店京汉铁路工人俱乐部北段总部、洛阳陇海铁路总工会、新河粤汉铁路工人俱乐部、岳州粤汉铁路工人俱乐部、武汉工团联合会、江岸铁路工人俱乐部、南段总部徐家棚粤汉铁路工人俱乐部、中国劳动组合书记部湖南分部、中国劳动组合书记部山东分部、中国劳动组合书记部天津分部、中国劳动组合书记部上海分部等劳工团体纷纷致电国会参众两院,筹组各地劳动立法大同盟,表达他们对中国劳动组合书记部劳动立法号召的支持,并寄望国会能够从速制定劳动法案,为劳工谋幸福。②而在广州,因陈炯明叛变而转入地下的广东党组织,在10月7日仍由中国劳动组合书记部广东分部发动109个工会,通电拥护劳动法案大纲,要求政府立即颁布实行。③中国社会主义青年团则号召青少年工人支持中国劳动组合书记部的劳动立法运动,认为"劳

---

① 刘明逵、唐玉良编:《中国近代工人阶级和工人运动》第4册,中共中央党校出版社2002年版,第333—335页。
② 刘明逵、唐玉良编:《中国近代工人阶级和工人运动》第4册,中共中央党校出版社2002年版,第337—344页。
③ 《广东党史资料》第16辑,广东人民出版社1990年版,第190页。

动立法是工人为自己利益奋斗的一个必经的关头",其具体的方法是"与成年的工人协力合作,向国会请愿、游行、罢工,以及其他的示威运动。"①

为进一步统一思想、协调动作,近距离了解各地工人的想法,中国劳动组合书记部又召集各铁路工人代表来京讨论劳动立法问题,其中京汉路方面3人(长辛店、正定、顺德各1人),京奉路方面1人(丰台),陇海路方面7人(徐州2人,洛阳4人,开封1人),京绥路方面2人(南口),北京方面1人(电气工人),另有其他各路工人代表12人。② 中国劳动组合书记部与各路工人进行了广泛深入的交流,让彼此之间加深了了解,也进一步扩大了中国劳动组合书记部在工人中的影响。

当然,由于当时中国工会性质不同,各地对于中国劳动组合书记部的号召也存在一些不同声音。上海的中国劳动同盟会便提出"因该书记部并非我劳动者所组织,代为提案请愿,未敢盲从","因现在北京之国会群杂非法分子,一日不加以排除,护法分子一日不获列席,则国会仍属非法国会,法统仍属膺鼎,所议决任何议案,非国人所能承认","因黎元洪以带罪之人,僭称总统。国会议决法律,例须大总统明令公布,乃生效力,黎元洪无此资格","具此三理由,故不敢苟从"。上海工商友谊会、中华海员工业联合总会上海支部、湖南劳工会驻沪办事处等团体也对劳动立法之事提出异议。③

---

① 《少年工人与劳动立法》,《先驱》第11期,1922年9月3日。
② 刘明逵、唐玉良编:《中国近代工人阶级和工人运动》第4册,中共中央党校出版社2002年版,第349页。
③ 刘明逵、唐玉良编:《中国近代工人阶级和工人运动》第4册,中共中央党校出版社2002年版,第345—348页。

为了争取各方对劳动立法工作的支持，中国劳动组合书记部于8月31日下午在北大第三院召开新闻记者会，邀请《晨报》《赤报》《工人周报》《远东日报》《顺天时报》及《共进》半月刊、《少年中国》月刊、《琼崖》旬刊、《国民新报》（汉口）、《江声报》（汉口）、《国际通讯》（北京）、华俄通讯社记者以及部分工会代表出席。邓中夏代表中国劳动组合书记部告诉与会记者，此次书记部对于劳动立法运动的程序是：（一）由书记部各工会递请愿书于国会；（二）发通电告知全国；（三）等国会开会讨论时，召集全国工人代表来京请愿，如不允，即增加代表，先游行示威，再向国会质问。邓中夏请求记者们对于劳动立法工作予以以下几项援助：（一）文学的鼓吹；（二）尽量宣传关于劳动立法运动的消息；（三）国会中如有提出别含作用似是而非欺骗工人的劳动法案，请严重驳斥，主持公道。中国劳动组合书记部的请求，得到了与会记者的正面回应。①

9月3日下午，中国劳动组合书记部又在北大第三院招待国会议员，部分国会议员及工人代表出席，刘少奇曾回忆说："书记部为了这个事，请了国会六十多议员的客，内中有三十多议员是同情我们的"②。邓中夏代表书记部总部向与会议员介绍了发起劳动立法运动理由："中国劳动阶级，法律上向来莫有保障的，约法上未订，天坛宪法上也未定，我们极认为不满意"，他希望国会议员们利用此次重新制宪的机会，"把中国绝对多数人民的幸福切实制定一下"，邓中夏在发言中再次向国会议员们陈述了

---

① 刘明逵、唐玉良编：《中国近代工人阶级和工人运动》第4册，中共中央党校出版社2002年版，第354—358页。

② 刘少奇：《中国职工运动简史》，《刘少奇论工人运动》，中央文献出版社1988年版，第284页。

请愿书的内容。后长辛店工人俱乐部代表、正太路、京绥路、京汉路、洛阳、开封等地代表依次发言,痛述工人疾苦与劳动立法之必要。在邓中夏和工会代表的发言之后,国会议员蒋义明、张树森、刘冠三、李永声、江浩、张善兴、童启曾等人依次陈述观点,为劳动立法运动献计献策:有的表示"立即预备,不要过时,愿力主张实行";有的表示"必力求实现"但要"依中国民情,可取手段不必过激";有的表示"对此事良心十分注意,对立法前途十分悲观",为今之计"必须极力团结,宣传,誓死奋斗";有的认为"劳动界要求之当,不为过分,个人尽力";有的主张"必用革命手段去干,但要求国会亦无不可,不妨双方并进";有的表示"必须团体稳固,范围扩大,始可做革命的运动";有的提出"幸福不是空手得来,要达到目的只请愿不成,必有武器为后盾方可","议员中赞成者即为我们人民的代表当感谢他,否则视为敌人的代表,出以相当方法对付之"等。由此可见,议员们虽观点不一,但多对于工人遭遇和劳动立法持同情态度。最后,邓中夏表达了希望议员们"真诚的援助我们,不要欺骗我们"的期待。会议在"打倒军阀"、"打倒国际资本主义"、"劳动万岁"中结束。[①]

尽管中国劳动组合书记部为劳动立法运动作了如此多的努力,并在社会上造成广泛的影响力,但在吴佩孚直系控制的北京政府时期,中国既未完成制宪,更未完成劳动立法,重开国会、制定宪法沦为直系军阀笼络人心的一场赤裸裸的骗局。正如邓中夏所言:"此次宣言制宪,无非为恢复已失之声誉,根本就无意

[①] 刘明逵、唐玉良编:《中国近代工人阶级和工人运动》第4册,中共中央党校出版社2002年版,第345—348页。

制宪，书记部所提出之劳动法当然不能望其通过。"①不过，借助于此次劳动立法运动，中国劳动组合书记部所拟的劳动法案大纲却在工人群体乃至社会各界广泛传播，成为指导第一次工运高潮的重要纲领，也及时弥补了全国劳动大会未制定工运斗争纲领的问题。

三、推动第一次工运高潮的深入发展

第一次全国劳动大会是在香港海员罢工所掀起的第一次全国工运高潮中召开的，同时也推动着第一次工运高潮的继续发展。在全国劳动大会之后，各地工人受到全国劳动大会精神的影响，不断组织开展新的工人罢工，在罢工中广泛运用全国劳动大会的成果，组建更多的工会，特别是地方工会联合会和产业工会联合会，为最终实现全国工人大联合打下基础。在第一次全国劳动大会及劳动立法运动的推动下，第一次工运高潮持续了13个月之久，大小罢工达百次以上，参加人数三十万以上，在罢工斗争期间，各地工会组织同时获得迅猛发展，全国各地组织起来的工会达一百多处，会员达八九十万人。②所以邓中夏才会说："这次大会的成功，无疑的引导工人阶级开始走向全国团结的道路，虽然这次大会有极大的缺点，但无论如何它给予全国工人的影响是极其巨大的，我们只看大会以后，中国罢工高潮便发展到最高度，就可证明。"③

第一次工运高潮始于1922年1月的香港海员罢工，但真正在各地形成罢工斗争风起云涌、工会组织纷纷建立，而且彼此

---

① 《邓中夏全集》（下），人民出版社2014年版，第1409页。
② 《广东党史资料》第16辑，广东人民出版社1990年版，第190页。
③ 《邓中夏全集》（下），人民出版社2014年版，第1406页。

声气响应，继长增高的全国性工运高潮，是从全国劳动大会之后才开始的。到1923年2月的京汉铁路工人大罢工，则是这次高潮的顶点和终点。其中比较著名的有：上海日华纱厂工人罢工（1922年4月）、上海邮务工人罢工（1922年4月）、广州盐业工人罢工（1922年5月）、澳门华工总罢工（1922年5月）、汉阳钢铁厂工人罢工（1922年7月）、上海海员大罢工（1922年8月）、上海丝厂女工罢工（1922年8月）、京汉路长辛店工人罢工（1922年8月）、上海金银业工人罢工（1922年9月）、安源路矿工人大罢工（1922年9月）、京奉路唐山制造厂工人罢工（1922年9月）、粤汉路武长段工人罢工（1922年9月）、汉口扬子机器厂工人罢工（1922年9月）、京奉路山海关工人罢工（1922年10月）、长沙泥木工人罢工（1922年10月）、汉口英美烟厂工人罢工（1922年10月）、开滦五矿工人大罢工（1922年10月）、京绥路车务工人大罢工（1922年11月）、水口山铅锌矿工人罢工（1922年11月）、正太铁路工人大罢工（1922年12月）、汉口洋花厂工人罢工（1923年1月）……中国劳动组合书记部和全国劳动大会代表对上述工人罢工的影响主要体现为：全面参与对罢工的领导，在罢工中全面落实《罢工援助案》，在罢工中提出"八小时工作制"、"儆戒工界虎伥"等劳动大会决议倡导之斗争目标。

由于时间相近和地利之便，最早明确将全国劳动大会精神运用到工人罢工中去的是广州盐业工人罢工，1922年5月9日广州盐业工人一千余人要求增加工资举行同盟罢工，罢工期间盐业工人罢工办事处便依据全国劳动大会所通过的"罢工援助案"致函广东劳动组合书记部，要求广东劳动组合书记部"暂担通信义务，发函通告全国劳动团体赐予援助"。广东劳动组合书记部便代转上海中国劳动组合书记部通告全国工界，并致函广东各工会共同设法援助。[①]广东劳动组合书记部的罢工援助通告得到了全国工界，尤其是省港澳各工团的纷纷响应，香港一百四十多个工团决定援助，派出苏兆征等15名全权代表来到广州，向广东省政府请愿，要求恢复盐业工会、恢复工人自由，得到省长伍廷芳肯定答复。[②]广东劳动组合书记部和香港工团的表现便是对全国劳动大会罢工援助案的最好运用。

此后，各地工人罢工中援引全国劳动大会决议案精神便成为常态。由于全国劳动大会将第二次大会召开地点定在汉口，所以激发了武汉地区工人运动的高涨。1922年7月23日武汉汉阳钢铁厂三千多工人举行罢工，该罢工由中国劳动组合书记部武汉分部林育南、许白昊领导，在罢工中工人们向厂方当局提出恢复工人俱乐部、赔偿损失等六项最低限度要求，并号召"同胞们，工友们，我们处在这水深火热之中，发出这种悲哀沉痛的呼声，望你们主持正义，力加援助。"汉阳钢铁厂的罢工同样得到了中国劳动组合书记部和各地工会的支援，长沙粤汉路工人俱乐部、京奉路制造厂职工会通电声援。罢工中还出现了"打死工贼韩老三"的标语。最终在各方共同努力下，厂方被迫屈服，罢工取得完全胜利。[③]这里就可以看到中国劳动组合书记部与全国劳动大会代表的参与，以及罢工援助、惩戒工贼等全国劳动大会精神在工人运动中的具体实践。

1922年8月5日上海海员同盟罢工，参加罢工的有招商局、

---

① 《广东劳动组合书记部启事》，《广东群报》1922年5月17日，第2版。
② 《香港各工团援助盐业工会》，《广东群报》1922年5月26日，第6版。
③ 刘明逵、唐玉良编：《中国近代工人阶级和工人运动》第4册，中共中央党校出版社2002年版，第499—506页。

宁绍、三北、裕丰等二十余家公司，六十余艘轮船，三千余海员。这次罢工与全国劳动大会有密切关系，第一次全国劳动大会期间上海海员均安水手公所的朱宝庭参加会议，与参加会议的香港海员工会代表苏兆征、林伟民等人相识并结下深厚友谊，考虑到香港海员罢工的巨大成功，会议期间朱宝庭请求香港"中华海员工业联合总会"派人到上海帮助建立统一的海员工会组织。会后，香港方面即派林伟民到上海筹建海员工会。经过林伟民、朱宝庭等人的努力，1922年7月"中华海员工业联合总会上海支部"便告成立，林伟民为会长，会员2700人。此次罢工就是在林伟民所领导的海员工会上海支部组织下进行的，要求招商局及各轮船公司落实香港海员罢工期间所达成的从1922年1月1日起给中国海员增加工资的协议。在罢工中，上海海员工会号召广大海员同业者"必要毅力坚持，大众一。必要罢工期间不可破坏，听从我们所付托的海员工会上海支部才好。若不遵这回罢工的规则，就是我们的公敌。"最终在海员工会上海支部的统一领导下，海员工会与招商局达成协议，罢工取得全胜。①

1922年8月24日京汉路长辛店工人举行大罢工，参加的工人有三千多人，这是在中国劳动组合书记部主任邓中夏等人直接领导下开展的工人罢工，在罢工中工人们要求"革除无端虐待我们的人们——火车房总领班郭福祥，电务科段长黄绵锦，书记王龙山，机务处电汽长司事谈荫棠，科长徐家楣等五人——该五人平日对于工人之虐待，欺骗，苛罚，克扣等恶劣手段，罄竹难书"；"前门段长车务段长带同随身警士，狐假虎威，嗾使巡警持手枪射击工人，应严行查办"，这些要求就是劳动大会提出的"儆戒

---

① 刘明逵、唐玉良编：《中国近代工人阶级和工人运动》第4册，中共中央党校出版社2002年版，第650—654页。

工界虎伥"的内容。在罢工宣言中工人提出："望全国最亲爱的兄弟姊妹们与我们以实力的援助，我们是感激不浅了。"长辛店工人的罢工援助请求得到了各地工人的支援，京汉路郑州工人发动了同情罢工，江岸工人也酝酿同情罢工，京绥、京奉、正太路工人派代表到长辛店慰问，陇海、津浦路工人发电报表示"必要时，与以相当援助"。这就是罢工援助在此次罢工中的具体运用。最终在工人的团结罢工和各地工人的援助下，长辛店工人罢工取得胜利。①

1922年10月23日开滦五矿同盟工人举行大罢工，该罢工是由中国劳动组合书记部和中共北方区委领导，由罗章龙、王尽美、邓培等人具体负责。在罢工中工人们向开滦矿务局提出加薪、周日休息等改善生活待遇最低条件，并号召"全国工友们、同胞们，快快的来援助"。中国劳动组合书记部总部也通电各界声援开滦，"我们工友为生存计、为自由结社计，为民族人格计，要一齐起来援助，或以金钱，或以实力。"开滦五矿工人和中国劳动组合书记部的罢工援助请求，同样得到了各界的响应，唐山启新水泥厂举行同情罢工，长辛店工人俱乐部、京奉路唐山制造厂职工会、粤汉铁路总工会、京汉铁路总工会筹备处、安源路矿工人俱乐部通电声援开滦罢工，北京马克思学说研究会等团体倡议捐款援助，组建开滦矿工罢工经济后援会，唐山当地大学生乃至部分国会议员也通过不同方式支援开滦。最终在各方援助之下，罢工进行至11月17日，矿务局与罢工方妥协，罢工结束。②从中可见，中国

---

① 刘明逵、唐玉良编：《中国近代工人阶级和工人运动》第4册，中共中央党校出版社2002年版，第386—389页。

② 刘明逵、唐玉良编：《中国近代工人阶级和工人运动》第4册，中共中央党校出版社2002年版，第417—457页。

劳动组合书记部的领导和罢工援助对开滦罢工的影响。

上述典型的工人罢工事件都体现出全国劳动大会所确立的中国劳动组合书记部在全国工运中的领导地位，及全国劳动大会决议案，全国劳动大会代表对第一次工运高潮所产生的影响，尤其是"罢工援助案"几乎成为所有工人罢工的必备行动指南，成为指引各地工人罢工取得胜利的重要秘诀。从工人罢工的主要诉求来看，体现为增加工资、改善工作环境、休假等经济斗争目标，劳动大会所提出的"八小时工作制"方面的诉求较少，仅有正太铁路工人罢工时提过"工作时间，不得过八小时，否则，照所增之时间增薪"[①]的诉求，这也反映出全国劳动大会的部分主张并不符合当时的中国实际，对于工人的斗争策略还缺乏通盘计划与深入思考。

随着工人运动的持续高涨，各地、各产业、职业纷纷建立工会乃至工会联合会，这些工会组织的建立推动了工人运动的发展，工人运动的发展又持续推进新的工会组织建立，形成工会组织建设与工人运动发展之间的良性互动。值得指出的是，以产业为基础建立工会、工会联合会，乃至全国总工会，正是全国劳动大会"全国总工会组织原则案"的重要方针，也是确立中国劳动组合书记部作为全国工会总协调机构的价值所在。

为了摸清全国工会的总体状况，与全国工会建立联系，体现作为全国工会的总通讯机构职责，中国劳动组合书记部于全国劳动大会后不久拟定了工会调查表，连同通告一起寄往各省中国劳动组合书记部分部及各工会，请各工会如实填写，后由书记部汇

---

① 刘明逵、唐玉良编：《中国近代工人阶级和工人运动》第4册，中共中央党校出版社2002年版，第409页。

总成册，分发各地，便于工会之间的了解与联络。①经过一番调查以及充分考虑到各地工运开展状况，中国共产党一度考虑建立铁路、矿工、海员三个全国性产业工会及组织上海、广东、武汉三个地方总工会。不过，在第一次工运高潮时建成的只有湖北全省工团联合会、湖南全省工团联合会、汉冶萍总工会，以及筹建中的全国铁路总工会。

湖北全省工团联合会成立于1922年10月10日，该联合会源于1922年7月的汉阳钢铁厂工人罢工，为声援汉阳罢工，中国劳动组合书记部武汉分部联络汉口租界人力车夫工会、江岸京汉铁路工人俱乐部南段总部、徐家棚粤汉铁路工人俱乐部、扬子机器厂工人俱乐部4个工团发起成立武汉工团临时联合委员会，汉阳钢铁厂工人罢工胜利后，改为武汉工团联合会，由书记部武汉分部主任林育南担任秘书主任，许白昊、项英、李书渠等人也在其中担任领导职务。后为进一步适应武汉三镇和汉冶萍所属大冶钢铁厂、下陆铁矿厂工人运动的发展，武汉工团联合会于9月28日宣布改名为湖北全省工团联合会，10月10日召开成立大会，后选举产生了领导机构，主席杨德甫、副主席王幼卿、总干事陈天、副总干事余友文、秘书科主任许白昊、宣传科主任林育南、组织科主任项英、法律顾问施洋。至当年12月加入湖北全省工团联合会的有27个工会，会员4.8万人。②

湖南全省工团联合会成立于1922年11月1日，当日粤汉铁路总工会在长沙新河总站召开成立大会，毛泽东亲自主持，湖南

---

① 中共上海市委党史资料征集委员会、上海市总工会编：《中国劳动组合书记部在上海》，知识出版社1989年版，第93页。

② 刘明逵、唐玉良编：《中国近代工人阶级和工人运动》第4册，中共中央党校出版社2002年版，第732—734页。

全省各工会都派了代表参加，在成立大会上株萍铁路的工人代表朱少连提出成立全省工团联合会的建议，各工团表示赞同，于是当天随即召开了湖南全省工团联合会代表会议，参加的有粤汉铁路总工会、粤汉铁路岳州与长沙工会、安源路矿工人俱乐部，以及长沙泥木、理发、人力车、缝纫、笔业等三十多个工会的代表，计八十余人。毛泽东以粤汉铁路总工会的代表资格出席了这次会议，当选为会议主席，并代表劳动组合书记部湖南分部演说。会议正式宣布湖南全省工团联合会成立，并决议"凡产业工会及职业工会均有加入本联合会的资格"。11月5日联合会在长沙召开第二次代表会议，会议通过了毛泽东起草的《湖南全省工团联合会章程》，选举毛泽东为工团联合会总干事，郭亮为副总干事，任树德、罗学瓒、朱少连、朱锦堂为各部（科）正副主任，并发表成立宣言通电全国。在湖南全省工团联合会带动下，湖南当地工会组织继续发展，至1922年3月全省工会22个，会员三万余人，不少工会中还建立了党团组织。①

汉冶萍总工会成立于1922年12月10日，汉冶萍公司原有汉阳钢铁厂工会、汉冶萍轮驳工会、大冶钢铁厂工会、大冶下陆铁矿工人俱乐部、安源路矿工人俱乐部等五大工会，为促进全公司工人、工会的大联合，1922年11月12日五大工会代表在汉阳钢铁厂召开汉冶萍总工会筹备会，会议决定总工会会址设在汉阳，讨论通过了总工会的组织细则，并决定由汉阳钢铁厂工会许白昊起草总工会章程草案。12月10日，汉冶萍总工会在汉阳钢铁厂正式成立，参加大会的有汉、冶、萍三地工会代表和汉阳钢铁厂

---

① 刘明逵、唐玉良编：《中国近代工人阶级和工人运动》第4册，中共中央党校出版社2002年版，第735—737页。

数千名工人，以及武汉、长沙工界代表，由安源路矿工人俱乐部代表李立三任大会主席，李立三认为"成立总工会是为工人求政治法律之保障，求经济的改善及人格和地位的增高。"汉冶萍总工会是当时中国最大的产业工会。①

在当时，除了新成立的这三家地方和产业联合会，以及先期成立的"中华海员工业联合总会"之外，中国劳动组合书记部还曾筹备成立全国铁路总工会。在第一次工运高潮中，全国各铁路工会组织纷纷建立，但组织发展不平衡，且政治倾向不同，如京汉路各站工会受共产党影响较大，京奉路、京绥路、津浦路、陇海路、正太路、粤汉路、株萍路工会部分受共产党影响，其他如沪宁、沪杭路则全无共产党影响，要组织全国铁路总工会困难重重。1922年10月开滦五矿工人罢工发生后，中国劳动组合书记部召集各路工人在北京开会，讨论援助开滦罢工，但代表们到京后开滦罢工已失败，于是各路代表即转而讨论成立全国铁路总工会之事。会上决定成立全国铁路总工会筹备委员会，并决定尽快成立各路总工会，然后成立全国总工会。后因京汉铁路工人大罢工之二七惨案发生，成立全国铁路总工会之事便搁置下来。②

除了上述受中共影响而建立工会联合之外，在当时的上海和广东各派工团也曾做过一些地方工会联合的努力。全国劳动大会后不久，上海各工团执行委员会鉴于广州全国劳动大会的成功经验，发起组织上海劳动总工会，并召集各工会代表于5

---

① 刘明逵、唐玉良编：《中国近代工人阶级和工人运动》第4册，中共中央党校出版社2002年版，第737—738页。

② 刘明逵、唐玉良编：《中国近代工人阶级和工人运动》第4册，中共中央党校出版社2002年版，第738—739页。

月 21 日开会。① 当日下午，包括中国劳动组合书记部、全国工界协进会、中国劳动同盟会、中华劳动联合会在内的三十余个团体在工商友谊会开会，主席王吉人说："沪上工团不下数十余，而平日既少联络，有事终鲜一致，此吾劳动界之弱点也。且广州已有全国劳动联合会之组织，足谓吾沪上工团，有联合之必要"，他希望各工团代表"各抒意见，郑重讨论"。结果，会上各工团代表表达了不一样的声音，导致组建上海劳动总工会之事未果。上海一战华工代表吴世英说："凡发起一会，必要名实相符"，国外"各工会无不本职业组合而组织各业工会，再由一地各业工会合组一地的总工会"，"我们现在即说组织上海总工会，并推委员，似乎不当。"中国劳动组合书记部代表董锄平说："我对于组织工会是赞成的，不过是要组织此会之人实实在在是为工人谋利益。"后陈性初、王光辉等人提议："此刻不能说总工会，只可说发起上海劳动总工会之会"，他们认为要"举二书记，通告上海各工会再开筹备会，若有十分之六七赞成，则可着手进行。"大会随即推举董锄平、童理璋为书记负责筹备工作。② 显然，上海各工团执委所倡议之上海劳动总工会在当时并未建立起来。

广东工运起步较早，工会数量、罢工频率在全国处于领先位置，但在全国劳动大会之前广东工会因为派别的分歧，始终未能统一，所以有机器工人维持会派、有广东总工会派、有互助社派、有工人合助社派、有无政府主义派。全国劳动大会之后，特别是1922 年 6 月陈炯明叛变，孙中山离开广州之后，广东工会格局发

---

① 《各工团执行委员会函电》，《民国日报》1922 年 5 月 18 日，第 11 版。
② 《劳动总工会发起人会》，《民国日报》1922 年 5 月 22 日，第 10 版。

生变化，出现了一些工会统一的迹象。因政治关系广州互助社、工人合助社被取缔，广东总工会改组为广东工会联合会，无政府主义者虽不主张联合但也不反对联合，广东机器工人维持会也曾一度支持工会统一，被取缔广州互助社所属工会也有不少加入工会联合会，这就使得广东工会以广东工会联合会为基础实现地方工会统一具备了可能。但由于广东政治局势的瞬息万变，1923年2月孙中山从上海返回广州第三次建政，原有广东总工会、广州互助社中支持孙中山阵营的人转而反对工会联合会，广东机器工人维持会伺机转变立场，仍维持其独立态度，而无政府主义派一直厌恶广州互助社，拒绝与政府合作。最终导致广东工会总体上维持先前的独立状态，加入工会联合会的寥寥无几。①

由上可知，在第一次工运高潮中实际建立起来的产业和地方工会联合会，主要有中华海员工业联合总会、汉冶萍总工会、湖北全省工团联合会、湖南全省工团联合会。这些工会联合组织的建立体现了全国劳动大会"全国总工会组织原则案"的精神，推动着各地各业工人运动的深入发展，也为后来中华全国总工会建立打下坚实基础。

1923年2月4日京汉铁路工人大罢工标志着第一次工运高潮发展到了顶点，三天后军阀吴佩孚疯狂镇压，酿成二七惨案，京汉铁路工人大罢工失败，全国工运一时进入消沉期，不少工会被封闭、工人领袖被逮捕甚至杀害，中国劳动组合书记部不能在北京继续活动，迁往上海，在这种情况下，中共三大"劳动运动议决案"作出了"中国目下劳动运动方取守势"的判断。②因此，

---

① 奇峰：《一年来之广东》，《前锋》第2期，1923年12月1日。《中国工会运动史料全书》（电子版）（综合一卷），中国职工音像出版社2002年版，第23页。
② 《建党以来重要文献选编》（1921—1949）第1册，中央文献出版社2011年版，第261页。

原本定于1923年5月1日在汉口召开的第二次全国劳动大会被迫延期。[①] 即便如此,处于低潮期的中国工人仍然坚持斗争,保存力量扩大队伍,迎接工运复兴的到来。

[①] 《中国劳动组合书记部紧要启事》,《晨报》1923年5月1日,第2版。

第四章　第二次全国劳动大会与中华全国总工会成立

第二次全国劳动大会比预期来得更晚一些。受中共影响的四大工会召集并组织此次会议，参加大会者有全国各地工会代表二百七十余人，代表一百六十余个工团与五十余万工会会员。此次会议总结了国民革命以来中国工运的总体情况，特别是二七惨案以来之经验教训，产生大量议案，并将党的工运方针明确写入会议议案，从而确定中国工运斗争的新方针与新目标。大会的代表性成果就是成立了全国统一的工会组织——中华全国总工会，并代表中国工会加入赤色职工国际，为未来中国工运斗争指明了具体的方向。中共党员在中华全国总工会中担任多个重要委员席位，在五卅惨案后通过中华全国总工会在各地掀起反帝工运高潮，领导近代中国工运发展从经济斗争为主进入到政治斗争为主的新阶段。

第一节　第二次全国劳动大会的准备

第二次劳动大会召开前，全国工人运动正处于一个低潮与复兴的阶段，在此低潮与复兴时期，最为明显的就是中国工人运动组织渐有统一的趋势。而中共时刻关注时势变化和中国工人运动的发展脉搏，在共产国际与赤色职工国际的建议与指导下对工人运动形成符合近代中国发展的斗争理论，逐渐在各种工会组织派系中不断渗透，及时预判工人运动复兴的新形势与新挑战，并始终强调工会组织大联合与工农兵大联合，遂成为全国工会运动统一的举旗者，成功组织并召开了1925年5月的第二次全国劳动大会。

一、工人运动的低潮与复兴

第二次全国劳动大会前，中国新式工厂发展迅速，形成庞大的工人群体。根据国际联盟的调查，1925年中国新式工厂有一千八百余所，包含半新式工厂数千家，其中纺织厂109家，丝厂280家，蛋厂43家，水泥厂51家，印刷厂58家，皂烛厂54家，电话公司51家，以及洋货厂若干，棉业、丝绣、鬃纲等业。[①] 多地有组织工人的数量庞大，仅参加工会的工人就有五十万左右。工人们的工作时间、工资与生活情况与之前未有较大差异，二七惨案后，此前在第一次工人运动高潮中取得的经济利益和条件遭到反水。此时就平均而言，工人们每星期工作7天者占10%，规模较大设备较新之厂为整理机件，10日休1次或1个月休2次，只有少数工厂采取基督教管理办法逢星期休息，但所有工厂会在春节停工3—14天，中秋、端午各停1天。不少工厂也雇佣童工、女工，所给工资较男工较少，女工与童工在纺织业较多，分别占纺织厂工人的40%。[②] 工人们的权利和工资均不受保证。这是1925年第二次全国劳动大会召开前中国工厂与工人发展的一般情况。

---

① 《国际联盟考核中国工人状况》，《农商公报》第10卷第120期，1924年，第10页。
② 《国际联盟考核中国工人状况》，《农商公报》第10卷第120期，1924年，第10页。

1923年2月7日北洋政府直系军阀吴佩孚镇压京汉铁路工人大罢工的流血惨案发生，第一次中国工人运动高潮就此进入低潮，使得第一次全国劳动大会所制定的工运决议案，尤其是全国工运大联合的趋势被中断。但1924年中国工人运动又逐渐出现复兴之趋势，首先是二七惨案锻炼了工人的组织、强化了工人们的认识，为工人运动的复兴奠定了基础。此外，工人运动复兴也出现好时机，1924年直奉第二次大战后曹锟、吴佩孚北京政府倒台，奉系军阀入主北京，新北京政府政权未固，各派系军阀忙于重新划定地盘，随着国民革命势力膨胀，工人运动复兴的时机已经到来。再者，工人运动与工会组织的统一也成为时势所需。当时中国工会运动处在派系情况复杂、分裂化严重的局面，如"今香港各工团分成几个系统，固违背近代工会统一运动之意义，也且违背民族独立运动之意义，实非佳象"，[1]广东工团也是分成好几个系统，"乃违背近代工会统一运动之意义，实非佳象"。[2]整顿与统一中国工会组织成为当时中国工人运动发展的趋势与需要。

　　在现实层面，各处也逐渐出现罢工，显示出工人运动确实正走向复兴之中。1924年1月国民党第一次代表大会实现了国共首次合作以来，群众性的国民革命运动开始复兴，南北各处均形成工人运动复兴之态势。1924年7月，广州沙面数千名工人在中共领导下，进行了一个多月的罢工斗争并取得胜利，率先发出了工人运动复兴的信号。紧接着在北方，各铁路如京汉、正太、陇

---

　　[1]《香港问题决议案》，中华全国总工会中国职工运动史研究室编：《中国历次全国劳动大会文献》，工人出版社1957年版，第26页。

　　[2]《广东问题决议案》，中华全国总工会中国职工运动史研究室编：《中国历次全国劳动大会文献》，工人出版社1957年版，第26页。

海、胶济、津浦等路工会均在次第恢复并开展工作。在上海则发生四万余纱厂工人反抗日本资本家虐待的罢工运动，汉口则发生抗议英捕殴杀徐典的罢工，英美烟厂工人又发生要求改良待遇的罢工运动，而香港海员工会亦因船东和香港政府破坏前次罢工争得的条约，正在积极计划发起逼迫船东和香港政府切实履行条约的运动。①

中共对中国工人运动复兴的趋势判断十分准确，中共四大的《对于中央执行委员会报告之议决案》中就指出，二七惨案后帝国主义、军阀与大资产阶级对中国革命势力展开强烈攻击，但中国的国民运动非但没有低落反而日益增高，还将随着北京政变后反动的束缚略加放松而得一个猛烈发展的机会，工人运动是中国国民运动中的基本，也仍将继续高涨而做国民运动发展的中心。②在此敏锐判断下，中共四大又形成《对于职工运动之议决案》，为工人运动的复兴制定好方针，并做好了准备。

二、中共四大的职工运动决议案

在日益高涨的革命形势下，中共为加强对革命运动的领导，于1925年1月11日至22日在上海召开了第四次全国代表大会。大会通过了《对于职工运动之议决案》，决定在中央和地方成立职工运动委员会，以开展工人运动的部署。该议案主要分为："（一）中国职工运动的过去状况及其现在的趋势"、"（二）职工运动与民族运动之关系"、"（三）职工运动的策略问题"、"（四）

---

① 张特立：《职工运动复兴及其应取之方针》，《中国工人》第4期，1925年4月，第4页。
② 《对于中央执行委员会报告之议决案》，《中国共产党第四次全国代表大会档案文献选编》，中共党史出版社2014年版，第5页。

职工运动中共产党的政治教育及党的组织"、"（五）职工运动的组织问题"、"（六）职工运动的具体计划"六个部分。它既总结中国职工运动的经验与问题，也就新时势下共产党如何领导工人运动形成具体的策略与计划。

首先，《对于职工运动之议决案》总结了二七惨案前后特别是该惨案发生以来中国工人运动的发展形势，并指出在二七惨案后中国工人运动出现的几个发展趋势：首先是中国工人运动逐渐出现复兴的趋势。其次是随着军阀与帝国主义之间矛盾冲突与民族解放运动的发展，中国工人运动已进入职工运动与民族运动的结合时期，此乃新机遇时期。最后是中国工人运动也面临新的问题，除外部更为残酷的镇压外，内部还出现"工贼"问题。[1]

在这新形势下，中共着重分析职工运动与民族运动的关系，强调在此职工运动与民族运动结合的过程中，中国工人阶级要注意职工运动的独立性，争取民族革命的领导地位。《议决案》指出中共在与国民党合作时期领导工人运动时需要注意的四个方面：1、中共是工人阶级的唯一领导者，要注意促使工人阶级取得民族革命运动的领导权，并促使工人阶级有独立的群众组织。中共要力求完全指导工人的组织，并在群众中深入发展党的组织。2、采取多面的措施处理在国民党中发展左派势力群众的问题，在国民党有影响的区域可以领导大量工人加入国民党，国民党组织未及的区域则非。最重要的还是在任何区域都要加紧组织的工作与阶级的宣传。3、国民党的工会组织，中共可尽力从中活动以进行渗透。4、民族革命中的职工运动，要注意防止官僚化、

---

[1] 《对于职工运动之议决案》，《中国共产党第四次全国代表大会档案文献选编》，中共党史出版社2014年版，第12—13页。

机会主义和工团主义。要注意从工人阶级属性的政治利益和经济利益为出发点进行民族革命的宣传。①

而针对工会内部"工贼"的新问题，中共也形成具体的策略：1、力争工会的公开，此阶段亟须提出要求集会、结社、言论等自由的口号；2、主张统一工会组织；3、根据群众的需要、力量与情绪，提出切实可行而非过高的口号；4、在资产阶级性质的民族革命中，要保持工人阶级反抗资本主义的斗争性，不能让步，且要利用民族主义者对工人阶级的联络，逐渐向资本方进攻。②

关于职工运动中的组织问题，中共强调要通过在工人群众间推进政治教育和党的组织以切实展开党的指导工作。首先在宣传中注意进行政治教育：如分析政局、时局变化的意义，与国民党合作及民族革命的意义；解释国民党左、中、右派及与工人的关系，阶级斗争与民族斗争、政治斗争与经济斗争的关系，特别要宣传中共的党纲与策略以及中共是工人阶级自己的、保护工人阶级利益的政党。其次加强加速在工人阶级中成立更多的党组织。并从技术层面解释如何在工人中展开各种组织，特别强调以"工厂小组"形式展开活动。三人便可成为一小组，此种方式在严重压迫下的反动派工会中最为适合，其有五种职能，作用很大，也是中共工人运动的原动力。中共也详细列明了此类工人小组如何展开活动的方式。③

对职工运动未来的发展，中共也进行了详细规划，计划重点

---

① 《对于职工运动之议决案》，《中国共产党第四次全国代表大会档案文献选编》，中共党史出版社2014年版，第14页。

② 《对于职工运动之议决案》，《中国共产党第四次全国代表大会档案文献选编》，中共党史出版社2014年版，第14页。

③ 《对于职工运动之议决案》，《中国共产党第四次全国代表大会档案文献选编》，中共党史出版社2014年版，第15页。

在以下五个方面展开工作：其一是在产业工人运动方面，提出要用力于铁路、矿山、海运、纺织等产业中发展工会组织；其二是重点在上海、汉口、天津、青岛、无锡、南通、大连等新式工业区发展职工运动；其三是注意在大城市手工业工人中着力进行组织与宣传；其四是注意职工运动中的妇女与青年工人；其五是要在劳动运动中发展合作社组织。[①]

为应对工人运动的发展，中共还就内部组织提出调整的设想，在中央及地方的工农部均要设立专门管理职工运动的委员会，针对不同地域的特殊情况，由特派巡行员指导、考察各地情形。同时强调在中共的各种宣传物中要注意增多职工运动的内容，最后还提出要设法到国民党的工人部中去工作，借此改造国民党之工会，促成工人运动的统一。[②]

显然，中共四大为第二次全国劳动大会的召开作了思想上、政治上的准备。

三、四大总工会与第二次全国劳动大会的发起

第一次全国劳动大会由中国劳动组合书记部发起，第二次全国劳动大会则继续由中国劳动组合书记部筹划，但却由中华海员工业联合总会、全国铁路总工会、汉冶萍总工会、广州工人代表会公开发起召集。

1925年1月中共四大已决议成立了中央职工运动委员会，为何第二次全国劳动大会仍由中国劳动组合书记部筹划呢？它既由

[①] 《对于职工运动之议决案》，《中国共产党第四次全国代表大会档案文献选编》，中共党史出版社2014年版，第16—17页。

[②] 《对于职工运动之议决案》，《中国共产党第四次全国代表大会档案文献选编》，中共党史出版社2014年版，第17页。

中国劳动组合书记部负责,又为何由四大工会公开召集呢?这里需解释一下中国劳动组合书记部与第二次全国劳动大会召开的关系。中国劳动组合书记部于1921年8月成立,在1925年5月中华全国总工会成立之前一直是中国共产党公开指导工人运动的组织。第一次全国劳动大会时便决议由中国劳动组合书记部于1923年召集第二次全国劳动大会,成立更广泛的全国工人联合组织。召开第二次全国劳动大会也一直在中共的整体计划之中。[①] 但由于二七惨案后全国工人运动陷入低潮,原定1923年召开的第二次全国劳动大会未能如期举行,直至1924年工人运动复兴后,最终确定在1925年五一劳动节召开第二次全国劳动大会。但五一劳动节在即,筹备大会时间紧迫,中央职工运动委员会此时组织尚不完备,于是仍由中国劳动组合书记部负责。此后随着第二次全国劳动大会的召开与中华全国总工会的成立,中央职工运动委员会才逐渐取代中国劳动组合书记部的职责。

第二次全国劳动大会虽由中国劳动组合书记部运作与筹划,但最后却改由四大工会公开召集,这主要是中共方面在当时中国工人运动复杂形势下仔细考量的结果。一是二七惨案后,中共为避军阀势力之锋芒,已不常用劳动组合书记部的名义开展工作,主要以产业总工会的名义指导工人运动;二是国民党与部分工贼攻击中共与此次大会,以劳动组合书记部的名义召开,不利于吸引更多工会组织参会。[②] 于是在此双重考量下,中共决定用工会

---

① 《中共中央执委会书记陈独秀给共产国际的报告》(1922年6月30日),中共中央党史研究室第一研究部编:《共产国际、联共(布)与中国革命文献资料选辑》(1917—1925),北京图书馆出版社1997年版,第307、第310页。

② 邓中夏:《中国职工运动简史(1919—1926)》,《邓中夏全集》(下),人民出版社2014年版,第1468—1469页。

的名义召集此次全国劳动大会。

召集此次会议的四个总工会所拥有的会员高达二十五万多人，占当时全国所有工会会员二分之一以上。[①]四个总工会中直接属于中共控制下的是全国铁路总工会、汉冶萍总工会。[②]中共早在1922年曾计划成立五个全国性的产业联合会：全国铁路总工会、全国海员总工会、全国电气工人总工会、全国机器工人总工会、全国纺纱工总工会；在地方成立三个总工会：上海总工会、广东总工会、武汉总工会。[③]最后为何只成立了全国铁路总工会、汉冶萍总工会，主要原因在于中共成立以来其工人运动多是着眼于路矿工人组织和运动，有成效者也多与路矿有关。

其余两个工会广州工人代表会、中华海员工业联合总会虽不受中共完全控制，但也在中共的逐渐渗透与影响之下。如广州工人代表会虽主要与国民党中央执行委员会工人部密切联系，但21名执行委员会中有多名为中共党员，1925年时广州工人代表会执行委员会的日常工作，实际上由共产党员主持和领导。[④]前文述及中华海员工业联合总会原与国民党关系深厚。1920年11月，

[①] 根据张国焘的说法，四大工会有会员10万，占据当时全国工会会员二分之一。若按照第二次全国劳动大会所提供的全国工会工友50万的数据，再按张国焘所称四大工会会员占据全国工会会员二分之一，那四大工会会员将有25万，再斟酌其他史料，张国焘称四大工会有会员10万以上应该是少了。见张特立：《敬祝第二次全国劳动大会》，《中国工人》第5期，1925年5月，第1页。

[②] 邓中夏：《中国职工运动简史（1919—1926）》，《邓中夏全集》（下），人民出版社2014年版，第1469页。

[③] 《中共中央执委会书记陈独秀给共产国际的报告》（1922年6月30日），中共中央党史研究室第一研究部编：《共产国际、联共（布）与中国革命文献资料选辑》（1917—1925），北京图书馆出版社1997年版，第310页。

[④] 《加伦的汇报〈华南工人运动中的共产党人〉》，中共中央党史研究室第一研究部编：《共产国际、联共（布）与中国革命文献资料选辑》（1917—1925），北京图书馆出版社1997年版，第634页。

孙中山在广州重建军政府,海员陈炳生、林伟民、苏兆征等利用广东有利形势,积极筹建海员总会,并得到了孙中山的热情支持,为工会起名为"中华海员工业联合总会"。国民党对该工会组织以及后来的香港大罢工都有一定的支持与较大联系,因而1922年马林对国民党与海员工人运动的联系大加赞赏,直接批评中共在广东省工人运动工作开展不够。① 不过随着中共在广东工人组织中逐渐采取渗透与分化的政策,国民党影响下的工人组织也逐渐更具积极性,转而接受中共的影响。中华海员工业联合总会也是一样,早在1925年5月第二次全国劳动大会开会前,中共就与中华海员工业联合总会的苏兆征建立起联系。1924年底在苏兆征路过上海时,中共邀其领导下的中华海员工业联合总会一起成为会议召集者之一,苏赞同,并于此时加入了共产党,② 这使中共在中华海员工业联合总会取得重大突破。

由此可见,这四大总工会大部分都在中共影响之下,由于全国占据二分之一强的四大工会逐渐为中共所影响,第二次全国劳动大会随之顺利召开。这些都是中共逐渐统一中国工人运动、并担任领导地位的重要见证。

四、第二次全国劳动大会的筹备工作

确定由四大总工会公开召集后,中共又为此与四个总工会一起着手并开展这次全国劳动大会的理论与会议筹备等工作。

---

① 马林:《向共产国际执行委员会的报告》(1922年7月11日)、《访问中国南方的革命家——个人印象点滴》(1922年9月7日),中共中央党史研究室第一研究部编:《共产国际、联共(布)与中国革命文献资料选辑》(1917—1925),北京图书馆出版社1997年版,第235、第238、第244页。

② 邓中夏:《中国职工运动简史(1919—1926)》,《邓中夏全集》(下),人民出版社2014年版,第1469页。

首先是会议召开前的理论宣传与准备。在第二次全国劳动大会召开之前，中共长期进行工人运动理论和实践工作的邓中夏和张国焘在《中国工人》上发表多篇理论文章，对低潮后工人运动复兴当中要注意的问题进行分析与总结。张国焘分析了此时工人运动复兴在新时势下所面临的新问题，其首先总结出直系倒台和国民革命大形势下工人运动面临的四个新问题：一是如何防止军阀分化的工人政策下错误政治见解的发生。直系政府倒台后，各地军阀政权陷入分裂，原来统一的镇压工人政策反而形成分化局面，一些地方军阀为收买工人，政策暂时较为宽松，因而此时的工人运动出现了一个新的情况："处在现时政治不统一状态中的工人，易于发生错误的政治见解"。那么该如何应对呢：1、要认清军阀的本质，直系军阀倒台后，段张政府对待工人运动的态度不会发生改变，依然会是十分残暴，"现在须立即预防必来之段张压迫"。2、认清工人的争斗始终是为本阶级的，工人的利益要靠自己的奋斗得来。工人要利用军阀官僚彼此之间的冲突，发展自己的势力。3、明确对军阀的态度，绝不可能发生什么幻想，这些自私自利残民祸国的军阀，无论他现阶段态度若何，必然是工人阶级的敌人。二是"工贼的发生"的新问题。军阀、国内外资本家组织自己的工会组织，还有不少工人自己的工会组织中出现不少"工贼"，利用原来在组织内活动形成的资源与工友信任，"蛊惑工人，造谣中伤"，将工会中较为积极和具有斗争性的工人指为"激进派"，并造谣其将被作为激进派而被政府逮捕，严重影响大部分工人的积极性。三是工人运动如何与国民革命运动融合的新问题。随着国民革命的高涨，"国民革命运动和劳动运动所攻击的对象是一个共同的敌人，国民运动所奋斗的目标——自由和独立，就是劳动运动所要求的初步解放"。在此新形势中，要进一步探讨职工运动中如何加强国民革命运动势力，如何在国民革命运动中促使工人运动阶级争取目前利益和自由。四是如何争取合法的选举权问题也是工人运动应该注意的新问题。①

工人运动在此新时势下该何去何从又该持有怎样的运动方针，邓中夏《劳动运动复兴期中的几个重要问题——贡献于第二次全国劳动大会之前》一文就试图预先总结第一次全国劳动大会三年以来工人运动的经验，并提前规划此后各种运动要注意的问题。邓中夏指出此次大会要重点讨论工人运动的组织问题、经济斗争问题、争自由运动问题、参加国民革命问题、工农联合问题、国际联合问题六个方面。全文长达20页，细致地分析了以上六个方面的经验教训和今后规划。②邓中夏此长文应是第二次全国劳动大会非常重要的纲领性文章，因为此后全国劳动大会所形成的决议案内容高度呼应了邓中夏此文中所提到的各种问题，只不过第二次全国劳动大会的决议案较为简略，而邓中夏此文则更为详细。

张国焘在另一文《敬祝第二次全国劳动大会》中，除强调邓中夏所提及的经济斗争问题、与国民革命运动融合问题、工农联合、工人运动国际联合等问题外，还提出邓中夏之文未及的两个方面：1、强调工人运动的政治斗争性：资产阶级与无产阶级之间没有调和与妥协的可能性，"不断的阶级斗争，便是达到打倒资产阶级的唯一方法，除非倒到资产阶级，工人阶级进而夺得政

---

① 张特立：《职工运动复兴及其应取之方针》，《中国工人》第4期，1924年4月，第9—12页。

② 邓中夏：《劳动运动复兴期中的几个重要问题——贡献于第二次全国劳动大会之前》，《中国工人》第5期，1925年5月，第38—57页。

权，是没有办法解除工人阶级的经济痛苦的"；2、强调第二次劳动大会一定要注意整理全国工会组织的系统，并提出整理措施，即将各种产业工人组织于整个产业组合之下，并且"此种组合数目愈少愈好，愈集中愈好"。市镇工业工人则组织在统一的市镇工人组合之下，并以市镇为单位，由市镇而县，由县而省，由省而全国。还要铲除各种黄色的、冒牌的、流氓侦探的、资本家和包工头的、按地域界限组织的工会和工贼份子，并要改造旧式的行会与公所。①

以上这些文章的观点，代表了中共对于第二次全国劳动大会的基本主张，反映了中国工人运动的实际，为第二次全国劳动大会的召开作了理论准备。

会议筹备处在前期也十分注意宣传工作，不仅在各报刊登开会启事，同时在报纸上刊登专题讨论栏，宣传第二次全国劳动大会召开的意义。如《广州民国日报》有"农工运动专栏"和"第二次全国劳动大会讨论栏"等专栏。"第二次全国劳动大会讨论栏"上有包惠僧《第二次全国劳动大会的使命》一文，指出中国工人运动面临帝国主义与国内军阀的双重压迫，其道路"荆棘重重，蛇蝎满道"，但他给工人们打气，"只要我们的劳动运动是整个的，是忠实于劳动阶级的革命的，最后的胜利终久（原文如此）是属于我们的。"他指出此次劳动大会的使命就是"统一中国的劳动运动"，意义非常重大，因为它是清除投降与妥协、创造忠实于劳动阶级的劳动运动。②还有国立广东大学法科学院学

---

① 张特立：《敬祝第二次全国劳动大会》，《中国工人》第5期，1925年5月，第1—5页。

② 包惠僧：《第二次全国劳动大会的使命》，《广州民国日报》1925年4月23日，第8版。

生写来的《欢迎全国劳动代表在粤开会》，其指出中国工人处在帝国主义和军阀的政治与经济掠夺下，号召工农们选出代表出席劳动大会："全国被压迫被掠夺的工界阶级联合起来，一致加入全国劳动大会，这是国民革命当中，民众势力的大结合，是解放中华民族求独立的唯一生路！是解放全世界弱小民族的先锋队！全国工农群众起来。我们准备欢迎！"①筹备处特别重视各类传单、标语、通电之宣传，准备在五一节散发传单，有告全国工人、农民、学生、军人四种，通电全国工友及各团体，派贴标语，发行特刊等宣传活动，工作极为细致，在4月29日的第一次预备会会议中审议事项之一就审查各种传单、标语和通电。②同时筹备处还要求广州工会组织定期组织工友集会，并派宣传员赴各集会演讲第二次全国劳动大会的意义。③

其次是会议具体的各项筹备工作。首先设立大会筹备处，四个工会各派代表一人赴广州成立筹备处。④筹备处办公地点设在广州惠爱东路东皋大街1号二楼，⑤后又迁至永汉中路西湖街公益祥旅馆。⑥筹备处代表有孙云鹏、刘少奇，⑦二人均是中共早期工人运动的杰出领导者。后来香港华工总会也愿意做发起人，也派员到广州筹备处参与筹备联络工作。⑧筹备处为了保证此次大

---

① 郭之东：《欢迎全国劳动代表在粤开会》，《广州民国日报》1925年4月25日，第8版。
② 《全国劳动大会预备会详志》，《广州民国日报》1925年5月1日，第7版。
③ 《第二次劳动大会消息汇志》，《广州民国日报》1925年4月23日，第7版。
④ 《全国第二次劳动大会之召集》，《民国日报》1925年4月19日，第11版。
⑤ 《发起第二次全国劳动大会紧急启事》，《广州民国日报》1925年4月11日，第2版。
⑥ 《全国劳动大会筹备处启事》，《广州民国日报》1925年5月5日，第7版。
⑦ 《全国劳动大会之进行》，《民国日报》1925年4月23日，第3版。
⑧ 《第二次劳动大会消息汇志》，《广州民国日报》1925年4月23日，第7版。

会顺利召开，预先形成专门的草案，统筹此次会议组织工作，并形成大会组织大纲，分为秘书处、宣传处、事务处等。

再次是会议经费、会场准备等筹备工作。此次会议经费预定为4500元，筹备阶段1000元，会议阶段2500元，收官阶段1000元。4500元经费由四大工会各出500元，但计划经费不敷甚巨，于是筹备处在筹款的同时，特请当时国民党中央委员会工农部长廖仲恺认捐1500元，① 最后国民党工人部捐助了1500元，其余1000元由募捐而得。② 还有借用会场一事也要预先经办，计划借用广东省教育会办公场地开会，办事点则要借用市选办事室，这些都要提前与相关单位进行协商。③

筹备工作还包括发出会议通告与做好接待工作。筹备处于开会前，向各工会致电发送召集启事与选派代表注意事项，要求各工会有500至1000会员者派1代表，每超1000人加派1人，于4月27日前在广州正式报到；并强调已加入总工会和联合会之工人以总工会与联合会名义出席，但与会代表要覆盖各分工会与支部，各职业工会则用自己工会名义出席。筹备处事前准备了证书和会员名册等材料发给与会代表，参会时需要携带正式证书与会员名册。同时各工友有提案可交至代表带来。④ 除电报外，筹备处还在广东省工人中宣传此次劳动大会，并派代表分别向省港工团接洽，4月13日刘少奇专门到香港与香港各工团接洽，15日就携海员工会会长谭华泽回到广州。⑤ 筹备处还电

---

① 《全国劳动大会进行续闻》，《民国日报》1925年4月25日，第6版。
② 《全国劳动大会预备会详志》，《广州民国日报》1925年5月1日，第7版。
③ 《全国劳动大会进行续闻》，《民国日报》1925年4月25日，第6版。
④ 《全国第二次劳动大会之召集》，《民国日报》1925年4月19日，第11版。
⑤ 《全国劳动大会之进行》，《民国日报》1925年4月23日，第3版。

函向太平洋工会秘书处与赤色职工国际派员参加。[①] 同时筹备处在《广州民国日报》《申报》《晨报》《民国日报》上连日刊登紧急召集启事，说明开会时间、地点、报到地点与期限及注意事项。[②]23 日已有大批代表抵达广州，除广东和香港外已有二百余代表到达，由于北方路途遥远，北方工会尚未报到，筹备处则去电催促。[③] 总之，筹备处通过各种方式尽力团结各种工会组织，确保大多数工会组织派代表出席此次大会。各参会代表赴广州往返路费由各自工会负责，与会期间的食宿则由筹备处负责，[④] 为此筹备处事先租了广州西湖街公益祥旅馆为代表住宿处，代表们在此报到，报到后每人每日获筹备处发给伙食费银六毫。[⑤]

一切筹备工作井然有序地进行着，为查缺补漏，筹备处于 4 月 29 日还组织召开了第一次预备会议，有六十余工团，百余代表参加。筹备处为方便与熟悉情况，组织代表资格审查委员会，该委员会由地方选出代表组成，筹备处 2 人，海员、汉冶萍、全国铁路总工会、广州、香港、上海、湖北、湖南等地的工会组织各选 1 人组成。[⑥] 预备会议对已做事项和未做事项都进行了说明与讨论。

最后是筹备中同国民党右派、其他工会团体的斗争。当时香港有人散布各种言论，如称"此次大会为中国劳动组合书记部召集"，"汉冶萍与全国铁路尚无正式组织总工之消息，何能发起大会"。筹备处于是立刻向香港工团致函进行详细解释，同时又

---

① 《全国劳动大会预备会详志》，《广州民国日报》1925 年 5 月 1 日，第 7 版。
② 《发起第二次全国劳动大会紧急启事》，《广州民国日报》1925 年 4 月 11 日，第 2 版。
③ 《第二次劳动大会消息汇志》，《广州民国日报》1925 年 4 月 23 日，第 7 版。
④ 《全国第二次劳动大会之召集》，《民国日报》1925 年 4 月 19 日，第 11 版。
⑤ 《第二次劳动大会消息汇志》，《广州民国日报》1925 年 4 月 23 日，第 7 版。
⑥ 《全国劳动大会预备会详志》，《广州民国日报》1925 年 5 月 1 日，第 7 版。

将广州农民运动讲习所的工人班分成7队，赴各工人中进行讲演，解释此次五一节与"广东农民大会"的意义，①以引起各工农群众注意。当时反对派不仅散布谣言，还直接让相关工会组织不要派员参加此次大会。由于当时工会组织复杂，香港、广东两处的工会组织并不统一。香港工团总会是一派，华工总会是一派，还有机器、起落货、煤炭、洋务等工会并无所属。广东工会则广东总工会一派，机器工会一派，虽然这两个工会都加入了受共产党影响的广州工人代表会，但仍是表面上加入。而且香港工团总会和广东机器工会均为此次会议没用自己老资格的名义，而用海员和广州工人代表会的名义发起有些"吃醋"，也由于上海某些反动工会的影响，香港工团总会和广东机器工会虽受邀请却不参会。最后由于香港工团总会"台柱子"本就是海员工会成员（估计是苏兆征），在其要求下工团总会参会，但广东机器工会就仍未参加。②国民党和部分反动工会成立的"全国工团联合会"在上海通知各工会团体切勿参加广州举办的劳动大会。会议筹备处除极力争取各工会组织参会外，在全国劳动大会召开后，劳动大会还在报上刊登说明，解释国民党右派捏造海员总工会、铁路总工会、湖北工团联合会等名义发起的"全国工团联合会"是"欲以破坏我国工人的团结，其处心积虑，为至阴毒"，让工人们不要上当，"不要看轻了我们这次团结的力量，只有中国工人阶级一致的联合起来，可以制帝国主义军阀的死命"。③第二次全国劳动大会积极在各大报纸上进行辟谣，号召工人要团结。

---

① 《全国劳动消息》，《广州民国日报》1925年4月21日，第6版。

② 邓中夏：《中国职工运动简史（1919—1926）》，《邓中夏全集》（下），人民出版社2014年版，第1471页。

③ 《劳动大会之重要通电》，《广州民国日报》1925年5月12日，第6版。

第二节　第二次全国劳动大会的召开

第二次劳动大会最后在广州顺利召开，5月2日举行开幕式，5月7日闭幕，历时6天。这次会议顺利产生大量决议案，成立了中华全国总工会，并代表中国工会加入赤色职工国际。各代表们还参加广州各界人士组织的纪念劳动节的各种游行、集会等活动，整个广州在1925年5月初都沉浸在劳动群众的红色旗帜与高涨气氛中。

一、中国共产党给第二次全国劳动大会的信

在会议召开前夕，中共在1925年4月以中国共产党中央执行委员会的名义给第二次全国劳动大会写了一封信，表达了对大会的殷切期盼。

首先，中央执行委员会在此信中指出国民革命正在高涨的时候，在广州召开第二次劳动大会有着重要意义："中国国民革命潮正在高涨的时候，你们于全世界劳动节'五一'在革命根据地广州，召集了全国工会的代表开第二次劳动大会，这是有重大意义的"。同时提出了中国国民革命运动的世界意义："资本主义者宰制着全世界的无产阶级及全世界的弱小民族，中国人就是被他们宰制的民族之一，可是帝国主义的末运到了，此时全世界的无产阶级及弱小民族，都不约而同的向帝国主义举起了反叛之旗，中国的国民革命运动，就是这个全世界的大运动之一。"

接着，中央执行委员会在此信中表示：在中国国民革命的高潮中只有工农联合的力量才能对付共同的敌人。在所有国民中，最有政治观念与集合战斗力的只有工农阶级，"贿卖国家剥削平

民的军阀及大商买办绅士阶级,不用说都是和国际资本主义者串通一气,与国民革命为敌的。被压迫而濒于破产的学生、自由职业者、小商人,虽然不满现状而有革命的要求,可是他们的政治观念却是模糊的,他们的战斗力也涣散薄弱"。国际资本主义与军阀是工农的共同敌人,他们认为"欲消灭中国的国民革命运动,首先要消灭中国工人农民的势力",因而联合起来一起镇压工农群众的革命运动。他们还会用各种方式进行镇压,"不但用政权、法庭、军队、警察,在外面压迫工人农民的势力发展","并且要雇用一班工贼,在内部破坏工人农民的团结,阻挠革命的知识分子对工人农民同情的援助"。特别是由于害怕工农联合起来有自己的政党会增加革命运动的力量,"他们尤其要严禁工人农民有自己的政党之组织"。

最后,中央执行委员会在信中鼓励与会的工人代表们:"你们所代表的力量是伟大的,你们所负的责任也是重大的,你们的敌人虽然众多而且强有力,只要你们团结起来不断的奋斗,不但中国国民革命的胜利终属于你们,全世界工农专政的胜利也必然属于你们。祝你们团结!祝你们奋斗!"[①]

中国共产党给第二次全国劳动大会的信给二次"劳大"定了调子,反映了中共对于大革命期间工农运动的新思路,对于二次"劳大"有直接指导意义。

二、第二次全国劳动大会代表参加五一纪念大会

第二次全国劳动大会时值五一劳动节,正如时人所说"五一

[①] 《中国共产党给第二次全国劳动大会的信》,中华全国总工会中国职工运动史研究室编:《中国历次全国劳动大会文献》,工人出版社1957年版,第10—11页。

节是一个工人的国际日,一个工人的庆祝的日子,示威的日子,全世界工人会操的日子",①五一那一天正是劳动者们最为重要的表达自己主张的节日。1923年二七惨案发生后,由于政府残暴镇压带来工人运动的消沉,1924年的五一劳动节中国工人并未举办公开的大规模的纪念活动。1925年正值直系军阀政权倒台,工人运动全面复兴,国民革命运动如火如荼,各地工农团体于是积极展开五一劳动节的纪念活动:上海各工团在4月25日召开联席会议商议五一纪念活动事宜,并成立筹备委员会,召集预备大会,筹备五一纪念活动事宜。②不过五一当日的大会与游行示威计划被租界与上海当局以高压手段禁止,最后只在城内召开了大会,示威游行未能如期实现;③武汉印刷工人在当天全体罢工,各团体还有各种纪念活动,如散发传单,青年团体召开大会、武汉学生召开纪念大会等;④湖南各工会团体与学校组织共一万四千余人在长沙举行游行示威;⑤香港工人无法进行公开示威纪念活动,但也发表宣言,提出自己的主张与要求;⑥北京也有五一纪念演讲大会,近五十余家报社发起,预备进行演讲大会,还有工友与工会组织准备进行示威游行,但北京政府让军警严厉取缔与防范,最后在民大成功进行演讲大会,到会者近千余人,还一致决定庆祝广州第二次全国劳动大会与声援上海的大罢工,主张保护童工、青年工和女工的权利,最后工人们得以在中央公园与农事试验场进行

---

① 平林:《今年的五一节》,《民国日报》1925年5月1日,第2版。
② 《各工团筹备五一纪念》,《民国日报》1925年4月26日,第10版。
③ 《上海》,《晨报》1925年5月3日,第3版。
④ 《武汉国民纪念"五一"运动》,《民国日报》1925年5月6日,第6版。《武汉学生纪念五四》,《民国日报》1925年5月8日,第6版。
⑤ 《湖南工人五一游街纪》,《民国日报》1925年5月8日,第6版。
⑥ 《香港工人之五一宣言》,《民国日报》1925年5月9日,第6版。

活动，发送劳动节特刊传单；①广西梧州各行工会的纪念方式更为激烈，开会决议五一劳动节全市工人停工并作示威游行活动，还鉴于《梧州工商报》屡屡诋毁革命政府，发表压迫工人之言论，会议决议五一时去驱逐其报社记者与办事人，毁其印刷机器。②

在全国所有城市1925年的五一纪念活动中，就属广州一地的规模最为壮观，这场纪念活动的盛况与第二次全国劳动大会与广东农民大会举办有关，也与这两会的筹备处早有计划与准备有关。如何利用此有重要意义的纪念节日里展开活动，也是第二次全国劳动大会会议筹备处的重要考量事项。因为广东农民运动如火如荼，已形成四五十处农民协会组织，也拟于5月1日召开大会，二次"劳大"会议筹备处早在4月5日时就称"劳农本属同一阶级，其痛苦初无二致"，"拟与接洽形成密切关系，共同奋斗"。③在4月29日的预备会议上，二次"劳大"代表们审议的议题之一就是即将到来的五一劳动节之表示问题，并议决了几项事宜：一是各工会代表一致同意参加5月1日的劳动节示威运动；二是准备致农工学兵的4种传单；三是通电全国工友和各国团体；四是派贴标语；五是五一晚与广东农民大会代表开工农联欢晚会。④二次"劳大"筹备处还与广东农民大会筹备处一起商议5月1日游行示威活动的具体事宜，向外发出紧急启事："当此资本主义已到登峰造极之时，全世界的无产阶级与被压迫的弱小民族，莫不受资本帝国主义者之压迫与蹂躏，吾国劳动阶级与一般平民皆

---

① 《五一节之北京各界》，《广州民国日报》1925年5月12日，第5版。《昨日各界纪念劳动节》，《晨报》1925年5月2日，第6版。
② 《梧州各行工会之会议》，《广州民国日报》1925年4月25日，第7版。
③ 《召集中之第二次劳动大会》，《民国日报》1925年4月5日，第6版。
④ 《全国劳动大会预备会详志》，《广州民国日报》1925年5月1日，第7版。

应踊跃参加，吾等被压迫阶级因是准备向资产阶级与帝国主义者进攻，以谋农工阶级革命之胜利，及民族解放之成功，兹定于是日各行工友全体停工一天，举行示威游行"。筹备处还要求各团体准备红底白字之标语旗帜，各种口号如下："农工大联合万岁"、"中华民族解放万岁"、"集会结社言论出版罢工自由"、"全国工人大联合万岁"、"铲除勾结帝国主义者军阀资本家之工贼"、"参加国民会议"、"打破包工制"、"救济失业"、"反对厂主自定厂规"、"八小时工作制"、"制止拉夫及封船抽税"、"保护女工童工"、"反对地主劣绅压迫农会"、"规定最高限度之租额"、"反对包农制"、"普及青年农民教育"。[①]同时，此次示威游行得到了国民党的支持，国民党通告农工商学各界及党员，均须参加五一节庆祝，省公署也准咨，并且通告各界五一休业一天，均参加五一盛大游行。[②]

5月1日，大家首先在会场开会，当时会场门首用鲜花砌成红底白字之大横幅，上有"农工大联合"之字样，演说台前布"五一大示威"之红底白字横幅，正中央插一铜制镰斧的红色大旗。四周也围满各种印有"我们目前的要求，集合结社言论出版罢工自由权"、"我们目前的要求八小时工作最低度工资"、"检阅自己的力量向敌人进攻"、"我们的敌人帝国主义军阀资本家大地主工贼"、"我们的力量工农大联合由全国而全世界"、"国民革命万岁"、"中华民族解放万岁"等标语。演讲台下左为劳动大会工人代表席位，右为农民大会农民代表席位。当时操场四周也贴有各种标语，时人称一入其间，"不禁发生一种特异之威"。

---

① 《广州五一节之筹备》，《民国日报》1925年5月4日，第3版。
② 《十日广州电》，《民国日报》1925年5月1日，第2版。

奏完音乐后，国民党中央委员胡汉民发表讲话，宣布开会理由，国民党代表谭平山进行报告，还有劳动大会代表邓培、女工代表孔燕南、农民协会代表、青年军大联合会代表、铁甲军队代表、广东大学校长等进行演讲，都"极慷慨激昂"。演说完毕后，全体出发巡行，他们巡行之路径从广东大学侧门出，由越秀路转惠爱路，向西行出永汉路，折往西堤，转入太平路至西瓜围散队。游行队伍之领队者手托大赤旗，后继之人拉出红底白字大横旗，上书"五一大示威"，"代表五十余万工人群众"，其余者也多手拿红旗，兵士则枪插赤旗，劳动大会工人代表、农会代表为头队，其次工会农会军队与学生。大家沿途高呼："八小时工作"、"打倒帝国主义"、"打倒军阀"、"工农兵联合万岁"、"全世界无产阶级联合万岁"等口号，"声震全市"。观者多到路为之塞，水上大小轮船及各工会门口均燃放炮竹相为呼应。①

当天游行活动景象特别热闹壮观，仅两会的团体代表就有三百多人参加了示威游行，还有青年学生联合会、黄埔军官学校、湘军讲武堂、滇军干部学校、铁甲车队、飞机掩护队，以及广州市各学校与普通市民团体参加，将近十万浩浩荡荡之队伍在五一当天游行示威，②时人称："赤旗飘扬，金鼓喧天，于严肃中表现壮烈气象，诚空前未有之盛况也！"③

白天游行活动结束后，晚上又有工农联欢会，当晚7时劳动大会与农民大会代表在广东大学举行联欢会，青年军人联合会与学生近一千多人济济一堂，开幕时全体高呼"工农兵大联合万岁"、"民族解放万岁"、"全世界无产阶级联合万岁"，奏乐

---

① 《广州空前之"五一"大示威运动》，《广州民国日报》1925年5月4日，第3版。
② 《广州空前之"五一"大示威运动》，《广州民国日报》1925年5月4日，第3版。
③ 《广州空前之"五一"大示威运动》，《广州民国日报》1925年5月4日，第3版。

并一起唱国际歌,歌毕后推定邓少山、苏兆征、梁子光、杨其珊、蔡德昌、廖仲恺等6人为主席。主席推定后首由邓少山说明开会理由,并宣读各界祝词。赤色职工国际代表和廖仲恺分别进行了演说,俄国人加伦也讲了话。① 演说后提出工农兵大联合议案,代表们一致鼓掌欢呼通过。其后农工代表苏兆征等人也进行了演说。演说后有唱歌、跳舞、国技表演、电影,最后茶会上大家高呼"万岁"而散,联欢会从晚7时进行到夜12时才散。②

1925年由于第二次全国劳动大会的召开,使得当年的五一节纪念含有特殊意义而各地纪念情绪也特别高涨,正如时人所称:"全国铁路总工会、海员总工会、广东工人代表团、汉冶萍总工会发起于'五一'纪念日在广州召集第二次全国劳动大会,这实在是我们今年纪念'五一'的一个新意义。因为中国工人从来没有全国统一的组织,在1922年之前第一次全国劳动大会,曾有全国一致联合的表示,却没有达到具体的全国统一组织,就受了军阀的摧残,沉寂下去。我相信这次全国劳动大会一定是谋全国工人更密切的结合与共同的奋斗!"③ 而全国各地燃起的纪念情绪似乎也成为第二次全国劳动大会召开的背景音,预示着第二次全国劳动大会的成功和全国工人运动统一的前奏。

三、第二次全国劳动大会在广州召开

第二次全国劳动大会于1925年5月2日召开,一直到5月7日,历时6天,会议详细进程如下:

---

① 《广州工农联欢大会盛况》,《民国日报》1925年5月9日,第3版。
② 《工农联欢大会详情》,《广州民国日报》1925年5月4日,第7版。
③ 《今年的"五一"纪念:新的意义与新的使命》,《民国日报》1925年5月1日,第15—16版。

5月2日，第二次全国劳动大会第一天，开幕式。由于前日五一纪念活动至凌晨才结束，第二天的会议直至上午12时才正式召开，而且是劳动大会与广东农民大会共同在广东大学大礼堂举行开幕式，除两会正式代表三百余人外，还有青年军人联合会代表、赤色职工国际代表、国民党代表、广东省政府代表以及各界人士共一千余人参加开幕式。宣布开会后，推刘少奇、苏兆征、邓少山为劳动大会主席，邓贯香、廖仲恺为农民协会主席，王一飞为青年军人联合会主席。主席就座后全体起立并高呼"农工兵大联合万岁"、"中华民族解放万岁"、"全世界无产阶级联合万岁"，即奏乐唱国际歌。接着秘书长邓中夏报告工农运动中死难先烈姓名，全体起立纪念先烈与孙中山先生5分钟。主席宣布开会理由，称"今天是全国第二次劳动大会，广东第一次全省农民协会正式开幕，这种大团结，就是表示工农阶级为本身利益开始向帝国主义军阀资本家大地主进攻了，在这次大会里，第一要统一全国工人组织及普遍全国农民组织。第二要促成工农紧密的联合。第三要联合革命的军人及一切被压迫的民众。第四要联合全世界的无产阶级。这是民族解放、阶级解放唯一的力量。"接着宣读来自各团体一百多条的祝词。接着秘书处报告出席代表人数，劳动大会出席代表277人，代表工团165个，代表工会会员54万人。[①]其中上海工会14个，湖南6个，湖北1个，广东92个，还有大连、天津、北京、济南、青岛、淄博、太原、郑州、九江、浙江等十地工会派代表参加。农民协会代表112人，代表广东省22个县21万有组织的农民。报告出席人数后，张国焘报

---

① 根据《第二次全国劳动大会宣言》，参加大会的代表277人，代表全国工人团体165个，代表全国有组织的工人54万。当时各种媒体报道和当事人的回忆不完全一致，本书以《宣言》作为标准。

告"工农联合会的意义",劳动大会代表邓中夏则报告"中国劳动运动状况",主要报告1921年以前、1921年1月—1922年1月、1922年2月—1923年1月、1923年2月—1924年11月、1924年12月—1925年5月五个不同阶段中国的工人运动发展的具体情形。广东农民协会代表报告"广东农民运动状况"。报告完毕后,国民党代表廖仲恺、国际代表奥斯托洛夫斯基、武备学堂代表、军人青年代表发表演说,演说毕后主席致答词,唱国歌,奏乐高呼口号,会后合影。当晚全体代表参加国民党中央党部的欢迎会。[①]

晚6时,国民党中央执行委员会在亚洲酒店二楼宴请工农大会各会代表和军政界高级长官。宴会厅上高悬"收回海关主权"、"取消不平等条约"、"实行国民革命"、"打倒军阀"、"打倒帝国主义"等标语。两会代表三百余人,军政要人有廖仲恺、伍朝枢、朱培德、伍毓瑞、吴铁城、宋子文等共数十人,还有外宾五六人,以及国民党中央执行委员会自秘书以上的所有职员。廖仲恺致辞,对各代表表示欢迎,并"望经此次各代表大会之后,即将吾人此后对于革命之战略计划研究清楚,一致实行革命。今日本会之宴会,无一非由工人之血汗得来,本会应感谢各工人,诸君可勿谢本会!"宴会中代表们纷纷演说,大喊"打倒反革命派及帝国主义",宴会从晚6时一直持续至晚10时才散。[②]

5月3日,第二次全国劳动大会第二天,第二次会议。第二次全国劳动大会在省教育会大厅继续开会。当日会场挂满革命口号的各种旗帜,座位编定好次序。与会代表根据秘书处颁发的出席证,于签到处查验完毕后入席。当天出席会议代表285人,超

[①] 《工农两大会开幕志盛》,《广州民国日报》1925年5月5日,第6版。

[②] 《国民党欢宴工农代表记》,《民国日报》1925年5月10日,第3版。

过法定人数。由主席团推定刘少奇、孙良惠、梁子光轮流担任本次会议主席。首由梁子光宣布开会，依照议事日程第一项由筹备处报告。筹备处筹备员汉冶萍总工会代表刘少奇报告筹备处成立经过、经费筹措方法、支出概况等各方面情形，非常明了。第二由赤色职工国际代表奥斯托洛夫斯基报告世界职工运动状况。国际代表演说完毕后，会议议决三条关于加入赤色职工国际的议案，关于此三条议案，主席宣布用举手表决的方式进行投票决定，全场举手并高呼"全世界工人联合万岁"、"无产阶级革命万岁"。于是表决通过中国工人组织加入赤色职工国际，并致电莫斯科赤色职工国际正式加入。[①]

5月3日，第二次全国劳动大会第二天，第三次会议。下午举行第三次会议。出席代表148人，足法定人数，由主席团推定高秀南、林炳南为此次会议主席。第三次会议主要有3个议程（一）中国劳动状况报告。（二）各省工会代表报告。（三）全国铁路总工会代表张国焘报告、海员总工会报告。会议直至下午5时才结束。会议结束后与会代表参加海员工会欢迎会，还有游园等活动。[②]

5月4日，第二次全国劳动大会第三天，第四次会议。上午8时开会，主席高秀炳、林炳南。当天的会议议程主要有：上海代表团报告、全国铁路总工会报告、汉冶萍总工会报告。上海代表团报告主要内容是上海为中国产业最为发达之区域，有新式产业工人四十余万人，但由于上海租界外国政权的存在，其妨害工人运动的方法更为精密，除与列强有关的工会组织外，其余工会

[①] 《全国劳动大会第二日会议详情》，《广州民国日报》1925年5月5日，第6版。
[②] 《全国劳动大会第二日会议详情》，《广州民国日报》1925年5月5日，第6版。

很难有自由活动之权,所以上海的工人运动发展十分艰难。直至1925年四万人的纱厂工人大罢工后,工人活动较前稍显活跃。上海纱厂已成立工会组织6个,有二万余工人加入,但是也面临资本家的反击。全国铁路总工会代表邓少山的报告,将全国铁路工人从1919年至今的运动分为四个阶段:一、工人觉悟时期,开始作经济斗争;二、组织工会作政治斗争时期;三、为二七失败后反动势力压迫时期;四、为曹吴倒台后至今。其称中国铁路工人有十八万余人,加入工会者有六万余人。汉冶萍总工会代表刘发报告,称汉冶萍是中国最大的产业之一,其产业下的工人占中国有组织的工人十五分之一,因而汉冶萍产业工人的团结奋斗对于中国工人运动占有极其重要的作用。此总工会成立于1922年12月,包括安源路矿工会、汉阳钢铁厂工会、大冶钢铁厂工会、汉冶萍轮驳工会、大冶下陆铁矿工会5个工会组织。刘发最后具体报告这5个工会成立时间、工人运动情形,工友数量发展情况等细节。汉冶萍代表报告完毕后,主席宣布下午召开各种议案审查委员会,并提出"汕头轮渡工人罢工请援"、"青年军人联合会来信请派代表参加组织五七示威巡行"、"琼崖邓本殷借美款三千万元□□□,应通电反对"、"新学生社今晚在广大开游艺会欢迎本会代表,请大众前往",结果一一通过,下午1时才散会。[①]

劳动大会其后果然给美国工会组织致电,声称"美国资本帝国主义,近与广东所属之琼崖匪军邓本殷勾结,在美银行团□订三千万美金的借款合同,收买广东琼州的森林矿产,不惜把你们的血汗金钱给与中国的匪军,以延长中国内乱,阴谋推翻革命政府,屠杀中国农工,将永陷中国民族于不幸之境域",希望美国

---

① 《全国劳动大会会议志》,《广州民国日报》1925年5月7日,第7版。

工人能够在推翻资本主义的战线上一起反对之。①

下午不开大会，召开各种议案审查委员会会议，计有："政治问题委员会"、"经济问题委员会"、"工会组织问题委员会"、"全国总工会章程委员会"、"农工联合问题委员会"。②

晚上由于原定广东大学大礼堂被占用，新学生社改在教育会召开二周年纪念大会，有歌诗、跳舞、演剧等各种游艺，两会代表按原计划参加。③

5月5日，第二次全国劳动大会第四天，第五次会议。上午的会议有5个议程："香港代表团报告"、"广东代表团报告"、"湖南代表团报告"、"湖北代表团报告"、"其他事项"。香港代表梁子光首先报告香港工人运动发展情况，其称香港全部有140个工会，属于工团总会者72个，人数在十八万以上，属于华工总会者有二十余个。工团总会在1922年海员罢工曾宣布同情罢工、尽力援助，大遭港政府之嫉视，以后凡开会俱受警探监视，稍一不慎，即被指为过激派，解送出境，所以香港的工人运动处境较为困难。广东代表冯菊坡汇报广东工人运动发展情形，其称广东工人运动分为：1923年至1924年，为工潮突起时期；1924年到年终为工潮低落时期；1924年终到现在为工潮复兴时期。广东工人运动明显的特点就是派系冲突，主要原因有：一、各工会领袖意见不统一导致工会组织亦不能统一；二、行会制度尚没有打破，工人界限没有革除；三、工运低潮时期散漫的组织未能感觉组织的重要性。湖南代表谭影竹报告，其称湖南工会有两个总机关，一个是工业总会，是行会遗留下来的产物，凡属店主、老板均在

---

① 《全国劳动大会会议志》，《广州民国日报》1925年5月7日，第7版。
② 《全国劳动大会会议志》，《广州民国日报》1925年5月7日，第7版。
③ 《新学生社欢迎农工代表》，《广州民国日报》1925年5月4日，第7版。

这个会里，它不是纯粹工人的组织，在工人运动中是有妨害的。一个是工团联合会，是纯粹的工人组织，有会员41510人。湖南工会运动自二七惨案后，除安源外均进入秘密活动阶段。湖南工人运动的主要对头有高工系的宝步程、甲工系的王光辉及青年会无政府党人等，而且宝步程等还发布了工会组织法企图遏制湖南进步工会发展，为湖南工会所反对而未能成事实。湖北代表袁告成简单介绍湖北工人运动罢工情形，称湖北工团联合会于1922年成立，二七惨案后被封，现时已恢复。

  各代表报告后，主席报告接到汉口及香港转发有张德惠、杨德福等反对此次劳动大会的宣传。这些人用帝国主义者以及军阀污蔑孙中山受俄国收买国民党赤化的方法，指劳动大会是受共产党的利用，不是真正工人团体的代表，并在他们发起的各省区工团联合会将海员总工会、铁路总工会、湖北工团联合会列入。主席通知此信息后，各代表特别是被捏造列入"各省区工团联合会"工会之代表义愤填膺，京汉铁路代表徐宽就说："杨德福、张德惠等，他们是背叛工人阶级，甘充军阀资本家走狗的工贼，他们去勾结段祺瑞、张作霖、叶恭绰图谋个人活动……京汉铁路工会自'二七'失败后即秘密进行，由委员长刘文松及铁路总工会邓少山、孙云鹏、张国焘等辛苦撑持，至于工贼张德惠、杨德福等专以破坏工会为职务，张德惠现在是叶恭绰放他作长辛店的监工，杨德福是张作霖的军事侦探，我们铁路工人誓要割灭这般东西"。海运总工会代表否认《香港晨报》报道，并请代表指示如何对付这般工贼的方法。于是这突发事件使得各地代表纷纷说明各会未参加此所谓的"各省区工团联合会"，并详细指出各地存在的工贼。主席最后做总结，称："工会不随其政治见解，自由加入何党派，无论共产党或国民党，因为工人阶级必须作政治斗争，必须从事夺取政权的斗争，才能得到劳动的完全解放"，并给出4种具体的解决方案：1、各位登报申明反动派的污蔑；2、发起第二次全国劳动大会的四大工会发表宣言揭明真相；3、组织审查工贼委员会将审查结果宣布全国；4、通知国民党请开除反动派工籍的党员，以贯彻国民党革命的精神。秘书处又报告青岛纱厂罢工及广东女子丝厂压迫请求援助文电，大会决定通电援助，并函请国民党共同援助顺德南海各属丝厂女工。①

下午大会继续进行，主席宣告5月5日是"世界无产阶级革命的导师马克思107周年的纪念"，同时也是"民族革命领袖孙中山组织革命政府的纪念日"，于是全体代表在开会之前全体起立默哀5分钟。下午会议议程主要有2个，讨论"工人阶级与政治问题提案"、"经济斗争问题提案"。这两个提案早就在5月4日下午由审查委员会讨论，于是将讨论结果交大会通过。刘少奇报告第一个议案"关于工人阶级与政治问题议案"。此议案主要分为三大段，第一段说明工人阶级的完全解放，只有在工人阶级推翻资产阶级，自己掌握政权之后。第二段说明工人阶级对于民族革命的态度，认定帝国主义及军阀统治下的中国民族革命是唯一的出头，认定工人应该参加这个革命。第三段指出争自由运动是工人阶级前期应做的工作，要做争言论出版自由、集合结社自由、罢工自由的运动，议案一致被通过。王若飞汇报第二个议案"关于经济斗争问题议案"，王若飞说明：1、每一个经济的斗争，同时就是政治的斗争；2、工人阶级的完全解放，只在他寻求政权之后；3、所谓经济斗争，即指目前最近要求的改良运动，

---

① 《全国劳动大会会议详志》，《广州民国日报》1925年5月9日，第7版。《劳动大会声援汕头青岛工友》，《广州民国日报》1925年5月7日，第7版。

这种改良运动不是他们的目标,而只是能向总目标前进的一部分。并详细说明经济斗争改良运动的具体要求。议案一致被通过。接着张国焘有两个提议:1、广东革命政府目前正受帝国主义的抵制,美孚煤油公司和亚细亚煤油公司封油仓,广州发生煤油恐慌,苏联听说后,计划运送大量煤油至广州,约5月7日抵达,届时工人前往欢迎油船到港口,张国焘提议与会代表们也去参加;2、5月7日是帝国主义压迫中国最酷烈的日子,张国焘提议代表们一起去黄花岗和红花岗公祭烈士们。两个建议都获得代表通过。下午的会议直至6时才散。[①]据《民国日报》新闻记录,这次会议还通过了《反对破坏劳动大会工贼案》。[②]

5月6日,第二次全国劳动大会第五天,第六、七、八次会议。根据《广州民国日报》所刊登第二次全国劳动大会的决议案显示,《工农联合的决议案》是1925年5月6日第八次会议所通过的,[③]说明5月6日当日很有可能开了3次会议,不过根据之前一天上下午只开2次会议的惯例,5月6日这一天开3次会议似有些突兀,但各报关于第二次全国劳动大会的报道以《广州民国日报》最为详细与连贯性,此处暂以《广州民国日报》报道为据。但奇怪的是,《广州民国日报》并没有延续此前专栏逐日报道会议详情的惯例,未对5月6日至7日两天的第二次全国劳动大会会议进行详细报道,而《民国日报》《申报》《晨报》等报以往也都会转载刊登《广州民国日报》有关于此次大会各天会议的报道,唯5月6日和5月7日的会议也不见各报,可见《广州民国日报》可能真未对5月6日至7日的会议进行报道。由于缺乏当时报纸的报道,

---

① 《全国劳动大会会议志》,《广州民国日报》1925年5月11日,第7版。
② 《全国劳动大会第四日》,《民国日报》1925年5月7日,第2版。
③ 《第二次全国劳动大会议案汇录》,《广州民国日报》1925年5月28日,第4版。

有关于5月6日会议的内容无法知晓，通过比对最后通过的议案和已知的各日会议内容，大概能推测出5月6日开会通过了《工农联合的决议案》，可能讨论并通过了《组织问题的决议案》《工人教育的决议案》《香港问题决议案》《广东问题决议案》《上海问题决议案》。

当日晚6时广州油业工会开四周年纪念会，以茶会形式欢迎劳动大会与农民协会代表，各来宾进行讲演，均以贯彻"无产阶级革命为言"，一直到晚上10时茶会才散。①

5月7日，第二次全国劳动大会第六天，第九次会议与闭幕式。《广州民国日报》《民国日报》《晨报》等均未见该天关于此次会议与闭幕式的详细报道，仅有《民国日报》上有一则简要报道，该天会议议程主要有：审查工贼名单、选举执行委员会、成立中华全国总工会、通过大会宣言、举行闭幕式。②

5月7日，工农两会之代表等举行了五七国耻日游行示威。广州学生联合会早在5月5日就曾计划5月7日举行游行示威，称"五月七日为日本强迫我国承认二十一条亡国条件之纪念日，即我国最大之国耻纪念日，凡我国民自应卧薪尝胆，誓雪此耻，吾辈学生为智识阶级，固有指导群众之责，尤宜有热烈之表示"，于是提倡在当天举行游行大示威，请各学校学生参加，"以促民众之觉悟"。青年军人联合会也称"革命军人对于此日，尤应有所表示"，"此次中国第二次全国劳动大会与广东省农民协会同时在青天白日旗□下举行，实为中国历史上之重大记载。凡我革命军人，均以拥护革命政府，保障工农利益为□志，自应乘此与

---

① 《油业工会举行四周年纪念》，《广州民国日报》1925年5月7日，第7版。
② 《全国劳动大会末次会议》，《民国日报》1925年5月8日，第2版。

工农群众作亲密携手之表示",并谓工农大会代表也表示同情,故该会要求会员们参加游行示威,也特函请各军加入游行示威。①

上午10时,所有示威人员在广东大学操场集合,全国劳动大会代表团、粤汉铁路总工会、广三铁路总工会等近二百个工会一万多人,广东省农会代表二百多人,以及农民讲习所和农民一千余人,还有军官学校、军校教导团、中央海军等二十余团体四千多人,以及广州各50所学校近一万余人参加,整个操场有近二万余人。当时会场门首悬"五七国耻纪念工农兵大联合示威游行,为争中国之自由独立,反对帝国主义与军阀",工农代表列队站在演说台上,台下则左边为学生,右边为军人。由主席宣布开会理由后,廖仲恺、谭平山、加伦,劳动大会代表刘少奇、徐宽,省农会代表黄学会等相继演说,演说完毕后全体高呼"农工兵大联合万岁"、"打倒一切帝国主义"、"打倒军阀"等口号,开始整队巡行,从文明路转文德路,折右惠爱中路到永汉路,直出长堤,由长堤直行至沙基大街,接着陈塘南、清平街、□衣街、杉木栏、十三行、普济桥、西瓜围。②

从《广州民国日报》报道可见,第二次劳动大会不少代表参加了此次示威游行,而且根据5月5日开会时还曾议决代表们要参加5月7日苏联油船到广州的欢迎会,全国第二次劳动大会第九次会议及闭幕式应该无法在上午正常举行。可能正是因为当天事情众多,原计划5月7日的公祭烈士也推到了第二天举行。

5月8日,全国劳动大会代表公祭先烈。上午9时(另一则新闻又称10时)劳动大会与省农会代表一起前往黄花岗与红花

---

① 《军学界五七纪念大巡行》,《广州民国日报》1925年5月7日,第6版。
② 《"五七"国耻纪念大示威详情》,《广州民国日报》1925年5月9日,第6版。

岗公祭先烈，领队者举着一张红布白字横幅，上书"工农代表公祭黄花岗先烈"，还有军乐前导，工旗飘扬，各工会均鱼贯排列而行，还有不少妇女在其中。①各代表整队慢行，11时行至墓前开祭。各代表就位后脱帽，读祭文，行三鞠躬礼，高呼"烈士精神不死"、"中国革命万岁"、"无产阶级万岁"等口号，接着是报告、演说，公祭至下午1时才结束。②

至此，第二次全国劳动大会圆满结束。

第三节　第二次全国劳动大会的主要成果

第二次全国劳动大会在广州顺利成功召开并圆满结束，其主要成果有：会议产生大量决议案，为中国工人运动指明了斗争方针与方向；成立了中华全国总工会，从上到下推动中国工会组织的统一；加入了赤色职工国际，扩大国内外之工人联合；以及实现工农联合甚至工农兵联合，推动了工农联合运动的进程。

一、成立中华全国总工会

第一次全国劳动大会确定了中国劳动组合书记部作为全国工人的总通讯机关，但二七惨案之后，中国劳动组合书记部已处于不太活跃的状况。为了更进一步团结全国工人，让中国工会运动有一个统一的领导机关，增强工人运动的凝聚力与战斗力，第二次全国劳动大会决定成立中华全国总工会。这是此次劳动大会组织者、参与者与期待者的共同心声，也是中国工人、工会、工运

---

① 《劳动大会致祭先烈》，《广州民国日报》1925年5月11日，第6版。
② 《工农代表公祭先烈》，《广州民国日报》1925年5月9日，第7版。

事业发展的必然结果。5月7日，第二次全国劳动大会代表们正式通过了《中华全国总工会总章》，还选出了25位执行委员，成立了中华全国总工会，并召开了第一次执行委员会议。据称当总工会的章程通过和执行委员会选出时，全场响起"全国总工会万岁"、"工人阶级大团结万岁"的呼号声，呼声"不绝于耳"。[1]大会选出的总工会25位执行委员如下：林伟民、苏兆征、戴卓民、邓培、刘文松、孙云鹏、刘少奇、李森、谭影竹、刘和森、曾西盛、刘公素、梁桂华、吕棠、何耀全、李铃、郑泽生[2]、孙良惠、邓中夏、李成、袁告成、高秀炳、刘俊才、钟伯兰、赵悟尘。当日召开第一次执行委员会会议，当即选出林伟民为正执行委员长，刘少奇、邓培、郑泽生为副执行委员长。总会下设4个干事局，总干事由林伟民兼任，组织部主任为李森，秘书部主任戴卓民，宣传部主任邓中夏，经济部主任孙云鹏。中华全国总工会总机关设在广州，其他相当地方再特设办事处。[3]从中华全国总工会的组织架构及主要领导人来看，林伟民、苏兆征、刘少奇、邓中夏、邓培、孙云鹏等人都是久经工运考验的共产党员，可见中华全国总工会是由中国共产党领导下的主导全国工运事业的指挥部。

中华全国总工会宗旨是为"团结全国工人，图谋工人福利"，章程提出现有的工会组织有总工会者均通过总组合组织加入中华全国总工会，单独工会者则须经过中华全国总工会审查后才能加入。中华全国总工会的主要职责为：1、发展全国工人之组织；2、

---

[1] 亦农：《附录：中国第二次全国劳动大会之始末》，中华全国总工会中国职工运动史研究室编：《中国历次全国劳动大会文献》，工人出版社1957年版，第35—38页。

[2] 《中国历次全国劳动大会文献》将"郑泽生"误录为"郑绎生"，见《大会选出的中华全国总工会执行委员名单》，中华全国总工会中国职工运动史研究室编：《中国历次全国劳动大会文献》，工人出版社1957年版，第31页。

[3] 《中华全国总工会成立后之进行》，《广州民国日报》1925年5月18日，第6版。

整理各工会之组织系统；3、指挥各工会的行动；4、仲裁各工会间或各工会之争端；5、发布全国工人共同奋斗之目标；6、代表全国工人与国际工人谋密切之结合；7、提高工人知识，联络互相感情；8、促进各工会彼此间有效之互动；9、保障工人利益，设法解决救济及职业介绍等事项。

中华全国总工会的最高机关为全国代表大会，每年举行一次，并可举行临时大会，均由中华全国总工会执行委员会召集。各工人团体派赴代表大会之代表额数，由中华全国总工会执行委员会按比例决定。在代表大会闭会时，执行委员会为中华全国总工会最高机关。执行委员会互选正执行委员长一人，副执行委员长三人。委员长不能执行职务时，得由执行委员会重新互选之。执行委员会之下，须组织一干事局，受执行委员会之指挥监督，驻会办理一切事务（干事局干事人选，由执行委员会决定）。干事局下分4个部门：组织部——掌管本会所属各工会之组织事项，并帮助各处无工会组织之工人群众，组织工会；秘书部——掌管本会一切文件收发、统计、报告等事项；宣传部——掌管本会宣传教育工作，并指导工会之宣传教育方针；经济部——掌管司库，司账，庶务等经济事项。各部须设主任一人，干事若干人，由执行委员会斟酌事之繁简选任之。干事局设总干事一人，由执行委员会中之一人兼任，为干事局会议之主席。中华全国总工会执行委员会干事局及其他机关人员，均每年改选一次。

中华全国总工会和其下各工会之间存在相互的责任与义务。中华全国总工会负有管理全国各工会之责，各工会组织也有一定的责任与义务：1、各工会须实行中华全国总工会代表大会及执行委员会决议及命令；2、如一处或一种工人发生为工人阶级争斗时，各工会接到中华全国总工会之通告后，应一致为声势上、经济上、或实力上之援助；3、在同一产业及职业，或同一地域内，如有两个或两个以上同等性质之工会时，应依中华全国总工会之劝告，互相让步，并成一个工会；4、各工会间，如有争端，须直向中华全国总工会控诉，听候仲裁，不得互相攻击；5、各工会对中华全国总工会有不满意时，可直接向中华全国总工会抗议，或向代表大会控告，不得有破坏中华全国总工会的行动或言论。

中华全国总工会的经费：一种是常费。由各工会应按月缴纳，其数目由各工会按比例法认定。一种为特别捐。必要时，经执行委员会决议后得向各工会征收特别捐，当经费发生困难时可向外界捐募。[1]

中华全国总工会的成立意义相当重大，当时中国工会运动状况是工会面临着众多的敌对势力，有国内军阀、资本家、大地主与西方资本主义势力，工会组织内部也矛盾重重。从第二次全国劳动大会所通过的《香港问题决议案》和《广东问题决议案》就可见，当时工会组织内部系统、派别以及门户之见特别严重。[2]从《中华全国总工会总章》中也可见一斑，工会之间必有不少争端与互相攻击之事，所以中华全国总工会既定一仲裁公约，整合各不同工会的力量，协调不同工会之间的利益。中华全国总工会的成立实是当时混乱的工会运动逐渐形成统一的必要步骤，也是第二次全国劳动大会的最显著成果。

---

[1] 《中华全国总工会总章》，中华全国总工会中国职工运动史研究室编：《中国历次全国劳动大会文献》，工人出版社1957年版，第28—30页。

[2] 《香港问题决议案》，中华全国总工会中国职工运动史研究室编：《中国历次全国劳动大会文献》，工人出版社1957年版，第26页。

二、进一步明确工人运动的斗争方向

第二次全国劳动大会涉及工运斗争方针与目标方面的决议案，主要集中于政治斗争与经济斗争、组织建设等方面，从内容上看各决议案受中共工运路线与方针之影响极大。

首先，第二次全国劳动大会旗帜鲜明地强调工人运动要进行政治斗争，并通过了《工人阶级与政治斗争的决议案》。指出工人阶级的目标"是要推翻帝国主义，打倒军阀，实现民族解放，促进世界革命"。①

与第一次全国劳动大会作出在相当期间内中国工人运动只进行经济斗争不参与政治斗争相比较，这是一个特别明显的变化。这种变化的结果与时局的变化有一定关系，1925年政局不定，工人运动掀起复兴高潮，又有国民革命之加持。它同时也与中共工运斗争理论的逐渐成熟有很大关系，在共产国际和赤色职工国际的影响下，中共逐渐就工人运动中政治斗争与经济斗争的关系、阶级斗争与国民革命的关系、党的政治运动与工人运动的关系等方面形成具体的指导原则。中共工人运动中旗帜鲜明的政治主张与目的以及注重政治意识形态宣传、组织与教育使得中共的工人运动在众多工会组织势力当中逐渐胜出，其政治主张得以在工人运动中不断下沉，使中国的工人运动与近代中国的民族解放与国家建构目的日益紧密联系起来。中共变化后的工运方针正是通过主导第二次全国劳动大会而成为影响全国工会运动方向的决议案的主要内容。

---

① 《工人阶级与政治斗争的决议案》，中华全国总工会中国职工运动史研究室编：《中国历次全国劳动大会文献》，工人出版社1957年版，第14页。

在第二次全国劳动大会开会之前，中共党内就已形成统一的认识，中国的工人运动必须要强调政治斗争，各工会组织受其影响下在第二次全国劳动大会中达成共识，并将这一斗争目标与原则写入《工人阶级与政治斗争的决议案》中。《工人阶级与政治斗争的决议案》首先解释了为何工人阶级必须作政治斗争。该议案称"工人阶级每个经济的斗争，同时一定要变成政治斗争"，工人阶级要进行经济斗争，无法避免地最后必然会变成政治斗争，因为当工人们进行经济斗争触犯资产阶级的利益时，资产阶级必然会用国家机关的各种机器来压迫工人的行动。二是工人阶级与资产阶级之间的利益矛盾是"绝对不可"调和的，双方利益之冲突就是"阶级斗争"，调和就是牺牲工人的利益，工人为改良自身的生活状况，那就要进行不断地奋斗，而完全的自由就在于推翻资产阶级的政权实现工人阶级掌权之后。三是资产阶级不仅在经济上也在政治上占据优势，因而工人阶级在进行阶级斗争过程中，无论是争取自由还是争取政权的政治斗争中都要和不分国界省界的各种工人阶级一起团结奋斗。[①]

除阶级斗争与争取掌控政权以进行政治斗争外，就中国目前帝国主义与军阀统治中国的情况，"民族革命是唯一的生路"，于是《工人阶级与政治斗争的决议案》花了很长的篇幅解释工人为什么要参加民族革命运动。决议案称中国的无产阶级既要推翻资本主义，与此同时殖民地与半殖民地的无产阶级还要受帝国主义的压迫，所以中国无产阶级必须要参加民族革命运动推翻帝国主义。并分析工人阶级不只要参加民族革命，还要获取民族革命

---

① 《工人阶级与政治斗争的决议案》，中华全国总工会中国职工运动史研究室编：《中国历次全国劳动大会文献》，工人出版社1957年版，第12—13页。

的领导权，领导广大人民群众进行民族革命，民族革命才能成功。决议案分析了民族革命中工人阶级为何能获取领导地位：民族革命本来是各阶级共同参加的，但是中国资产阶级中最为主要的是买办阶级，完全为帝国主义所养成，所以不但不革命，还是反革命的。而其他一部分工业资本家和商业资本家直接或间接受外国资本之支配，有一定的革命性，但另一方面他们见工人阶级革命发展的危险性，因而反而与帝国主义勾结，阻碍革命运动的发展。城市的小资产阶级虽然具有革命性但又没有集中的战斗力。决议案还强调不仅帝国主义，军阀也是工人的主要敌人，所以工人为了自身的解放，必须要担任民族革命的急先锋。[1]

那么，在国民革命中与各阶级联合斗争的新形势下，工人阶级如何看待自己和资产阶级的关系，如何坚持自己的阶级性和阶级斗争目标，都是中共特别注意的方面。早在中共四大时就主张工人运动的发展与国民运动的发展是成为正比例的，阶级斗争与国民运动是相互促进的关系。中共在广东过去一年来的实践经验更是验证参与国民运动不能忽略阶级斗争，因为国民革命日益高涨，中国资产阶级与工人阶级的斗争亦日益厉害，各地出现工贼、黄色工会、资产阶级用更厉害的方式对待工人阶级的现状，所以更要求中共在进行工会运动时不仅要组织工会还要进行党的政治活动以免陷入工会主义。职工运动和政治活动要不分轻重地同时进行。[2] 因而《工人阶级与政治斗争的决议案》强调工人阶级一方面要协力反抗更大的敌人帝国主义和军阀，但同时要森严工人

---

[1] 《工人阶级与政治斗争的决议案》，中华全国总工会中国职工运动史研究室编：《中国历次全国劳动大会文献》，工人出版社1957年版，第13页。

[2] 《对于中央执行委员会报告之议决案》，《中国共产党第四次全国代表大会档案文献选编》，中共党史出版社2014年版，第6页。

的阶级性，注意不可和其他阶级混合，以免被资产阶级牺牲和出卖。国民革命中要保证工人阶级的利益放第一位，"必须保持阶级的本色，指引革命的出路，引导革命到底"。[①]

此外，工人阶级政治斗争总目标的实现需要很长时间，而争集会结社罢工等政治权利是改善工人阶级目前生活、树立工人阶级政治势力，实现最终目标的第一步。这些政治斗争的目标虽然急迫，但打倒帝国主义和军阀才是终极目标，在进行这些政治权利斗争的同时一定不能忘记终极目标。[②]

其次，第二次全国劳动大会还就工人阶级的经济斗争作了具体的规划，形成了《经济斗争的决议案》。第一次全国劳动大会在经济斗争层面就只涉及八小时工作制，第二次劳动大会很显然对中国工人生活状况的实际情形有了更为深入的了解，同时也对欧美日等西方国家工人工资、福利等标准有一定了解，于是在为改变中国工人待遇的基础上参照西方标准相应制定出更为完备和具体的经济斗争目标。

该决议案首先解释经济斗争与政治斗争的关系，称虽然劳动的完全解放在于工人阶级推翻资本主义制度和执掌政权，但是在目前中国正处资本主义组织、工人阶级劳动条件极其恶劣的背景下，为了保存工人阶级的健康与生命，以及增加工人阶级的力量，"不否认为改良劳动待遇条件，增高工人生活程度，以及部分的要求，而实行最激烈最坚强的斗争"。但又强调虽然不否认经济斗争，不否认目前要求的改良运动，但是对于改良性的斗争仍坚

[①]《工人阶级与政治斗争的决议案》，中华全国总工会中国职工运动史研究室编：《中国历次全国劳动大会文献》，工人出版社1957年版，第13页。

[②]《工人阶级与政治斗争的决议案》，中华全国总工会中国职工运动史研究室编：《中国历次全国劳动大会文献》，工人出版社1957年版，第14页。

持只能将其视为实现总目标的手段之一而不能当成总目标。

决议案接着就经济方面提出了具体的斗争目标：

1、按照中国各地生活情形，规定最低限度的工资。本来资本家发给工人工钱的标准，是按照工人生活必需品价值而定，应该能够工人恢复劳动力，维持子嗣之用。即使如此工人也已受了极大的剥削，工人所产生并不止其所受的报酬，工人的许多劳动并没有获得报酬就成为资本家的利润而进入他们的荷包。本来工人们应该争取最低限度以上的工资，但是中国工人连最低工资都不能满足，上海纺纱工人的工资是日本纺纱工人的三分之一，近来物价提高工人待遇更是苦不堪言，所以"要求按照各时生活情形规定最低限度的工资一事，应成为我们目前应进行主要工作之一"。

2、八小时工作制的规定。每个工人最大限度的工作能力是8个小时，而中国工人每天工作时间长达12—18小时，因而中国工人应与各国工人一样争取八小时工作制，与此同时要注意的是，在进行此经济斗争时争取工作时间要缩短而工资却不能减少。

3、反对一切虐待。在中国资本家视工人如牛马无异，随意拳打脚踢，私刑拷打，工作中各种如厕之限制，下工时搜身之惯例等等，这些都要反对。

4、女工童工之生活改善。中国工厂里有许多女工童工，女工们的工资既低于男工，童工们更是有只有6岁却要站着做工12个小时以上的情况，情形特别恶劣。所以决议案主张：（1）禁止妇女与不满13岁者做有损健康之特别困难与危险以及地穴下面的工作；（2）绝对不许怀孕与哺乳的妇女做夜工及特别强度的工作；（3）妇女在产前产后有8星期的休息并照领工资；（4）怀孕及哺乳之妇女，于普通规定的休息时间以外，并须补足其哺乳小孩的时间。哺乳相隔的时间，每次不能超过 3.5 小时以上，且每次哺乳不得少于半小时；（5）绝对禁止使用童工做夜工；（6）每日工作 6 小时，每周须有继续 42 小时之休息；（7）不得克扣工资；（8）女童工与成年工人做同样工作时，须得同样的工资；（9）为童工设立免费的平民学校。

5、劳动保护与社会保险。中国国内工厂设备极其不安全，如 1924 年上海丝厂发生大火就烧死工人数百人，更有平日因环境不洁造成的肺痨疫症和各种工伤，工人均无任何保障。因而决议案主张：（1）一切企业机关，应设法消除或减少于工人身体有害的工作及生产方法，并当预防不幸的事情的发生，极力注意工厂卫生与防疫事宜；（2）对于从事于有危险健康的工作之人，工人须供给他以种种抵抗危险的服装、用器、消毒材料等；（3）应实行社会保险制度，使工人于工作伤亡时，能得到赔偿，于疾病失业老年时能得到救济。

6、取消包工制。中国的工厂里，资本家将工作包给工头，工人须向包工头请工作，工人多受一层之剥削。

决议案主张中华全国总工会成立后定要具体指导所属各处工人们尽量利用一切机会争取以上这些权利，同时在斗争中又要注意以统一的行动，在各地方援助下展开有组织的罢工活动。[①]

第三，为有效地进行政治斗争与经济斗争需要有效的组织和觉悟更高的工人，因此大会还通过了《组织问题的决议案》《铲除工贼决议案》《工人教育的决议案》。第一次劳动大会主要讨论了以产业工会来组织工会的问题，第二次劳动大会对工会组织

---

① 《经济斗争的决议案》，中华全国总工会中国职工运动史研究室编：《中国历次全国劳动大会文献》，工人出版社 1957 年版，第 14—17 页。

问题涉及的组织内容更为丰富，包括组织、工作内容、宣传、工会干部、工人教育培养等方面。

《组织问题的决议案》称"工会是工人阶级最宽泛的群众组织，它必须使所有的工人加入"。决议案对于组织工人进行具体指导：1、指出工会的组织形式不仅要符合中国工业发展的程度，也要符合中国的政治环境、文化程度以历史特点与工人阶级的习惯与特点。而中国国土辽阔，各省政治经济环境不一，因而中国可以有不统一的工会组织形式，可以斟酌情形采取产业工会形式也可以采取职业工会形式，行会工会则要尽可能改进到新式工会。2、由于只有广东省工会活动比较自由，各省政治情形不一，可以多利用办夜校、协作社等公开的机会去做工会运动的工作。3、关于工厂支部的问题，在小的或不能公开工作的企业，可以设立工会的全权代表，大的企业内则设置工厂支部。工厂支部达几十至几百时，则要根据工会会员个数设立相应代表，组织办事机关，代表们要与群众保持紧密的联系，通知、报告工会的工作，宣传工会的利益并动员工人加入工会。地方上的工会要联合起来，组织地方的机关，选举执行委员，每年至少开一次大会。4、工会的职能是为工人的政治、经济权利进行斗争，同时要收取会费，储蓄资金以备罢工与补助医药费，还要关心会员的阶级教育，开办学校与短期讲习所。5、强调工会的阶级性，组织的形式可以多样，但性质一定要有阶级性，工作内容与教育内容都要具有阶级性。6、工会工作要善于利用劳资的各种冲突进行宣传。7、在力量有限的前提下，将现有力量主要集中在铁路、海员、内河、码头运输工人，矿山、纺织、缫丝、烟草、印刷等产业工人工会的工作，在地域上则主要以天津、北京、上海、武汉、青岛、大连、长沙、广州、香港、澳门等重要城市的工会工作。8、同时要重视工会干部的培养，大会结束后，必须在大的城市与产业中心开短期的补习学校，培养工会运动的人才，造就更多的领导分子。①

《铲除工贼决议案》列举了全国各省 19 名有代表性的工贼宣示于各工会，并编撰工贼罪恶的小册子宣告于全国各工会，还要求成立工人自卫团，以武力对付工贼的破坏。②

《工人教育的决议案》则说明教育工人的目的与方法。该决议案称"为使工人运动之发展，组织之坚固，斗争力量之强大，在工人中教育宣传是非常重要的，所以我们对于工人教育也是非常重视的"，决议案指出工人教育之目的有二。其一在于"促进阶级觉悟"："工人阶级所以能战胜资产阶级，就在他有阶级觉悟，有觉悟然后知道团结组织，知道如何去斗争"。因此决议案提出在进行工人教育时施行的方针应该是虽然教育一面要注意他们日常生活的需要——识字常识，但同时也要注意用这些日常生活常识材料说明他们生活困苦与社会罪恶的原因结果以唤醒其阶级觉悟，决议案称这是"无产阶级教育的极重要的原则"，也是无产阶级教育的"生命"。一切无产阶级的教育，一切教育时所用的解释、教育、训育等方式都要站在无产阶级的观点上、不可违背阶级意识，以促成阶级觉悟。其二为"训练斗争能力"：在罢工中当工人阶级与资产阶级发生冲突或工人阶级受资本家残害时，利用这些机会增加工人觉悟，在这些事件中做教育宣传的工作以激发他们阶级斗争的勇气、训练他们作战的能力，"如何要有团体？如何服从纪律？如何要有领袖？如何窥察敌人的情形？如何

---

① 《组织问题的决议案》，中华全国总工会中国职工运动史研究室编：《中国历次全国劳动大会文献》，工人出版社 1957 年版，第 18—20 页。

② 《铲除工贼决议案》，中华全国总工会中国职工运动史研究室编：《中国历次全国劳动大会文献》，工人出版社 1957 年版，第 23—24 页。

观察时势的变化？如何应付危险的局面？如何解决困难问题？如何要有国际的联合？如何要携着农民共同奋斗？"在实践中回应与解释这些问题来训练工人实战能力并提高其觉悟。对工人可以通过工会、工人补习学校、工人子弟学校、工人阅书报社、开会讲演、化妆演艺等形式展开工人教育，并仍强调工人只有在夺取政权之后，才能得到充分的知识教育。①

三、提出工农应实现大联合

扩大工人联合之力量，实现工农联合甚至工农兵联合，是第二次全国劳动大会的重要成果，推动了工农联合运动的进程。

早在第二次全国劳动大会之前，邓中夏等人就提出工农联合的问题，其称："还有一个重要问题也要在大会里讨论的，就是'工农联合问题'。"邓中夏解释工农联合的基础，首先是中国农民自近代以来颇受压迫，反抗不断，农民们有参加国民革命的需求。他指出从资本帝国主义武力强迫中国销售外国工业品以来，农民破产和失业的速度非常迅速，辛亥革命后，帝国主义所扶植的军阀战争连年不息，贪官污吏之横征暴敛，地主劣绅之鱼肉把持，以致农民生活愈益困难，失业愈益普遍。他认为从1900年的义和团运动到现在的土匪流窜，都是农民群众在帝国主义、军阀政治、重租、苛税、高利贷等不同重压下的反抗。其二是近来农民运动进入更高发展阶段，工农联合有联合的基础。湖南、山西、广西等省的农民运动已由原始的自然的农民反抗运动而进入于经济组织的政治斗争，广东已有组织之十六万农民群众，这些

---

① 《工人教育的决议案》，中华全国总工会中国职工运动史研究室编：《中国历次全国劳动大会文献》，工人出版社1957年版，第24—25页。

迹象都显示农民是中国国民运动中的重要成分。农民们有了和工人一起进行政治斗争的需要与基础,工人要取得国民革命的成功,就要系统性地帮助农民的政治与经济斗争,也只有这样才能在国民革命中获取领导地位。①

在实际中,工农联系也特别紧密,邓中夏称当时全国第二次劳动大会与广东省农民协会商议决定开联席会议,讨论共同奋斗问题。②第二次全国劳动大会筹备处与广东省农民协会筹备处早有联系,一起召开筹备会议,此后两会代表们不仅在5月2日共同举行了一个开幕式与联欢会,还一起参与了广州的五一劳动节游行示威活动、五七国耻日纪念活动和各种官方民间的欢迎会,他们在游行示威中一起举着"工农联合万岁"的旗帜与横幅,在各种场合中一起喊着宣扬工农联合的口号,也揭示着此次工农联合的事实。且广州的五一劳动节游行示威活动、五七国耻日纪念活动不仅有两会代表、工人、农民,还有大量学生、军人一起参加,不仅是工农大联合、工农兵大联合,还是工农学兵的大联合。

在各种集会、宴会、会议演说中,工农代表们皆不断宣传工农大联合的意义和口号。如五一示威游行完毕后当晚举行工农联欢,在联欢会上赤色职工国际代表奥斯托洛夫斯基进行了演讲,其首先指出中国工农联合于世界革命的意义:"我们无产阶级是到处不分国界的,因为我们受资本主义之压迫痛苦都是一致的,此次工农大联合,在中国革命史上有重大意义,我们赤色职工国际对此非常注意,中国目前的工作,自然是国民革命,打倒帝国

---

① 邓中夏:《劳动运动复兴期中的几个重要问题——贡献于第二次全国劳动大会之前》,《中国工人》第5期,1925年5月,第54—55页。

② 邓中夏:《劳动运动复兴期中的几个重要问题——贡献于第二次全国劳动大会之前》,《中国工人》第5期,1925年5月,第54—55页。

主义与军阀，这个革命不但是中国民族解放运动，而且即是世界革命"。紧接着他指出一战后世界革命形势的变化："第一是欧洲大战，帝国主义自身起了变化，第二是俄国大革命，无产阶级夺取了政权，……其次欧洲工人从前多为资本家所麻醉，无产阶级的觉悟，但自大战后，各国发生经济恐慌，失业恐慌，于是工人亦觉醒过来，企图夺取工厂，以至于夺取政权，不仅俄国已成功，就是各资本国的工人亦有此进步的倾向，如最近英俄职工携手便是明证，这两种现象皆予帝国主义以致命的打击。"中国无产阶级亦在欧战与俄国十月革命影响下惊醒，他指出中国惊醒，印度、土耳其、埃及等亦一并惊醒，并给中国打气："中国同志不能忘记其地位与实任，要更加努力前进，无产阶级的团结是一个，没有两个，要彼此相亲相爱，与世界一致联合，这才是打胜仗的保障。同志们，前途是很可观的！"最后，奥氏再次强调此次全国劳动大会工农联合的意义："此次工人农人在广东开会，实行携手，实行联合向敌人进攻，不但保证中国革命之成功于不能成功……现在我们已有此工农联欢会之盛会，证明中国工农有很大团结，只有这样一直奋斗，才能达到革命的成功。"①

5月2日，在第二次劳动大会与广东农民大会联合举办的开幕式上，张国焘特别作了"工农联合会的意义"的报告，略谓"工农联合会的意义是很简单的，就因社会分成两大阶级，一是压迫阶级，一是被压迫阶级。帝国主义、军阀、资本家、大地主是压迫阶级，工人、农民以及一切劳苦人民是被压迫阶级，工农同为被压迫，所受压迫者的压迫是没有两样，我们工农的经济地位与痛苦是没有两样，我们工农的敌人是没有两样，所以我们是天然

---

① 《广州工农联欢大会盛况》，《民国日报》1925年5月9日，第3版。

同盟军，我们要共同起来打倒我们的敌人"。赤色职工国际代表奥斯托洛夫斯基也发表演说，介绍世界农民运动发展情况。称由于农民生活与工人生活不同，不是和工人有成千整万在一块，再者统治者不容许农民有知识并对农民暴动加以压迫及摧残，因而农民运动虽然比工人运动历史要长久，但农民的组织到近几年才发生。现在农民已觉悟了，国际上有个农民的组织叫作"农民国际"，不仅知道和城市工人一致合作，而且知道与全世界的工农联合共同革命。他最后又激励大家："资本家大地主看到农民和工人联合的力量非常害怕，同志们，现在是资产阶级和无产阶级争斗的时期，无产阶级要完成世界大革命，农民更应有促成此责任。同志们！举起大旗来！我们工农联合前进，不独在广东如此，在全国亦须如此。"①

从上可见，第二次全国劳动大会一直处在强调工农联合的舆论与宣传语境中，工农代表们在会议中也是同声同气，共同出席各种纪念活动与集会，体现工农联合的和谐与步调一致。第二次全国劳动大会将工农联合与工农兵联合写入决议案中，形成《工农联合的决议案》《工农兵大联合的决议案》，明确工会运动的各阶级大联合。《工农联合的决议案》称："无论在哪一国，农民总是占大多数，至少农民也是经济上一个主要势力。他们所受的压迫，不减于工人阶级，或且还有过之，因此他们在现存制度下，也是一部分革命的势力"。工人阶级想要推翻现存制度，就必须要结合反对现存制度的一些革命势力，因此工人阶级应该努力寻找同盟者，中国农民占全国人口总数75%，再借鉴外国凡是失败的革命均是没有得到农民的援助或农民势力掌握在资产阶级

---

① 《工农两大会开幕志盛》，《广州民国日报》1925年5月5日，第6版。

手中，因而"无产阶级倘若不联合农民，革命便难成功"。此决议案认为政治的中心往往在城市，因而工人阶级斗争的中心也重在城市，工人阶级要领导农民参加这个斗争。而要实现工农联合，需要：1、工人在其回乡村时，或在其工作附近地之农村，均应向农民宣传并帮助他们组织农民协会；2、工人农会之间，得互派代表；工会应设法提携农会进行，并助其发展经济的组织，如合作社等；3、农民如发生经济上或政治上的斗争，工会应领导工人为实力的援助。[①]

大会还通过了《工农兵大联合的决议案》，此决议案于五一纪念日当天晚上举行的工农联欢会上提出："今晚（五月一日）全国劳动大会全体代表，广东全省农民协会代表，革命军人代表，学生代表，广州市工界代表在广州举行盛大之联席会议，一致认定打倒军阀和国际帝国主义的革命、解放劳苦群众的革命只有工农兵一致团结才能成功，全国工农兵联合万岁，中国革命万岁，全世界革命万岁，打倒帝国主义，打倒军阀！"代表们一致鼓掌欢呼通过。[②]

四、正式加入赤色职工国际

一战前后西方各资本主义国家开始施行一些改良性质的社会主义政策，因此在国际上有一个"国际职工协会"，机构设在荷兰的阿姆斯特丹。而俄国革命成功后也设立专门领导第三世界工人革命的"赤色职工国际"。这两个机构宗旨不一，在远东地区也形成争夺工会领导权的局势。受中共的影响，第二次全国劳动

---

① 《工农联合的决议案》，中华全国总工会中国职工运动史研究室编：《中国历次全国劳动大会文献》，工人出版社1957年版，第20—21页。

② 《工农联欢大会详情》，《广州民国日报》1925年5月4日，第7版。

大会最后决议表决中国工会加入赤色职工国际。

国际职工协会与赤色职工国际在宗旨上有非常大的差别：1、在对内政策上，国际职工协会主张通过温和的方式改良工人的政治与经济环境，并不主张通过反对、推翻政府的方式获得工人阶级掌权，他们认为"一动不如一静，政府是好是歹，他总是一个政府，不好对于自己的祖国反抗"。赤色职工国际则主张通过反对、推翻政府的方式获得工人阶级掌权。2、在对外联合上，国际职工协会并不主张国际工人运动的联盟，他们主张各国的国家利益，特别是一战以来国际职工协会中各国工会本着自身国家利益立场而争端不停，根本无法认同赤色职工国家的联合战线主张。而赤色职工国际主张世界工人同盟，在1921年革命高潮时主张全世界无产阶级联合起来，"我们和你们的根本主张是不同的，我们主张无产阶级专政，你们反对；我们主张革命，你们主张妥协。但是我们和你们的主张也是有些相同的，如八小时工作制，维持工资及工人已得的利益。我们要求在这个基础上，大家齐来建立联合战线与资本阶级作战"。所以总结起来，国际职工协会和赤色职工国际，前者主张改良运动，后者主张革命运动。①

两个国际工会组织都曾试图在远东展开活动，但国际职工协会本身对外就不主张国际工人的联盟，因而不甚积极，不及赤色职工国际对远东工会运动的影响力。国际工会联合会（赤色职工国际前身）在1921年1月就曾派遣一名俄国人到中国，负责赤色职工国际和上海中国共产党之间的联系。它1921年7月改名为赤色职工国际后，也十分注意"在殖民地及半殖民地国家的工

---

① 《赤色职工国际与国际职工协会》，《中国工人》第3期，1925年1月，第8—15页。

人运动"问题，其在第三次会议上专门讨论此问题，提出"在近来中东及远东的民族，受着欧美帝国主义的被迫，已转向于新的生活。我们对他们的生活程度之高低及工人嗜好等情形，知道极少，从此以后必得集合各职工运动的分子建立东方问题的研究会，详细讨论最偏僻而最受压迫的殖民及半殖民地国家的实情，除此之外，并须召集特别会议与落后的殖民地以内的工人运动交换经验"。①

中共成立之初就与赤色职工国际有所联系。早在召开第一次代表大会之前，中共党员就在赤色职工国际指导下考虑设立统一职工运动领导组织的问题，并已制订好了中国劳动组合书记部的行动纲领和具体实施方案。所以中共一大召开后，劳动组合书记部即正式成立，并发行了自己的宣传刊物《劳动周刊》。②显然，在1925年第二次全国劳动大会前中国工人虽并未加入赤色职工国际，但中共成立伊始其工会运动就已受赤色职工国际所影响。

赤色职工国际为中国工人运动制订出了国民革命的具体策略与规划。它于1924年8月在第三次大会上指出远东工人运动的新形势，即西方国家与东方国家均陷入严重经济危机当中，"资产者为自卫计，勾结欧洲帝国主义，故民族运动一时甚形失势，而东方劳动阶级之运命，遂入于阶级与民族自由之两重争斗中矣"。于是，赤色职工国际也改变在东方事业的策略，"即从事东方无产阶级之阶级与民族自由的奋斗"。具体策略就是：

---

① 赤色职工国际总书记罗若夫斯基著，关世译：《国际工人运动与职工国际第三次大会》，《中国工人》第2期，1924年11月，第37—38页。
② 见《驻赤塔赤色职工国际代表斯穆尔基斯的信件摘录》（1921年10月13日）和编者注释考证，中共中央党史研究室第一研究部编：《共产国际、联共（布）与中国革命文献资料选辑》（1917—1925），北京图书馆出版社1997年版，第219—221页。

"此即少数城市无产者，应与多数小技术工匠及无产农民联合，在一党或同盟或联合委员会之一定组织下，共同合作：盖日本中国埃及等国中，无产农民及小技术工匠为较多也。总之，东方劳动运动之初期已过，目前所需者，乃一巩固之革命组织，以争集会权罢工权为农工共同战之具体及实际口号。"并要运作无产农工一切可用之方法，使此革命团体与大多数国民愈为接近。①

第二次全国劳动大会做好了加入世界工人阶级联盟的准备，在5月1日就让赤色职工国际转世界各工会及革命团体，展示中国近来在压迫下的积极奋斗："在帝国主义军阀资本家几层压迫之下的中国工人阶级，有觉悟的组织起来，备尝艰辛与压迫阶级奋斗，已经好几年了。现在我们全中国工人阶级的代表，当国际工人阶级向其死敌资本家示威的五一纪念日，在广州举行第二次全国劳动大会，同时并与有组织的二十余万农民的代表举行联席会议，实行图谋全中国农工阶级的大团结，我们深知劳动阶级要达自己的解放，只有自己积极的组织，积极的奋斗"，表明与全世界无产阶级团结起来的斗争决心："帝国主义是一整个的经济系统，欧美日本各国的无产阶级，假若不与东方各殖民地半殖民地国家的被压迫劳苦群众很坚固团结起来，不能根本的推翻帝国主义，我们要实行全世界无产阶级和被压迫的劳苦群众的大团结，全世界无产阶级和压迫的劳苦群众团结起来，（打）倒帝国主义，打倒一切反动的力量，推翻资（产）阶级的黄色职工国家的首领，铲除法西斯等，全世界职工运动统一万岁！全世界无产阶级革命

---

① 《赤色职工国际之东方策略》，《中国工人》第1期，1924年10月。

万岁！"①

第二次全国劳动大会特别邀请赤色职工国际派代表全程参加会议。在5月3日上午第二次全国劳动大会第三次会议上，赤色职工国际代表奥斯托洛夫斯基就作了一个报告，他主要报告世界职工运动状况，痛数国际职工协会欺负工人阶级、帮助资产阶级的种种事实，指出国际职工协会不革命的改良的妥协的政策，与莫斯科赤色职工国际革命的彻底的不妥协的政策根本相反，当其演说至此，全场"掌声如雷"，一起高呼"打倒工贼的黄色职工国际，赤色职工国际万岁！"国际代表演说完毕后，会议议决三条议案：

1、"读了赤色职工国际代表报告之后，我们知道世界上有两个大本营也，一是资本阶级的大本营，也是压迫阶级的大本营，以美国为首领。一是无产阶级的大本营，也是被压迫民族的大本营，以俄国为首领。中国劳动群众自然应是无产阶级和被压迫民族的大本营中的一部分。"

2、"亚穆士特'并'（应为'丹'，应是报社编排错误）黄色职工国际为改良派首领所把持，专门勾结资产阶级，欺压工人阶级，确系欧洲工贼的巢穴，中国工人阶级应与全世界工人阶级一致反对之。"

3、"赤色职工国际团结了全世界各色人种的工人，确能真实的为全世界工人奋斗，为全世界的工人指挥的机关，中国工人阶级，此后应强固自己的组织，加入赤色职工国际并'拥戴'（油印字体不够清晰，应是'拥戴'）他的一切政策。"

关于此三条议案，主席宣布用举手表决的方式进行投票决

---

① 《第二次劳动大会之通电》，《广州民国日报》1925年5月1日，第7版。

定，全场举手通过并高呼"全世界工人联合万岁"、"无产阶级革命万岁"。最后决定要致电莫斯科赤色职工国际称，中国工人组织正式加入赤色职工国际，此为"中国工人加入国际组织与世界工人联合开始，在中国劳动运动史上，世界革命史上，均有极大之价值"。①

对于中国工人组织加入赤色职工国际，各方评价相当高，时人就说："加入赤色职工国际的议案有很重大的历史意义，读者诸君看此议案，不仅可知中国的工人阶级已经有全国工人阶级大团结的觉悟，同时有世界的觉悟。他们深知现在是帝国主义的时代，帝国主义是整个的社会发展的历史过程中的经济系统。在帝国主义之下，阶级斗争的形式更加简单。当这两个阶级斗争剧烈，资本主义根本发生动摇时，各国的资产阶级相互间纵有不可调和的矛盾，他们都联合一致来抵抗无产阶级，这是有许多历史的事实可以证明的。因此无产阶级要根本推翻现存的社会制度非有全世界的团结不可。在这个议案里面，还很鲜明的反对亚姆斯特丹黄色职工国际破坏全世界职工运动之统一"。②刘少奇在后来第三次全国劳动大会上作的《一年来中国职工运动的发展》报告中，在总结第二次劳动大会前后工人运动的状况和第二次大会的意义时，就指出中国工人加入赤色职工国际之重要意义在于"中国工人阶级与世界工人阶级发生正式关系自此始。中国工人阶级从此即得了良好亲挚之助友。"③

---

① 《全国劳动大会第二日会议详情》，《广州民国日报》1925年5月5日，第6版。
② 亦农：《中国第二次全国劳动大会之始末》，中华全国总工会中国职工运动史研究室编：《中国历次全国劳动大会文献》，工人出版社1957年版，第36—37页。
③ 刘少奇：《一年来中国职工运动的发展》，中华全国总工会中国职工运动史研究室编：《中国历次全国劳动大会文献》，工人出版社1957年版，第50页。

第四节 第二次全国劳动大会的影响

刘少奇在第三次全国劳动大会召开时，曾总结出第二次全国劳动大会的影响："至于第二次劳动大会在中国职工运动中之影响，也非常重大。我们在第二次大会中对于革命的工作，奋斗的方针，已经确定了。这次大会的精神，各代表都带到各地方尽量宣传，把大部分中国工人都影响遍了。因为有此关系，所以中国职工运动的潮流，已高涨至相当程度，在'五卅'运动中，工人阶级能领导社会各阶级走上反帝国主义的道路，省港大罢工能即刻实现，广州、香港工会组织之能进行统一，可说是第二次劳动大会影响之结果。"[①] 总结起来，第二次全国劳动大会的影响主要有：1、党工运方针影响的扩大化；2、第二次全国工运高潮形成；3、有助于全国工运组织与运动的统一。

一、党工运方针影响的扩大化

正如刘少奇所言，各工会代表回到地方后立即对第二次全国劳动大会会议过程与议案精神进行宣传，如海员工会上海代表回到上海后，在欢迎代表回沪之会议上详细报告第二次全国劳动大会的经过和决议案。[②] 香港"理发焕然工社"代表回到香港后，也在工友大会上详细报告出席第二次全国劳动大会经过情形，此工社立即酝酿出加薪之计划。[③] 因而，第二次劳动大会所确定的

---

① 刘少奇：《一年来中国职工运动的发展》，中华全国总工会中国职工运动史研究室编：《中国历次全国劳动大会文献》，工人出版社1957年版，第50—51页。
② 《海员工会支部欢迎各省工人代表》，《申报》1925年5月17日，第14版。
③ 《香港理发工人请求加薪之酝酿》，《广州民国日报》1925年5月25日，第6版。

斗争宗旨与方针也随之成为各地工会运动开展的主要指导方针，中国共产党工运方针对全国工运产生扩大化的影响。

第二次全国劳动大会对全国工运方针的影响，实际上更客观的说法应当是中国共产党对全国工运方针的影响，这种影响早于1925年5月第二次全国劳动大会，但是借1925年5月的第二次全国劳动大会而扩及全国。

早在1922年7月的中共二大上，中国共产党就开始考虑工运斗争目标与方针的转向问题，明确将反帝反封建的政治目标作为工人运动的重要方向。经过近两年的酝酿与理论上的不断完善，最终在第二次全国劳动大会上了形成影响全国性工会运动的议案。而在此间，受中共影响较大的全国铁路总工会也在第二次劳动大会召开前就已践行国民革命、反帝反封建的政治斗争的宗旨与方针。全国铁路总工会在1925年2月7日召开的第二次代表大会上就确认了如下几个政治主张："1、继续'二七'为争自由的运动；2、积极地参与国民革命，打倒帝国主义和军阀；3、要求一个保护工农利益的国民政府；4、注重国际的联合"，铁总此时已明确将反帝反封建列入政治斗争中。铁路工会的工人们参与国民运动的政治训练越来越多，因当时"正是国民革命潮流高涨的时候，国民党及共产党主张召集国民会议、废除不平等条约的运动，深合于民众的需要"，铁总号召铁路工人们热烈参加这个运动，并进行宣传与组织，派遣不少代表出席北京之全国国民会议。第二次劳动大会再次重申反帝反封建政治斗争目标与方针后，铁总的工友们逐渐有更深的认识和努力。如1925年5月青岛日本纱厂为反对日本资本家的压迫而罢工，山东境内的胶济铁路总工会就立刻率领青岛市民，在山东境内发起反对日本帝国主义的大规模运动，据称"这个运动以铁路工人为主脑，深入一般民众中去，结果日本资本家屈服，纱厂工会得到最后的胜利"。而在五卅运动中，铁路工会更是践行其第二次代表大会与第二次劳动大会确定的工运方针，积极参与反帝运动："北方各铁路工会各依其本身之力量，在各都市领导当地民众组织反对帝国主义的团体，做长期的排货、示威、经济绝交及捐款救济事；更在这个政治斗争之中，以反帝国主义为号召，发展了各铁路工会本身之组织，同时也促进了一般民众团体的组织。此外，全国铁路总工会复在这个运动中，与欧洲各国的工人为深切的联络，对世界无产阶级揭破黄色国际与帝国主义同恶共济之真正面目"。在与军阀斗争方面，铁路总工会反对北京政府的工会法，开展工会立法运动。在反奉战争时，中华全国铁路总工会形成反奉宣传阵势，分令各铁路工会以实力进行反奉工作，派铁路工人宣传队前往战地，宣传"兵工联合"、"民众与武力结合"、"肃清反动军阀"、"建立革命政府"等口号，又令工人大队维持京汉、津浦交通，便利反奉军队的军事运输。当时北方铁路大小各站均有群众反奉的公开示威运动。当日本出兵满洲维持奉系军阀，全国铁路工人更有热烈的排日示威群众运动。正如铁路总工会总结时所说的，1925年5月第二次劳动大会以后："一年来所做的工作都染着极浓厚的民族革命与阶级斗争色彩。他正同中国其他先进的产业工人一样，率先的领导一切民族革命运动工作，并为着工人阶级本身的利益，不断地作经济斗争和政治斗争。同时在这些持续的斗争中，遂得积极扩大他的宣传和组织，建立了一个统一的阶级性的产业工会。"[1]

---

[1] 《中华全国铁路总工会一年来工作报告大纲》，中华全国总工会中国职工运动史研究室编：《中国历次全国劳动大会文献》，工人出版社1957年版，第60—64页。

香港海员工会也在第二次全国劳动大会后积极贯彻反帝反封建的工运方针。香港、广州海员工会在广州国民政府的反奉战争中阻碍支援奉军的滇军，和铁路工会一起断绝与阻碍敌人的交通，于广州国民政府助力不少。五卅运动后海员工会也一起起来向帝国主义反抗，"六月十九日风起云涌的二十余万工友举行大罢工，停止了他的船只七十五艘"，帝国主义逮捕海员工友，海员工友离港内渡，双方间的战斗将近一年，不可谓不轰轰烈烈。后又在广州进行罢工运动，1926年在广州又召开全国海员代表大会改组海员工会，当时6个决议案中"加入赤色职工国际运输工人宣传委员会"与"联合东方运输工人、作反帝国主义运动"这两个议案，深深体现中共工运反帝的方针。[①]

在湖北，参加第二次全国劳动大会的湖北省工团联合会，在1925年12月重组成武汉工人代表团，在总结重组一年来的工作时就明确将"政治的——工人阶级的争斗，即是政治斗争"列为工作第一位进行总结，"故一切关于政治解放的国民运动、反帝国主义运动、反奉战争运动、国民会议运动，本会均随时随地领导武汉工人，尽量参加，或以工人的政治要求直接表现"。与此同时，武汉工人代表团还十分注意通过文字宣传与各组合内部的训练，让工人有相当之觉悟。在反对军阀方面，在地方上做反对直系军阀吴佩孚的运动，以及参与省民自决运动、民选省长运动、省委员制度运动，以反对吴佩孚在湖北省的专制统治。而经过各种政治斗争，工人们"对政治觉悟得着相当的进步，有相当的了解政治与工人阶级之利害关系"、"反吴反直系军阀的政治仇恨，

---

① 《海员总工会报告》，中华全国总工会中国职工运动史研究室编：《中国历次全国劳动大会文献》，工人出版社1957年版，第66—71页。

普遍于一般工人群众心里，根深蒂固莫可动摇了"、"工人在一般求解放的民众中取得相当同情地位，颇愿与工人接近而合作"、"工人在政治上受着更反动的压迫，就是军阀于与一切反动势力对待工人更加严刻，证明工人的势力是他们更可怕的仇敌"。此外，武汉工人们根据全国劳动大会的精神为争取经济条件的改善也作了不少的斗争。①

由此可见，中共关于工运斗争的方针已通过第二次全国劳动大会向全国辐射，这种辐射彰显出其影响的扩大化。

二、推动第二次全国工运高潮的到来

第二次全国劳动大会制定了工人运动的奋斗目标与方针，成立了全国统一组织，加入了赤色职工国际，这些都鼓舞着各地工人们的斗志。当各地资本家向工人们施行欺压时，各地工会同仇敌忾，纷纷开展罢工斗争，终于形成早期工运史上以五卅运动为代表的第二次全国工运高潮。

第二次工运高潮乃由日纱厂资本家枪杀工人而引发。上海工人在1925年5月30日上街示威游行，结果发生五卅惨案后，遂引发全国性工运高潮。第二次全国工运高潮的兴起，是中共此阶段工运目标与方针具体实践的结果，也是第二次全国劳动大会确定的各种方针与工运基调在全国得以实践的重要体现。早在第二次劳动大会开会期间，青岛等地就有3个纱厂将近一万多工人奋起反对日本资本主义的压迫与暴行；②5月中旬，日本纱厂又毁约枪杀工人。工人们均向劳动大会与会后成立的中华全国总工会求

---

① 《武汉工人代表团报告》，中华全国总工会中国职工运动史研究室编：《中国历次全国劳动大会文献》，工人出版社1957年版，第72—82页。

② 《青岛纱工电请劳动大会援助》，《广州民国日报》1925年5月12日，第7版。

助，当时中华全国总工会回复称："查日本帝国主义，在华设厂实行经济侵略，久为吾国所痛恨，而该厂虐待工人早闻于世"，此时枪杀中国工人，真是"其藐视我民族，侮辱我国家，孰有□于此者"。"敝会得悉之下悲愤填膺，除一面通告全国所属各工会一致援助，誓与日本帝国主义者周旋"，并向国民党中央执行委员会致函一体声援。①5月25日中华全国总工会又向全国发出通电，将日本工厂之暴行详细情形公告于众："全国各工会各报馆各社团暨全国同胞公鉴，日本帝国主义者来华设立工厂，作经济之侵略，复订立种种苛章，虐待我国工人，各工人忍无可忍，始有本年二月上海纱厂工人全体大罢工之举，后经各工团调停，订立复工条约，风潮始息，讵厂主日人于工人上工后，竟不履行条约，且无故开除工人，禁止工人办理工会，工人起兴理论，日人竟枪杀我工友三人，伤数十人，并封锁五工厂，阻止工人入厂上工，其摧残我工人，侮辱我民族，蛮横凶暴，已达极点"。该电号召全国爱国人士组成后援会，向日本政府及厂主提出以下要求："（一）惩办此次枪杀工人之凶手日人；（二）从优抚恤被杀伤之工人；（三）厂主应履行前次复工之条件及承认此次工人提出条件；（四）厂主应向工会道歉"。通电最后极为愤慨，称："嗟乎，国犹未亡，人乃以高丽视我，是而可忍，孰不可忍，敝总工会谨率五十万之工友，誓为后盾，以争回民族之自由"。②

此事发生后，中共中央即令兼任中华全国总工会副执行委员长之刘少奇，赴上海指挥反对帝国主义的运动。在中共号召下，上海工人与学生们于5月30日上街游行示威，发生震惊中外的

---

① 《全国总工会声援上海纱工》，《广州民国日报》1925年5月23日，第6版。
② 《全国总工会对于时局之通电》，《广州民国日报》1925年5月25日，第3版。

五卅惨案。此血案发生后，中华全国总工会副执行委员长刘少奇等人，立刻在6月1日成立上海总工会，具体指挥上海的反帝运动，并向全国发布宣言："全国被压迫的民众！外国帝国主义压迫我国，横行无忌，视我们如亡国奴，最近残暴的行为，更日甚一日"，日本纱厂无故杀害工人，5月30日又枪杀9人，重伤二十余人，6月1日上海全埠罢市，又杀死和重伤学生、市民五十余人。上海总工会庄严声称："我们，上海全体工人，几十年在帝国主义压迫之下，现在忍无可忍了！"宣布6月2日实行总同盟罢工。[①]

显然随着帝国主义不断对上海国人进行残酷迫害，中华全国总工会在罢工中的"反帝"方针逐渐明确起来。它同时还向全国与全世界工人发出通电，向全世界工人揭示帝国主义在中国的罪恶，称上海事件像闪光灯一样照耀出中国的现状，把一切都明明白白地显露出来。中外各国人士都可以从此事件中看出帝国主义与刽子手的真实面目。该通电分析帝国主义者在上海暴行的背景，称中国近来民族解放运动的高涨下，广州政府的胜利、学生运动、上海青岛汉口近几个月来的罢工、中国工人的踊跃加入职工会、全国铁路总工会的恢复、中国全国总工会的成立等，给予各国帝国主义者极大压力。当革命运动只限于南方时，帝国主义者还不觉得危险，面对这运动扩大到北方时，特别是到达帝国主义在中国的堡垒上海时，国际帝国主义受英日资本主义影响下决定采用极厉酷的屠杀政策。中华全国总工会在通电中强烈指责帝国主义者的暴行："屠杀！屠杀！这是帝国主义者"，称青岛、上海纱厂工人提出最轻的要求，却被日本工厂相关人士极凶毒地枪毙，

[①] 《上海总工会宣言》（1925年6月1日），中华全国总工会中国职工运动史研究室编：《中国工会历史文献（1921.7—1927.7）》，工人出版社1958年版，第77页。

当上海学生游行以表示对工人的同情而反对屠杀时，学生与过路市民均遭枪杀。中华全国总工会最后还向各国工人们提出诚恳的援助请求称："帝国主义从剥削我们所得的将用以压迫及剥削你们，让我们巩固我们的队伍，团结一致以反对我们共同的敌人，只有这样能得到我们共同的解放，打到杀人的帝国主义者，不准干涉中国，全世界工人与东方人民解放万岁"。①

上海罢工越发高涨，6月7日上海总工会与各马路商界联合会、全国学生总会、上海学生联合会组织成"工商学联合委员会"，到6月12日时，已有20万工人参加。"所有取消一切不平等条约，收回租界、领事裁判权，撤退外兵等等，关系中华民族之生死存亡，为国人不得不誓死奋斗者"，在工人罢工中明确将工运与反帝国主义、取消不平等条约的民族解放运动联系起来，和第一次工运高潮只着眼于经济斗争的目标有很大差别。②6月25日上海总工会致上海各工会，要求工人们坚持罢工，"反对外国屠杀，我们工人是最勇敢的奋斗者；为全国人民的利益，我们工人不惜牺牲一切，始终为民族利益的忠实保卫者"。③上海工人罢工时间特别长，最早的到7月6日时已坚持53天，大多数也坚持了35天。④而这场轰轰烈烈的大罢工一直持续到8月，后在艰苦奋战的背景下改变策略，和资本家谈判后于该月中旬才陆续复工。

---

① 《中国工会历史文献（1921.7—1927.7）》在《中华全国总工会对外宣言》中未录入此宣言，需要者可见：《中国总工会对沪案之宣言》，《广州民国日报》1925年6月18日，第8版。

② 《上海总工会之紧急通电》（1925年6月12日），中华全国总工会中国职工运动史研究室编：《中国工会历史文献（1921.7—1927.7）》，工人出版社1958年版，第82—83页。

③ 《上海总工会致各工会通告》（1925年6月25日），中华全国总工会中国职工运动史研究室编：《中国工会历史文献（1921.7—1927.7）》，工人出版社1958年版，第84—85页。

④ 《上海总工会勉大众工友》（1925年7月6日），中华全国总工会中国职工运动史研究室编：《中国工会历史文献（1921.7—1927.7）》，工人出版社1958年版，第85页。

上海此次罢工中要求反帝，及废除帝国主义在中国的不平等条约，显示出在帝国主义资本家凶残暴露背景下上海罢工逐渐走向政治斗争。五卅惨案中帝国主义的残暴震惊全国，继起的罢工也接过上海罢工的旗帜，反帝主张特别明显。在上海罢工后，中华全国总工会广州办事处也准备将香港罢工后来到广州的工人组织起来，发起省港大罢工。此次大罢工也直接明确地提出反帝的主张："帝国主义摧残中国民族运动及工人运动的伎俩既绝，于是不得不用最残酷而野蛮无道的屠杀政策，想借此以扫灭中国的民族运动和工人运动。此次上海事件，是中国民族运动与工人运动之势力消长问题。我们为保障中国，也就是保障广东、香港的民族运动及工人运动起见，应与上海及全国的工人及被压迫民族联合一致，以对抗帝国主义之进攻"。[1] 在此号召下，为与上海的收回不平等条约一致行动，全港工团委员会对香港政府提出六条要求，其中有四条要求与在港华人应与英人拥有对等的权利有关。[2] 香港工会运动一向较多倾向于经济斗争，像此次旗帜鲜明地提出要消除在港英人特权的斗争要求，还是较为少见。省港大罢工坚持了长达一年多，在政治、经济上都给英国帝国主义以沉重的打击。

其余各地工潮就不赘述。从这一次工运高潮可见，中国共产党在第二次全国劳动大会上所确定的反帝反封建的政治斗争方案已得到全面贯彻，第二次全国劳动大会所成立的中华全国总工会

---

[1] 《为什么罢工》（1925年6月20日），中华全国总工会中国职工运动史研究室编：《中国工会历史文献（1921.7—1927.7）》，工人出版社1958年版，第93页。

[2] 《全港工团委员会对香港政府提出的罢工要求条件》（1925年6月），中华全国总工会中国职工运动史研究室编：《中国工会历史文献（1921.7—1927.7）》，工人出版社1958年版，第97页。

在领导五卅运动中作用明显，第二次全国劳动大会的多份决议精神在五卅运动中已有明显体现，这表明中国工人运动在党的领导下有了新的变化。

三、推动全国工会组织的扩大与统一

在第二次全国劳动大会以前，中国工人运动最为突出的问题是组织与运行比较混乱，缺乏一个全国性的统一指挥机关。第二次全国劳动大会成立了中华全国总工会，制定了关于工人运动的各种目标与方针，使中国工人运动在组织上和目标方向上达成一致。中华全国总工会由此逐渐在全国工运高潮中承担着领导者的关键角色，对此后全国工运的发展有着重要作用。

中国工会组织发展到1925年时，南北各地各产业大小工会组织众多，加入工会组织工友就有五十万人，但工会组织为各种势力所影响，既无统一的全国性组织，又无统一的工运方针，不仅从产业方式组合的全国性总工会需要进行整顿，从地域范围内联合的总工会组织也需整合，某地域范围内的具体某一行业的工会组织亦急需统一并整合。而由于南方工会运动较为发达，其工会组织繁杂、混乱现象较之北方更为突出，因而中华全国总工会虽统一南北工会，形成了一个全国性的统一组织，但实际各地内部工会组织的混乱现象并未随之消除。于是，当中华全国总工会实现了全国工会组织的统一后，中共重点对广东特别是广州和香港地区的工会组织进行改组，推动全国工会组织从上到下的整合与统一。

以广东省工会组织统一为例。中共广东区委在1924年就开始着手对广东省总工会进行改组，但是由于各工会领袖不愿意进行政治上的联合，阻力较大，改组未成功。但到1925年，改组工作却有进展，广东省工会代表在第二次劳动大会上报告了广东工会发展概况，其中谈到了广东省工会组织的混乱问题。于是，大会当时就决议"应由广东省各工会，派出代表开一联席会议，共同决定化除门户之见，重新组织全省工会的总联合机关，务使所有工会统一，集中工会力量，以为全省无产阶级之利益及幸福而奋斗"。①接下来，工会主动要求改组自己的组织，各种工会接二连三建立起来，中共广东区委乘机领导此改组工作，并调整各工会的内部状况。到1926年2月，中共广东区委再践行第二次全国劳动大会的决议，开始实行统一工会运动策略，将工人代表协会和广东总工会、机器工人协会相合作，组成一个工人代表大会，然后为工人代表大会建立一个统一的机构。广东总工会和机器工人协会一开始就参加了大会的准备工作，其下各附属工会派代表参加了大会，在第一次大会上，共有1400名代表参加。但最后由于各种客观原因，第一次大会未能成功完成统一运动。但是部分工会组织对一些工会的破坏统一行为特别不满，离开原属工会组织而加入中共控制下的工人代表协会，如珍宝工人协会对广东总工会的破坏统一行动表示不满，离开广东总工会，加入工人代表协会，兵工厂工人工会一部分群众对机器工人协会也表示不满，离开了机器工人协会。随着中共广东区委用力于基层工会，促使不少工会组织向中共靠拢，最后工人代表协会不断发展，吸引会员将近十五万，原来的工会大户广东总工会会员仅二万七千多人，机器工人协会不到二万人，工人代表协会最后占据广州有组织工人的四分之三，"工会的一切事务都必须首先由

---

① 《广东问题决议案》，中华全国总工会中国职工运动史研究室编：《中国历次全国劳动大会文献》，工人出版社1957年版，第26页。

工人代表协会检查",新成立的工会组织也都全加入了工人代表协会,中共大体上完成了广州工会组织的统一。①

工会组织的统一,不仅意味着各行业工会组织的大统一,也意味着行业内部各组织的统一,如粤汉线(南段)铁路工人总工会原来分裂较为严重,机器工人有他们自己的工会,机车工人有他们自己的工会,火车上的服务人员和车站上的苦力又各自有工会。机器工人和机车工人由机器工人协会所领导,难与其他工会相联合。后来中共开始对此进行统一运动,召开该铁路线的铁路工人代表大会,建立专门对工人作指导的机构,推动劳动学校、讲授协会、娱乐园地、巡视小组等活动,还设立了组织部、巡视部、文娱部、调查部、日常事务部、经济委员会和纪律审查委员会。单一行业内分裂现象不仅在粤汉铁路工会组织间存在,广州三水线铁路、广九线铁路也是如此,中共广州区委在第二次代表大会后也开始统一这几个工会的内部组织。②

广州工会组织的统一很具代表性,体现第二次全国劳动大会后工会组织艰难的统一进程,也真实反映中共在其中所起的细致工作与主导作用。

各工会组织的统一,有利于中共工运方针的影响扩大化,能够迅速有效地组织工人进行运动。工会统一组织的优势在此次五卅惨案后全国掀起第二次工运高潮中体现明显:当时各地均有极热烈的运动和巨大的牺牲,"此种运动与牺牲,以工人为最多,

---

① 《广州工会运动的报告——关于广州工会各派的演变,对待各派的策略》(1926年夏),中央档案馆、广东省档案馆编:《广州革命历史文件汇集》,1982年印行,第330—334页。

② 《广州工会运动的报告——关于广州工会各派的演变,对待各派的策略》(1926年夏),中央档案馆、广东省档案馆编:《广州革命历史文件汇集》,1982年印行,第334—338页。

而又以工人为最力,处处都有罢工,处处都有惨杀,而惨杀之结果,死伤者多是工人。工人阶级在此运动中,实际地位处在领导地位。此时工人阶级,几成全国总罢工的形势——统计全国在'五卅'运动中,工人罢工者有五十余万人"。① 不得不说,正是因为工会组织的统一,使得工人阶级成为当时反帝国民运动中的领导者。

总之,受中共的影响,在四大工会的组织与筹划下,第二次全国劳动大会在广州顺利召开,会议通过各种决议案,明确了今后的斗争方向。特别是成立中华全国总工会,统一了当时混乱的工会组织系统,整合了不同倾向的工人力量,为第二次全国工运高潮的兴起奠定了组织和政治基础,更让中国工会后续发展有个相对统一的领导者。这些对于后续的中国工运,乃至国民革命的发展都具有重要意义。

---

① 刘少奇:《一年来中国职工运动的发展》,中华全国总工会中国职工运动史研究室编:《中国历次全国劳动大会文献》,工人出版社1957年版,第53页。

第五章　第三次全国劳动大会与北伐前夕的工人动员

第三次全国劳动大会召开前后，正值中国国民革命运动高涨时期，工人运动的发展与国民革命的推进也由此交织在一起。正因为如此，工人运动从来不只是工人单一阶层的独自发展，而是与当时中国社会特殊的政治形势有着密切的联系，而其中尤其不容忽视的，便是帝国主义在华势力的存在，对工人运动所产生的影响。故而在第三次全国劳动大会召开前后，工人运动确定的一个重要目标，就是促使广州国民政府北伐，打倒帝国主义和军阀，统一全国，实现国民革命的胜利。这一目标贯穿于第三次全国劳动大会召开前后，以及北伐战争的整个过程。

第一节　第三次全国劳动大会召开的背景

一、五卅运动后全国工人运动的新趋势

工人群众无论是在五卅运动还是省港大罢工等斗争中，一直站在反帝国主义和军阀斗争的最前线。五卅运动后，工人阶级不仅数量日益增多，而且工人群众之间也更加团结，凝聚力和战斗力亦日趋增强。更重要的是，工人阶级开始逐步加强与其他各阶

层的联合，组建了反帝国主义和军阀的联合战线，其组织基础也日益完善。这有力地推动了工人运动的进一步发展。

1、五卅运动以来的工人运动新形势

五卅运动后，在工人运动中出现了很多新现象。第一种新现象就是"工人阶级事实上取得国民革命的领袖地位。"这在五卅运动之前还只是一种理论上的探讨，并没有得到大家的认同。但是五卅惨案发生后，在上海学生罢课、商人罢市、工人罢工的运动中，学生罢课无法对帝国主义造成打击，商人罢市仅仅坚持"二十三天"，而工人罢工则坚持"三个月之久"。[1] 几千名工人即使失业仍然誓死战斗，这在展示工人阶级大无畏革命精神的同时，也体现了工人阶级在反帝国主义运动中的力量和地位。

第二种新现象是"各地工人群众需要一个地方的总组织。"五卅运动之前，这还不是一个普遍的现象，但是五卅运动后，各地均产生了许多新的总工会。比如上海工人在运动中组建了上海总工会，河南工人组建了河南全省总工会，济南工人组建了济南总工会，天津工人组建了天津总工会等。从全国各地的反帝国主义运动中，可以看出"无处不一致行动，于是团结二字在工人群众中已无形中承认其必要，而要求一个地方的总组织。"在广东和香港也有一种新气象，原本在广东有工人代表会与广东总工会，这两者并没有统一。在香港也有许多大工会并没加入总组织。因此造成各工会之间各树一帜，互不统属。然而经过五卅运动和省港大罢工后，"统一工会之呼声随之而高，异口同声要求一个统一的地方总组织。"[2] 工人阶级意识到不仅仅需要一个职工的总

---

[1] 邓中夏：《五卅后中国职工运动之新现象》，《人民周刊》第1期，第7页。
[2] 邓中夏：《五卅后中国职工运动之新现象》，《人民周刊》第1期，第8页。

组织，而且需要一个超越工人职业之外，联合其他各业工会的总组织，以统领全国更好地进行反帝国主义运动。

第三种新的现象就是工人战术的进步，即"工人阶级战术进步已有压迫不下的战斗力。"①在五卅运动和省港大罢工之前，工人在罢工中几乎无战术可言，这也导致二七大屠杀后，工运经过一年多才恢复过来。而在五卅运动和省港大罢工时，工人的战斗力逐步增强，且在罢工中开始采取有力的战术和策略。比如工人对政策的有效运用，这在广东和香港地区的罢工中体现得尤为明显。工人所用的政策"皆根据特殊环境规定出来，自工商联合善后条例而出，而帝国主义之联合战线乃破。日美轮船直来广州，商店迁出沙面。自经济独立沪船沟通之策定，而工商之联合战线愈固，广州商务逐见畅旺，黄埔开埠指日可期。"②在省港大罢工中，工人坚持战斗长达16个月之久。工人群体历经罢工的锤炼，他们的经验与知识也逐渐增长，开始充分利用各种战术和策略。随着英日帝国主义和奉直军阀在北方的联合，以及两方共同向国民军发起进攻，工人阶级关于如何制定今后运动总策略的问题日益迫切，逐渐被提上日程。

第四种新现象是"工人阶级需要政党"。中国共产党是为工人阶级、为一般民族利益而奋斗的党。在党领导的多次工人罢工斗争中，共产党员身先士卒为革命做出了牺牲，比如林祥谦、施洋、刘华、李慰农等。共产党在反动派的严厉打压下，仍然坚持继续领导工人运动，这也吸引了许多工人群众相继要求加入中国共产党，"因为他们自己知道只有共产党，真为工人阶级谋利益谋解

---

① 邓中夏：《五卅后中国职工运动之新现象》，《人民周刊》第3期连载，第10页。
② 邓中夏：《五卅后中国职工运动之新现象》，《人民周刊》第3期连载，第11页。

放的党。"①

五卅运动后,工人运动出现的这些新现象,一方面表明相比之前,中国工人运动得到迅速发展,不管是在反帝国主义运动中地位的确立,还是在运用灵活高效策略和战术等方面采取的措施。另一方面也表明工人阶级需要进一步整合自己的整体与地方力量,并有效规划以后开展运动的总策略。这些都为第三次全国劳动大会的召开奠定了基础。

2、国民革命下工人运动的新动向

基于中国处于半殖民地半封建社会的事实,帝国主义和军阀控制了中国大多数的产业,比如轮船、铁路、矿山等等。而中国的产业工人又长期处于帝国主义和军阀的压迫和剥削之下,显而易见,中国工人运动的对象便是帝国主义和军阀,这与中国民族运动的目标是一致的。因此中国工人运动从发展初期,就与中国民族运动的发展进程相互关联。陈独秀在论及此时曾评论道"中国的劳动运动之胜败,和中国民族运动之胜败,是在相互影响之下进行的。"②

第二次全国劳动大会后,五卅惨案发生,上海总工会被封,刘华、顾正红、李慰农、黄静源等同志被杀害。工人运动暂时陷入低潮,但工人们仍然坚持为中国国民革命贡献自己的力量。1925年6月,军阀杨希闵、刘震寰叛变革命,图谋推翻广东革命政府。粤汉、广九、广三铁路工人共同罢工,以破坏杨、刘军阀利用铁路进行军事运输的计划,这直接帮助国民政府军击溃叛军,从而使得广州革命政府转危为安。在驱逐杨、刘军阀后,三

---

① 邓中夏:《五卅后中国职工运动之新现象》,《人民周刊》第3期连载,第12页。
② 陈独秀:《第二次和第三次劳动大会之间的中国劳动运动》,《向导周报》第151期,第1425页。

路工人联合罢工委员会改组为广东铁路工会联合办事处。它提出的首要任务，便是"拥护国民政府，我铁路工人深信国民政府之奋斗，即为我被压迫民众之利益而奋斗。"[1] 由此可以看出，工人运动的目标已经不仅局限于为改善工人的经济状况，而是为民族的命运和前途所奋斗。正如《广州民国日报》所评论的："中国工人的运动潮流初起的时期，正是中国国民革命的大流也发动的时期。"[2]1925年后中国工人运动的发展，与国民革命的进程也密切联系在一起。

工人运动处于此波诡云谲的时期，注定被赋予更多的色彩和意义，即"在此刻之劳动运动，有一个国民革命，为其时代之背景。"正因如此，这一年来工人运动本身在中华民族历程上留下了辉煌的一页：第一"增加了许多意义（如民族主义、反帝国主义等）"；第二"引起大多数人之注意与同情"；第三由于中国工人运动同国民革命关联在一起，工人阶级在这个过程中"获得许多政治经验，和更深切的了解他们自己阶级之使命及力量。"[3] 国民革命与中国工人运动的交织，赋予工人运动更多的使命，这也使得工人阶级更加明白他们在国民革命进程中所扮演的角色和作用。

值得注意的是，这一时期中国政局的变化，如国民军失败后，帝国主义、军阀等一切反革命势力的出现，对工人运动的压迫日益加剧，先有上海罢工运动被破坏，工人领袖被杀害；随后又有日本帝国主义出兵满洲，武力帮助张作霖除掉郭松龄，促成了帝

---

[1] 《广东铁路工会联合办事处对时局及拥护国民政府宣言》，《工人之路特号》第304期（1926年4月29日），第3版。

[2] 陈曙风：《第三次全中国劳动大会之工作与世界工人阶级》，《广州民国日报》1926年4月30日，第6版。

[3] 陈曙风：《第三次全中国劳动大会之工作与世界工人阶级》，《广州民国日报》1926年4月30日，第6版。

国主义与军阀之间的联合等。工人阶级在这种情况下成为首要被摧残的目标。面对此危急之时，中华全国总工会于1926年4月28日通告各工会："望各工会即日举行大会选派代表，赶快来本会报到，一致参加此次大会，预备拥护国民政府，努力国民革命，打倒军阀，打倒帝国主义。"①显然工人运动始终坚持拥护国民政府，打倒帝国主义和军阀，实现国家统一的主要目标。

另外还需提及的是，在广州国民政府统治下，广东工人虽然已经在政治和经济上有了一定程度的改善，但仍有两个方面需要注意。第一，"不要滥用他们已经得着的自由权利。"第二，"他们的经济状况的改善，也须有一定的限制。"这就是说广东工人的要求也受到一定程度的限制，因为政府不在于仅仅满足他们的利益和要求，而在于满足全体中国民众的要求，以实现中国国民革命的胜利。所以更体现"广东工人应与全国民众拥护两广国民政府，进于获得统一全国的国民政府为主要目标。"因此，中共在召开第三次全国劳动大会时，要求各省的工会代表，以及数万罢工工友，除了要求改善经济条件之外，还应该"以促进国民革命，完成全国统一的国民政府，因而获得民众自由为主要目的。"②这就提醒了广东工人，不要满足于现状，实现广州国民政府的巩固和统一，只是广东工人运动的第一步，实现中国国民革命的全面胜利才是最终的目标。

---

① 《全国总工会通告省港各工会促派代表参加劳动大会》，《广州民国日报》1926年4月29日，第11版。

② 《国民政府下的"五一"节》，《工人之路特号》第307期（1926年5月1日），第1版。

3、中华全国总工会成立后工人运动的联合趋势

自 1925 年中华全国总工会成立后，中国工人阶级有了统一的组织机构，来领导全国的工人运动。在中华全国总工会的领导下，全国各地的工人，纷纷组建了各地的总工会。如上海工人在运动中组建了上海总工会，河南工人组建了河南全省总工会，济南工人组建了济南总工会，天津工人组建了天津总工会，北京工人组建了北京总工会等。

在全国工人相继加入各地总工会的激励下，当时正处于省港大罢工中的香港运输业各工会，决定一致联合，成立香港运输业工会联合会。广东的各运输业也发起了联合，比如"海员工业联合会、铁路工会联合办事处、粤港起落货总工会、广东驳载总工会等，发起组织广东运输工业联合会，并致函运输工会，请派代表于廿三日赴全国总工会共同筹备进行。"[①] 在中华全国总工会成立后，全国各地的工人组织实现了进一步的联合，此举不仅增强了工人阶级的力量，而且也极大促进了工人运动的发展。

另外，各地的总工会也进一步实现了统一。比如在香港地区，曾有两个总工会，一个为工团总会，共有 72 个工会；另外一个为华工总会，共有 40 个工会。这两个总工会因港府的留难以及其他原因，原本互不统属，互不联系。在省港大罢工后，它们接受了中华全国总工会的建议，组建了香港总工会。[②]

在广州召开了第一次工人代表大会后，广州的工人有了统一的领导机构。紧跟着广东其余各地也相继成立了工人总会，如汕头成立了汕头总工会筹备处，并发表宣言称在全国工人阶级更加

---

① 《筹备组织运输工会联合会》，《广州民国日报》1926 年 4 月 21 日，第 11 版。
② 黄平：《香港工会运动的进步》，《人民周刊》第 6 期，第 8 页。

联合的鼓舞下,"受工友们之委托,召集全汕头工人代表大会,正式成立我们汕头工人阶级的总生命——汕头总工会。"① 汕头总工会的成立得到了各工会的拥护。汕头工人表示"潮汕工人目击世界大势,知工人阶级在今日时局中,非有严密的组织,坚固的团体,及统一的机关,无以达工人本身及民族解放之目的。"根据第二次全国劳动大会的决议案,在同一职业以及同一地方,不能同时拥有两个工会或者两个以上的工会组织。因此当时包含潮梅总组织在内的各工会开会决议:"拥护真正由工会联合组织的汕头总工会,亦以表明工人阶级应有统一的总机关,方能真正团结。"同时汕头各工会皆自愿加入汕头总工会,并表示"反对一切破坏统一的组织,谨此郑重宣言。"②

4、中国工人运动与世界工人运动的联合

中国工人运动的发展还注意与世界工人运动的联合。有论者认为这基于两方面的背景,首先是中国工人与欧美大陆的工人虽然并没有任何联系,但是"中国工人与外国工人,同是资本主义的榨压物,而欧洲工人先受资本主义荼毒之赐,就是中国工人之老哥。"其次中国工人自二七惨案、省港大罢工后,引起了外国工人的同情,也就是"中国工人和国际工人的革命对象相同,即有联合战线之要求。"从中可见"中国工人运动,应该在此适宜之时期,与国际工人运动发生密切关系的。"③ 中国工人和国际工人同样深受帝国主义之压迫,革命目标一致,便有结成联合统

---

① 《汕头工代表会筹备处宣言》,《广州民国日报》1926年4月21日,第11版。
② 《汕头各工会拥护汕头总工会》,《工人之路特号》第287期(1926年4月11日),第3版。
③ 陈曙风:《第三次全中国劳动大会之工作与世界工人阶级》,《广州民国日报》1926年4月30日,第6版。

一战线的需求。

另外，五卅运动后，中国工人运动出现的又一个新现象，就是"中国工会与各国革命工会发生直接关系。"五卅运动，原是上海日商纱厂工人的一个经济事件。在工人顾正红被杀，在帝国主义制造南京路大屠杀后，它开始转变为一个被赋予民族关系的政治事件。中国工人在这次运动中爆发出了强大的战斗力，并且有统一工人组织的有效领导，给赤色职工国际留下深刻印象。赤色职工国际曾就五卅运动给所属各国工会发过一道训令，表示"中国的职工运动，现已大有进步，而且已有政治的成熟，与赤色职工国际完全相同。"[1]不仅如此，赤色职工国际执行委员会进一步表示，打算让"所属各国的工会，与在广州中华全国总工会，直接联合，并预备各国无产阶级，对于中国幼稚的工会运动，给以敏活的帮助。"[2]从中可以看出中国工人运动已经得到赤色职工国际的高度认可，并在世界职工运动中占据一席之地。更重要的是赤色职工国际训令所属各国工会，与中华全国总工会直接联合，这也表明中国工人运动是世界无产阶级联合的重要一环，是世界无产阶级反帝国主义运动中的重要组成部分。

第三次全国劳动大会召开前，为宣传中国工人运动与世界工人运动的联合，中华全国总工会借纪念五一劳动节之际，特意发布通告指出五一劳动节是全世界工人阶级展示团结和力量，向反动势力示威的纪念日。我们要争取八小时工作、八小时教育、八小时休息，工人有出版、集会等的自由，颁布保护工人的工会条例，打倒帝国主义，惩罚卖国的段祺瑞，反对杀害工人的刽子手

---

[1] 邓中夏：《五卅后中国职工运动之新现象》，《人民周刊》第3期连载，第12页。
[2] 邓中夏：《五卅后中国职工运动之新现象》，《人民周刊》第3期连载，第13页。

吴佩孚、张作霖、张宗昌、李景林、孙传芳、方本仁。最后中华总工会要求工人阶级"拥护广东国民政府，努力国民革命，全世界无产阶级大联合。"[1] 中国工人完成国民革命的目标，是实现全世界无产阶级大联合的一部分，更是与世界工人运动相联合的基础。

中华全国总工会在纪念五一劳动节的通告中，阐述了中国工人阶级的使命，提及了全世界工人阶级的联合，可是并没有进一步具体地展开。1926年4月29日，中华全国总工会在发布的五一纪念宣传大纲中，则更详细地解释了中国工人运动与全世界工人运动的关联和意义。中华全国总工会指出纪念五一劳动节，不只是为工人争取生活条件的改善，中国工人反对帝国主义的运动日，实际更是"全世界的被压迫阶级反帝国主义大联合"。为实现打倒帝国主义这个共同的目标，"不独要全国的民众联合起来，全世界的工人及弱小民族皆应大团结起来示威的日子中。"[2] 可以看出，第三次全国劳动大会的召开，不仅是为中国工人争取自由和解放，而且是要实现全世界工人的联合，以反抗帝国主义的压迫。

二、五卅运动后中国共产党工运政策的新变化

五卅运动后，中国政局发生翻天覆地的变化，除了国民党内部左右派之争给国共合作以及国民革命以影响外，北方的军阀势力吴佩孚和张作霖，在英日帝国主义的推动下，开始抛弃纷争，联合进攻国民军，并打算南下攻打广州国民政府。这时国民政府

---

[1] 《全国总工会通告纪念五一劳动节》，《广州民国日报》1926年4月12日，第10版。
[2] 《"五一"纪念宣传大纲》（1926年4月29日），中华全国总工会中国职工运动史研究室编：《中国工会历史文献（1921.7—1927.7）》，工人出版社1958年版，第226页。

若要继续稳固和发展,必须向北拓展革命范围,突破仅仅影响两广地区的局限性,将高涨的革命热情带向全国。

政局发展形势的变化,同时也势必影响到工人运动的发展,各地的工人首当其冲成为帝国主义和军阀摧残和压迫的目标,工人运动陷入困境。这也直接导致当时正在进行的省港大罢工处于不利境地,香港当局宣布不再进行关于罢工的一切对话,没收参与罢工的商人财产,致使数万罢工工人迁往广州。在此背景下,广州国民政府若要推翻帝国主义和军阀的统治,将民众从水深火热中解救出来则需要借助工人运动的力量,同时工人若要实现更大规模的运动,则要帮助广州革命政府向北推进,这时工人运动与国民政府的结合走向现实,有了充分的必要性。恰如陈独秀所言"民族运动和劳动运动这两种势力结合起来,随时随地都有冲破军阀势力之可能。"[1] 接下来首先探讨中国共产党在领导工人运动期间,其工运政策所发生的变化。

为应对全国政局的变化,中国共产党着手制定工人运动的方针和政策。1926年2月21日至24日,中共中央在北京召开特别会议。会议首先讨论了工农联合问题,并认为在五卅运动后各阶级的联合战线分裂了,无产阶级处于孤立地位。而要领导国民革命的胜利,必须取得农民的援助,因为农民是无产阶级最可靠的同盟军,"只有工人和农民的联盟,足以引导国民革命走到最后的胜利。"[2] 但是若要组织和发展农民运动,只有借助国民党或国民政府的力量,才能实现。因此中国共产党应该努力"推广这种政权于各省,以此扩

---

[1] 陈独秀:《第二次和第三次劳动大会之间的中国劳动运动》,《向导周报》第151期,第1425页。

[2] 《关于现时政局与共产党的主要职任议决案》,中央档案馆编:《中共中央文件选集》第2册,中共中央党校出版社1989年版,第54页。

大农民运动的基础,而使工农联合战线有真正的可能。"这也就是说,必须将国民政府的势力拓展到其他各省,才能组织和发展全国的民众来反对帝国主义,工农联合战线才能真正实现。因此,中共中央在会后发布的《关于现时局与共产党的主要职任议决案》中认为"本党最主要的职任,在于扩大农民运动的基础,所以广东国民政府的北伐,便成了第一等重要的问题。"[1]推动国民政府北伐,是中国共产党扩大工农联合战线,领导国民革命走向成功的重要条件。

这次会议只是倡议国民政府北伐,并没有进一步的具体规划。3月14日,中共中央作了进一步的解释和补充,发布了第七十九号公告。公告指出发动北伐,不仅只是在广东做军事上的准备,"更要在广东以外北伐路线必经之湖南、湖北、河南、直隶等省预备民众奋起的接应,特别是农民的组织。"[2]但公告也提醒,不能仅仅依靠农民,而放弃其他工作,因此认为"非有城市小资产阶级、学生、商人之参加革命,则工农联合战线亦是孤立的。"[3]为实现北伐的胜利,中共中央不仅要在今后的工作中实现工农的大联合,而且要建立工人、农民、小资产阶级、学生、商人等各阶层的大联合,以增强革命的阶级力量,扩大革命的影响范围。

中共中央所提出的拓展革命势力到其他各省,必须取得农民的帮助,实现工人与农民大联合的主张,在中共中央给中华全国总工会的信中得以体现。1926年4月20日,中国共产党致信第三次全国劳动大会,指出"我们不但要组织一般劳苦的工人群众,

---

[1] 《关于现时政局与共产党的主要职任议决案》,中央档案馆编:《中共中央文件选集》第2册,中共中央党校出版社1989年版,第55页。

[2] 《中央通告第七十九号——关于二月北京中央特别会议》,中央档案馆编:《中共中央文件选集》第2册,中共中央党校出版社1989年版,第82页。

[3] 《中央通告第七十九号——关于二月北京中央特别会议》,中央档案馆编:《中共中央文件选集》第2册,中共中央党校出版社1989年版,第83页。

并且要和劳苦的农民群众组织亲密的同盟。"同时中共中央所提出的在取得农民阶级支持的同时,实现各阶层的大联合,也在这封信中得以体现。信中指出:"我们必须努力扩大及巩固全国工人农民及一切劳苦群众的联合战线,才能够抵抗一切特权积极的压迫,以至获得我们政治争斗的初步胜利——民族革命的胜利。"[1]这就说明,中国共产党打算借助即将召开的第三次全国劳动大会,将制定的各阶层大联合的主张,在会议上加以确定并形成决议案,以指导全国工人运动的发展。

当然上述提及的还只是共产党对工人运动整体的规划,并没有其提及在实际工作中的具体措施。为此中共中央于1926年4月25日印行《我们今后怎样工作》的小册子。这本小册子阐释了今后的工作原则,即"只有在一切实际工作中,无一时无一事不努力深入群众,获得群众,扩大及巩固各阶级群众的联合战线。"[2]只有这样才能组织和发动群众,巩固和扩大各阶层的联合战线,引导他们加入革命。该小册子中所提出的今后工作应该具体做的方面,接下来一一加以阐述。

一、宣传工作要同地方群众的日常生活联系起来,把全国的问题和各地方的问题联结起来。过去的宣传工作,只讲政治运动以及空泛的政治煽动,比如打倒帝国主义和军阀。这类大的政治问题并没有引起群众的注意,今后应关注"许多地方政治人民生活,这些琐细问题,都是群众日常切身感受到的",而且不应只注意全国的政治问题,应该"特别注意研究本地的政治问题经济

---

[1] 《中国共产党致第三次全国劳动大会信》(1926年4月20日),中央档案馆编:《中共中央文件选集》第2册,中共中央党校出版社1989年版,第94页。

[2] 《我们今后怎样工作》,中央档案馆编:《中共中央文件选集》第2册,中共中央党校出版社1989年版,第110页。

问题，能引导当地民众日常的要求。"①只有这样，才能引起人民群众的共鸣，扩大共产党领导的联合战线。

二、要有适应群众要求的口号。原先的口号不顾群众心理，脱离了实际，反而破坏了革命的基础，不利于群众联合战线的形成和发展。格调定得高了，"使群众畏避，自己陷于孤立，甚至群众反被反动方面吸收过去，更是危险。"②

三、要懂得联合战线政策之实际应用。首先联合战线必须是群众的，仅仅联合领袖和各团体机关职员是不够的。其次联合战线须有共同的要求与口号，否则不利于组织上的统一。再次不能笼统地指称其他派群众都是反动的，而不与之讲联合战线，要建立不分党派不分职业不分宗教工人群众的联合战线。最后在实际工作中，联合战线可以有多种形式，"有经常的，有临时的，我们不可拘定一种形式。"③

四、要使共产党员自身群众化，扩大与其他阶层的联系。有些共产党员外观色彩太明显，工作方法脱离群众，并没有同群众站在同一战线。他们今后的工作中应注意"使自身群众化，能实际领导群众，能获得群众的真实信仰。"④另外，共产党员应扩大与其他社会阶层的密切联系，比如对待小资产阶级和国民党，要接近他们，让他们了解共产党，以便更好地工作。

---

① 《我们今后怎样工作》，中央档案馆编：《中共中央文件选集》第2册，中共中央党校出版社1989年版，第111页。

② 《我们今后怎样工作》，中央档案馆编：《中共中央文件选集》第2册，中共中央党校出版社1989年版，第112页。

③ 《我们今后怎样工作》，中央档案馆编：《中共中央文件选集》第2册，中共中央党校出版社1989年版，第114页。

④ 《我们今后怎样工作》，中央档案馆编：《中共中央文件选集》第2册，中共中央党校出版社1989年版，第114页。

从上述论述可以看出，中国共产党时刻关注全国政局的发展，并根据形势的变化适时调整工人运动的方针，在革命的过程中，努力争取农民群众的支持，实现工人与农民的大联合，以拓展革命势力向北方发展，打击帝国主义以及军阀势力的统治。更为重要的是，为实现北伐以及国民革命的成功，中共中央在争取农民群众支持的同时，力争建立工人、农民、小资产阶级、学生、商人等各阶层的统一战线，以扩大革命的力量和基础。在以后的革命进程中，中共中央认真执行之前所确立的工人运动的方针，这为第三次全国劳动大会顺利召开奠定了坚实基础。

三、国民革命中国民党工运政策的调整

中国国民党自改组后，开始注意到工人的力量。其在国民党第一次全国代表大会宣言中明确了工人群体的重要性，并在对内政策中规定"制定劳工法，改良劳动者之生活状况，保障劳工团体，并扶助其发展。"[①]这是国民党首次关注到工人群众，意识到工人运动的力量，并愿意帮助其发展的表现。

但自孙中山逝世后，邹鲁、林森等人在北京召开西山会议，公开反对孙中山的三大政策。另外邵元冲、叶楚伧在上海主持伪中央委员会；还有沈定一不服从中央命令，在浙江主持反动之浙江省党部，及戴季陶等宣传反共的理论。这些分裂行径加剧了国民党内部的左右之争，严重动摇了革命政府的地位，打击了全国的革命士气。从而给帝国主义和军阀买办阶级以可乘之机，利用一切手段来打击广州的国民政府，破坏全国的工人运动。

在这种背景下，1926年1月1日至19日，国民党在广州召

---

① 《国民政府下的工人运动》，《政治周报》第10期，第14页。

开了第二次代表大会。大会于13日通过了《中国国民党第二次全国代表大会宣言》。该宣言首先正式明确承认了中国工人在国民革命中的地位，即"工人阶级发展，成为国民革命中有力的成分。"[①]相比其第一次代表大会，这是一个很大的进步。其次，宣言中提及中国过去民族革命运动的失败，原因在于仅有知识分子参加，并没有取得广大民众的支持，并进而认为中国现在和将来民族革命的成功，"必须有广大的民众参加，而农工民众，尤为必须。"[②]这表明国民党二大继续坚持孙中山的三大政策，并选择同叛变革命的国民党右派斗争到底。

这次会议中关注到工人运动的情况，并起草了《关于工人运动决议案》，该决议案经过1月15日和16日的两次讨论，最终于16日获正式通过。决议案明确了国民党参加工人运动的意愿，即"本党之国民革命事业，原以唤起民众、团结民众、树立民众之基础为根本要图。"而工人群众在各界中最为重要，其革命性最为强烈，是民众的基础。因此决议案强调国民党应"遵守总理遗训及第一次全国代表大会宣言中之规定，对于各种工人运动均须切实努力参加之。"[③]决议案开宗明义要求国民党继续遵守孙中山遗训，并继续执行国民党第一次代表大会所确立的工运政策，这点并没有因西山会议派的叛变而改变。

决议还提出了具体而明确的政策措施，来改良工人的工作与生活状况，以弥补过去工作的不足。这些措施主要包括有八小时

[①]《中国国民党第二次全国代表大会宣言》，中国第二历史档案馆编：《中国国民党第一、第二次全国代表大会会议史料》（上），江苏古籍出版社1986年版，第432页。

[②]《中国国民党第二次全国代表大会宣言》，中国第二历史档案馆编：《中国国民党第一、第二次全国代表大会会议史料》（上），江苏古籍出版社1986年版，第441页。

[③]《关于工人运动决议案》，中国第二历史档案馆编：《中国国民党第一、第二次全国代表大会会议史料》（上），江苏古籍出版社1986年版，第313页。

工作制；制定工人最低工资标准；保护女工、童工；保障工人有集会、结社、言论、罢工等的绝对自由；取消包工制等十一项政策。①

在谈到国民党与工会的关系时，决议为避免组织和政策上的混乱，首先规定国民党对于工会组织"在政治上立于指导地位，但不使工会失其独立性。"其次参加工会的国民党员，应成为"工会之中心，其组织与党的组织不应混合，其经济尤须划分。"最后关于国民党政策与工会的关系，规定"党之政策可以影响于工会之政策"，但不能使工会"全无政策，失却民众之主动地位。"②这样就可以避免出现将党与工会组织混而为一的情况，同时明确了国民党员的中心工作，并帮助工人群众形成分清政治组织和经济组织的观念。

在提及今后工人运动的方针时，决议除要求执行上述的政策和规定外，还提出应注意五卅运动后工人运动从经济斗争转入政治斗争，以及广东工人群众在各地反帝国主义运动中占据的重要地位。决议要求国民党首先"应善用此种机会，在工人群众中努力宣传革命的工作，使国内工人群众明瞭，政治斗争非一时的，乃长期的，以养成工人群众在政治斗争中的持久性。"其次经过五卅运动后，国内的工人群众已经取得一定的经验和教训，并且

---

① 十一项政策具体为：（一）制定劳动法；（二）主张八小时工作制，禁止十小时以上的工作；（三）最低工资之制定；（四）保护童工、女工，禁止十四岁以下之儿童作工，请颁定学徒制，女工在生育期内应休息六十日，并照给工资；（五）改良工场卫生，设置劳动保险；（六）在法律上工人有集会、结社、言论、出版、罢工之绝对自由；（七）主张不以资产及知识为限制之普遍选举；（八）厉行工人教育，补助工人文化机关之设置；（九）切实赞助工人生产的消费的合作事业；（十）取消包工制；（十一）例假休息照给工资。中国第二历史档案馆编：《中国国民党第一、第二次全国代表大会会议史料》（上），江苏古籍出版社1986年版，第355—356页。

② 《关于工人运动决议案》，中国第二历史档案馆编：《中国国民党第一、第二次全国代表大会会议史料》（上），江苏古籍出版社1986年版，第356页。

各地相继成立工人运动的总组织。国民党应趁此机会"促其发展格外加速，使全国工人的总组织中华全国总工会及各产业各地方的总组织，成为健全的独立的且有系统的组织。"[1]最后鉴于帝国主义和军阀日益摧残工人运动，残酷杀害工人领袖，并引起激烈的反抗运动。鉴于此，国民党应"极力辅助之。"[2]这对国民党今后的工人运动工作，提出了具体而清晰的指导方针。

国民党二大批判了右派分裂革命的行径，将七名国民党右派开除出党，停止叶楚伧主持《民国日报》的职权，令其将该报交出改组或者完全改变态度，停止沈定一在浙江所主持浙江省党部之工作，并销毁戴季陶所著《国民革命与中国国民党》一书。会后所选举的中央执行委员会和中央监察委员会中，左派和共产党人占据大多数。这有力地保障了国民党在二大后继续坚持孙中山所提出的三大政策，以及国共合作的方针，也为之后国民党执行二大所提出的工运方针奠定了基础。

国民党二大所确定的工运政策，继承了孙中山所确立的扶助工农措施，即邓中夏所认为的，"工农阶级必是国民革命的领导者。"[3]因此，中共中央对这次会议给予高度评价，在其所发布的第七十六号通告中，认为国民党二大的成功召开"是中国民族运动的成功，是证明中国的民族运动，不因中山之死，不因帝国主义者军阀买办阶级勾结党中右派反动捣乱而消灭"，同时也说明了"左派与共产派的关系非常之好，双方并没有什么意见，仍

---

[1] 《关于工人运动决议案》，中国第二历史档案馆编：《中国国民党第一、第二次全国代表大会会议史料》（上），江苏古籍出版社1986年版，第357页。

[2] 《关于工人运动决议案》，中国第二历史档案馆编：《中国国民党第一、第二次全国代表大会会议史料》（上），江苏古籍出版社1986年版，第358页。

[3] 邓中夏：《中山先生之工农政策》，《人民周刊》第5期，第12页。

一致的协作。"① 这次会议在某种程度上减小了国民党右派的叛变对革命的负面影响，促进了国共两党的继续合作，继续指导全国的工人运动。

国民党二大后，1926年1月25日，国民党第二届中执会第一次全会就各省区党务报告通过决议案。其中第七条涉及工人运动，指出在上海、汉口、天津等工人运动已经发展起来的地方，之前的党部并没有具体指导此项工作，因此今后在这些地方，国民党党部应"负责努力于工人运动，引导他们参加国民革命。"② 这也表明，国民党在二大后要求工人运动已经发展起来的地方，具体指导当地的工人运动，并执行国民党二大所确定的工运方针。

国民党二大某种程度上消除了国民党右派叛变对革命的影响，沿承执行孙中山的三大政策，并确立了新的工人运动方针。事情看似正朝着好的方向发展时，蒋介石却在1926年3月20日制造了对共产党进攻的"中山舰事件"。在5月召开的国民党二届二中全会上，他又炮制了《整理党务案》，规定共产党员"在高级党部（中央党部、省党部、特别市党部）任执行委员时，其数额不得超过各该党部执行委员总数三分之一"③，且不得担任国民党中央机关部长。由此国民党中央领导机构将共产党员排除在外了。《整理党务案》的通过，不仅使得国共合作的进展遭到

---

① 《中央通告第七十六号——国民党第二次全国代表大会后我们应做的工作》，中央档案馆编：《中共中央文件选集》第2册，中共中央党校出版社1989年版，第43页。

② 《中国国民党第二届中执会第一次全会通过各省党务报告决议案》（1926年1月25日），中国第二历史档案馆编：《中国国民党第一、第二次全国代表大会会议史料》（上），江苏古籍出版社1986年版，第460页。

③ 《中国国民党第二届中执会第二次全会通过整理党务案决议案》，中国第二历史档案馆编：《中国国民党第一、第二次全国代表大会会议史料》（上），江苏古籍出版社1986年版，第714页。

沉重打击，而且也严重打击了国民党左派的势力。

更严重的是，共产国际驻中国代表鲍罗廷对当时局势的判断，直接导致共产国际改变对中国的政策，在组织上对蒋介石让步。最终造成蒋介石在北伐前独揽大权。这种情势不仅对国共合作造成重大打击，而且严重影响了国民党二大所确立的工人运动方针的执行，阻碍了工人运动的发展。

第二节　第三次全国劳动大会的召开

一、第三次全国劳动大会的筹备工作

中华全国总工会作为全国工人运动的总组织，是各工会的联合机构。根据《中华全国总工会总章》第六条之规定："本会之最高机关为全国代表大会，每年举行一次；并得举行临时大会，均由本会执行委员会召集之。"[1]中华全国总工会执行委员会有权召集召开全国劳动大会。因此，总工会执行委员会1926年4月8日开会决定，于5月1日召开第三次全国劳动大会，并改选执行委员会。召开第三次全国劳动大会的主要目的是"考察全国职工运动状况，作一总结算，并规划以后全国职工运动方略。"这次会议决定成立第三次全国劳动大会筹备委员会，委员为刘少奇、戴卓民、陆沉、孙良惠、刘尔崧5人，另致电"赤色职工国际，苏联、德、法、英、日、印度、爪哇、菲律宾及各国工会，请其派员参加，并致电全国各工会准备代表列席。"[2]苏联、英国、

---

[1]《中华全国总工会总章》，中华全国总工会中国工人运动史研究室编：《中国工会历次代表大会文献》第1卷，工人出版社1984年版，第34—35页。

[2]《将在粤召集第三届全国劳动大会》，《广州民国日报》1926年4月9日，第10版。

法国等国纷纷表示愿派代表参加。

第三次全国劳动大会筹备委员会成立后,对各委员的分工作了进一步的明确和划分。文书处为戴卓民,下设书记统计各一人,宣传部主任为陆沉,下设新闻一人,书报标语管理一人,讲演管理一人,并推选彭月生担任,事务处主任尚未定人,下设会计、招待、布置各一人。筹备委员会十分注重大会的宣传工作,"并定一日期招待本市新闻记者,请其帮忙鼓吹,又组织宣传队向各工会宣传,并谓各军政治部主任在各军宣传。请省农会转知各处农民协会向农友宣传尽力宣传,印刷标语画报张贴工会街市。"[①] 筹备委员会还请农民协会转告各农会,向农民群众广泛宣传,并在各工会张贴宣传标语和画报,以扩大大会的影响。

为更好地宣传第三次全国劳动大会,筹备委员会特于4月13日下午在国民餐店,招待广州市各大报馆通讯记者,还函请各军长在大会作政治报告,并将宣传大纲寄给各军政治部,希望"将此次大会之意义,向一般士兵宣传。"此外,大会还致信军政工商学各界名流,如谭延闿、古应芬、伍朝枢、冯菊坡、毛泽东、阮啸仙、张国焘、诸民谊等三十多人,邀请他们"撰文在各报发表,从事鼓吹,藉收宣传之效。"[②]

为联络更多工会代表参加第三次全国劳动大会,4月14日代会长刘少奇前往广东总工会接洽,并与工会理事长苏喜庭,理事唐溢潮、陈森、何季初等谈论良久。广东总工会表示愿意参加第三次劳动大会,只是对于"不满五百人之工会,须联合其他工会

---

① 《第三次全国劳动大会之进行》,《工人之路特号》第287期(1926年4月11日),第3版。

② 《全国劳动大会筹备近讯》,《广州民国日报》1926年4月13日,第10版。

推举代表一人出席一节，恐推举代表时发生困难。"①双方商定继续协商代表选派办法。另外，中华全国总工会向广东省农民协会发送1000份第三次全国劳动大会宣传大纲，希望农民协会将其分发给各乡农会，以加强工农阶级的联合。

中华全国总工会决定召开第三次全国劳动大会后，请求国民党中央协助"预算此次大会代表约四百人，北方各省约二百人，广东香港约二百人，并电赤色职工国际，及英、俄、德、法、日本、印度、爪哇、菲律宾诸国工会，邀请派代表来华参加。"大会召开10天，除了代表的经费外，"经费约八千六百元，筹措方法即由各工会认捐，但至多不过三千元，不足之数，拟请各方捐助。"因第三次全国劳动大会事关国民革命的发展，所以特别请国民党捐助。

随后，第三次全国劳动大会第一次筹备会议，在国民党中央党部礼堂召开。秘书长刘少奇报告筹备经过，并称召开第三次全国劳动大会有三种重大意义，"一、检查过去一年奋斗所得之经验；二、决定将来进行方针；三、改选中华全国总工会职员。"关于大会的宣传工作，刘少奇称"已在本市及各省报纸发表新闻，拟定宣传大纲，招待新闻记者，发出宣传后到各工会演讲。"②

4月16日，第三次全国劳动大会筹备委员会召开第二次筹备会议，列席者有邓中夏、陆沉等十余人，由刘少奇作报告。这次会议提到了第三次全国劳动大会代表的选派方法，规定如下"在五百人以下之工会，可合联数工会选派一代表，如发生困难时，可每工会选一代表同时出席大会，但该数代表只有一个表决权。"③

---

① 《筹备第三次全国劳动大会进行》，《广州民国日报》1926年4月16日，第3版。
② 《第三次全国劳动大会第一次预备会情形》，《工人之路特号》第306期（1926年4月30日），第3版。
③ 《第三次全国劳动大会筹备昨讯》，《广州民国日报》1926年4月17日，第3版。

后来经过讨论，选派代表的方法又略有变更，考虑到选派代表时可能出现的困难略为修改如下："各工会选派出席大会之代表，以工会会员人数为比例，凡工会有会员五百人至二千人者，得派一代表，以外每增加会员二千人，得加派一代表，在五百会员以下之工会，可联合数工会选派一代表，但发生困难时，该数工会可每工会选一代表同时出席大会，但该数代表只有一个表决权。"①至此，第三次全国劳动大会关于代表选派的方法，大致确定下来，并成为各工会选派代表的标准。

4月19日，中华全国总工会与广东省农民协会共同召开联席会议，出席者有农会代表萧一平、李永湛；总工会代表刘少奇、邓中夏等。这次会议中工农代表分别汇报了各自大会的筹备情形，以及五一节时工农大会召开的会议日程。此次大会除了有工农代表参加外，还有来自俄国、德国、英国、法国等国的代表参加。4月25日，各国已经确定参加第三次劳动大会的代表人选。参加者分别是莫斯科职工国际总秘书兼全俄职工会中央理事会会员路索甫斯基，英国职工会左派执行委员汤漫安，法国劳动总同盟秘书拉克孟，俄国金工联合会代表李布西等。显然，第三次劳动大会已经得到苏联、英、法等国工会的认同和支持。

4月20日，第三次劳动大会执行委员会召集各工会代表会议，主要议决如下：一、本市各工会"五一节须一律停工一天，参加示威运动"；二、"各工会须多备宣传旗帜"；三、"须联络农工学兵，一直参加示威运动。"②由此可以看出，为保证第三次

---

① 《全国劳动大会筹备消息》，《工人之路特号》第294期（1926年4月18日），第3版。

② 《工人代表大会对五一节劳动节之通告》，《广州民国日报》1926年4月30日，第10版。

全国劳动大会的胜利召开，劳动大会执行委员会对各工会提出了具体的要求和任务。

4月26日，第三次劳动大会筹备委员会召开会议，讨论分配各部工作问题。经过长时间的讨论，确定了各部门的人选。事务处正主任李森、副主任孙良惠，书记处冼一宇，招待主任戴卓民、招待员刘瑞、吕汉泉、杨瑞轩、周福、罗伟等。会计庶务主任黄国良，文书部主任赖玉润、李天民，收费为谭奇英、马佐文，抄写为李宝中、张功弼，油印为陈国珍、萧光球，记录为罗伯良、李国光、何庆绵、李南生、丘剑。翻译为龙业鼐，登记为李天民，统计为陈国柱。[①]4月28日，筹备委员会再次召开会议，确定宣传部职员名单，分别是"主任罗章龙，编辑蓝裕业，校对王剑一、李南生，发行萧光球、周荣生，新闻记者俞寄浑。"[②]

4月30日，第三次全国劳动大会召开第二次筹备会议，共二百余人出席。这次会议推举刘少奇为临时主席。会议开始后，首先组建审查代表资格委员会，委员为王朗墀（广州）、周树垣（香港）、张佐臣（上海）、赖炎光（潮汕）、孙云鹏（全国铁路工会）、唐汉（海员工会）、李梓贞（北方各地）、陆九（广东各地）、钟山（梧州）、傲仙瑞（湖南）。其次推举大会主席团成员，分别为陶作然（天津）、许世光（湖北）、苏兆征（海员）、郭笔仙（梧州）、萧式敏（广州）、袁福青（湖南）、郑绍山（铁路）、王亚璋、邓中夏（全国总工会）、张春奇（潮梅汕）、冯敬（香港）、卢星三（山东）、李立三（上海）、叶璋（广东各县）。再次组建秘书厅，由事务部、文书部、宣传部组成。刘少奇担任秘书厅

---

① 《全国劳动大会筹备消息》，《广州民国日报》1926年4月27日，第6版。
② 《全国劳动大会筹备消息》，《广州民国日报》1926年4月29日，第3版。

长、陆沉、董平、赵世炎担任副秘书长。最后大会还决议了代表表决权问题，规定"凡满二百人以上者，以人数多少为比例。"①另外，还推举汪精卫、蒋介石、鲍罗廷、谭延闿为大会名誉主席。这次会议是第三次全国劳动大会筹备委员会最后一次会议，已经确定将要召开的大会的所有程序，并完成大会所有的筹备工作。

　　需要提及的是，第三次全国劳动大会筹备委员会在确定了代表选派方法的同时，也议定了大会会议的规则。其规定如下："第一条、本会选举主席十五人组织主席团，本会议事日程，由主席团编定。第二条、必有各该工会正式证书审查合格，由本会经给出席证之代表，才有表决权，凡有过半数代表之出席即为正式会议。第三条、每一代表有一表决权。第四条、各种议案经出席代表过半数之表决通过，即为议决案。第五条、凡临时提案须有三人以上附议方得成立议案，再由主席交会议讨论。第六条、讨论某一议案时，每代表发言以三次为限，第一次廿分钟，第二次十分钟，第三次五分钟（但翻译时间不在此限）。第七条、代表发言时须起来，不能与人同时发言，如有争论时，由主席临时指定发言之先后。第八条、会场秩序由主席维持，如有扰乱会场，由主席选派人扶出会场，再提交会议处置。第九条、议案表决法由主席临时决定。第十条、表决议案如赞否人数相等时，则取决于主席。第十一条、会议时间每次以三小时为限，但过必要时，主席得延长之。第十二条、会议时各代表非有要故，不得离席，如离席时，须经主席特准。第十三条、本规则经大会通过后即发生效力。"②

---

　　① 《全国劳动大会消息》，《工人之路特号》第307期（1926年5月1日），第3版。
　　② 《第三次全国劳动大会会议规则》，《工人之路特号》第306期（1926年4月30日），第3版。

从第三次全国劳动大会的筹备过程可以看出，中华全国总工会对这次会议非常重视，组建了第三次全国劳动大会筹备委员会，对各部门进行了具体的分工。筹备委员会除了制定议程、代表选举办法和大会会议的规则外，更是格外重视这次大会的宣传工作，请求记者、各军政治部、广东省农民协会等宣传这次大会，以扩大大会的影响，吸引更多工人群众参加。这为第三次全国劳动大会的召开奠定了基础。

二、第三次全国劳动大会召开

由于这是中华全国总工会首次独立举办全国劳动大会，为更好地体现党的工运立场，为工运指明方向，1926年4月20日，中国共产党致信第三次全国劳动大会，在信中共产党表示尽管工人阶级已经有了长足的发展，但是在全国人口比例上仍是比较弱小的。随着帝国主义及军阀势力对北方工人运动的打击，中国共产党建议工人阶级要摆脱独自奋战的局面，联合劳苦群众，"要组织一般的工人群众，并且要和劳苦的农民群众组织亲密的同盟，领导他们参加一切经济的政治的争斗，才免得工人阶级孤军奋战之苦难。"共产党呼吁若要打倒反动势力，必须尽可能地扩大工人阶级和其他阶层的联合，即"我们必须努力扩大及巩固全国工人农民及一切劳苦群众的联合战线，才能抵抗一切特权阶级的压迫，以至获得我们政治争斗的初步胜利——民族革命的胜利。"[①]共产党所提出的扩大工农联合战线的主张，与其工人运动的政策是一脉相承的。

---

① 《中国共产党致第三次全国劳动大会信》（1926年4月20日），中央档案馆编：《中共中央文件选集》第2册，中共中央党校出版社1989年版，第94页。

5月1日，第三次全国劳动大会与广东省第二次农民代表大会在广州同时开幕。"大会到会代表共五百零二人，代表有组织的可统计的一百二十四万一千余人，共四百余工会，其中会员人数在二十万以上者有两个工会，在一百以下者两个工会，在一千至三千者九十四个工会，在五千至一万者三十七个工会，在一万至五万者十六个工会。代表职业以运输业为最多，次为食品、纺纱、织造、建筑、煤矿、印刷、手工业等。"①此外，还有英、俄、德、法、美、日等国代表，以及中国国民党中央党部、赤色职工国际、中国共产党、中国共产主义青年团、广东省农民协会等代表参加。

会场设在国民党部礼堂，前门搭建牌楼一座。礼堂内部的布置也颇具匠心，中央悬挂革命领袖孙中山像，画像两旁分别放置国旗、党旗、工旗和农旗，上部有红底白字之横幅"国民政府下的五一节，是团结一切革命势力反对帝国主义之纪念日。"②旁边的大柱大书各种标语，如全国工人在中华全国总工会之下团结起来、全国工农兵商学大联合、工农大联合、世界无产阶级联合起来、拥护国民政府等。会场左右两边分别搭建两排座位，左边为劳动大会代表席位，右边为农民代表席位。从整个会场的布局安排来看，无一不体现工农团结的主题。

上午9时，工人农民等代表约二千人进入会场，10时大会正式开始。秘书长刘少奇宣布大会的代表人数，以及主席团姓名，"计工界方面邓中夏、邓少山、苏兆征三人，农民代表周其鑑（鉴）、袁基二人为主席团，复由主席团推定邓中夏为主席。"③国民党

---

① 乐生：《第三次全国劳动大会之经过及其结果》，人民出版社辑：《第一次国内革命战争时期的工人运动》，人民出版社1954年版，第219页。
② 《广州劳动节之热闹》，《晨报》1926年5月18日，第5版。
③ 《五一工农两大会联合开幕》，《广州民国日报》1926年5月3日，第2版。

中央代表林祖涵宣读中山先生遗嘱，全体代表起立向国旗、党旗行三鞠躬，并为牺牲的革命领袖和死难烈士默哀三分钟。随后大会主席邓中夏致开幕词，他表示工人和农民在省港大罢工，以及反对张作霖的战争中努力奋争，才有了如今革命潮流的高涨。对于在反抗帝国主义和军阀斗争中牺牲的刘华、顾正红等同志，邓中夏提议工人阶级"要继续已死同志未竟的工作……集中我们的力量，并与各阶级建立联合战线。"[①]

邓中夏致词完毕后，由刘少奇宣布各团体的祝词。比如中国国民党在发来的祝词中表示：中国现在纷乱的局面，完全由帝国主义和军阀一手造成。若不推翻帝国主义和军阀，中国将永远无法实现民族解放。国民党希望"贵公会集合全中国革命先锋——工人之力量，一致团结于国民革命旗帜之下，努力于反帝国主义及其工具——军阀之运动，以完成国民革命之使命，而达民族解放之目的。"[②]中国共产主义青年团在发来的祝词中认为：在反动势力向工人阶级大举进攻之时，第三次全国劳动大会的召开，可以"审查过去得失利败之经验，决定此后攻守战斗的策略，实为环境最迫切的要求。"[③]

刘少奇宣读各团体祝词完毕后，由各团体代表继续发表演说。第一位为国民党中央政治委员会代表林祖涵。其演讲大略谓国民党遵守总理遗训，希望"工农两大势力联合起来，帮助革命政府，完成中国革命。"第二位为国民党中央代表詹大悲。他认为工农是革

[①] 邓中夏：《开幕词》，中华全国总工会中国工人运动史研究室编：《中国工会历次代表大会文献》第1卷，工人出版社1984年版，第53页。

[②] 《中国国民党中央执行委员会祝词》，中华全国总工会中国工人运动史研究室编：《中国工会历次代表大会文献》第1卷，工人出版社1984年版，第50页。

[③] 《中国共产主义青年团祝词》，中华全国总工会中国工人运动史研究室编：《中国工会历次代表大会文献》第1卷，工人出版社1984年版，第51页。

命的主力军。中国国民党"愿遵守总理的主张，去扶助工农发展，决不欺骗工农群众。"第三位为中国共产党代表赵述之。他阐述了五卅运动后，工农组织日益发展，工农群众在国民革命中展现了强大力量的事实，希望这次大会应"继续我们奋斗精神，规划更好的政策，联合向我们敌人帝国主义军阀进攻。"第四位为共产主义青年团代表林根。他指出工农群众作为革命的主力，大会代表在这次大会"应讨论如何对付反动局面"，希望大会代表关注青年与未成年，他们"做同样长的工，工资特别少，不能受教育娱乐机会，青年工农是成年工农的后补者，青年工农生活不改良，必大大影响于成年的工农。"最后是由农民代表陈某进行演说。他表示"此次大会为同人等与工友共同努力之一日，此后誓继续以前牺牲精神，达到完全胜利之目的。"① 各团体代表演讲完毕后，大会宣告休会。随后与会各代表每人手执红旗到东较场参加五一节纪念大会。

  5月2日上午10至11时，大会继续在国民党中央党部召开。会议首先是"推定临时主席团"，成员分别来自工农两个大会。工人大会方面为陶卓然、苏兆征、萧式敏、袁祐青、许世光；农民大会方面为邓一舟、黄悦城。然后，国民政府政治委员会主席谭延闿报告"国民政府现状"，黄埔军校校长蒋介石报告"工农兵大联合"。下午2时半至5时，国民党中央党部委员谭平山报告"中国政治状况及社会状况"。② 随后工农代表六百余人出席纪念廖仲恺先生纪念碑奠基礼。第三次全国劳动大会代表在廖仲恺先生遇害处，竖立纪念碑，碑文由谭延闿和蒋介石书写。下午6时许，刘少奇宣布举行奠基礼，邓中夏朗读劳动大会所撰写的

---

① 《五一工农两大会联合开幕》，《广州民国日报》1926年5月3日，第3版。
② 《工农两代表大会第二日》，《广州民国日报》1926年5月3日，第3版。

碑文，并宣布默哀三分钟。随后廖仲恺夫人何香凝女士发表演说，她指出廖仲恺先生为了全国民众解放，为了世界革命成功，而被帝国主义及军阀杀害，希望"工农群众自己更加团结，更加进步，即所以纪念廖先生。"①

5月3日，劳动大会举行第三次正式会议，出席代表五百余人。大会首先由全国总工会出席赤色职工国际大会代表李立三，报告"出席赤色职工国际大会经过情形。"李三立报告完毕后，大会通过了昨日蒋介石所作的工农兵大联合的报告决议案。其次由工农两大会发表宣言，拥护国民政府和国民革命军，并由秘书厅起草宣言内容。随后两大会致信国民党，表达希望清除国民党内叛变革命的份子，继续实行孙中山确定的三大政策，完成国民革命的意愿。最后大会主席彭湃提议5月7日两大会代表向国民政府请愿出师北伐，肃清军阀和反革命派，统一中国。另外，大会还讨论审查了代表资格委员会之审查条例问题。②

5月4日上午9时，大会举行第四次正式会议，出席代表"四百十三人，旁听四十余人"。当日主席为"陶作然、苏兆征、赵式敏、袁裕春、许世光。"赵式敏宣布报告的程序，原定国民政府高等顾问鲍罗廷报告"世界革命状况"，但鲍罗廷因有事不能出席而改期报告，遂由上海总工会委员长李立三报告"世界工会运动状况。"鉴于帝国主义不愿诚心解决省港大罢工，而这并非是英国工人所愿，所以香港代表团随后提议"由大会打电报致英国工会，请求援助。"全体代表一致赞成通过。紧接着当日中

---

① 《工农两大会代表举行廖先生纪念碑奠基礼》，《广州民国日报》1926年5月3日，第3版。

② 《工农联合大会第三次会议纪》，《工人之路特号》第310期（1926年5月5日），第3版。

午 12 时广州各界举行五四纪念大会，请第三次全国劳动大会派代表参加，大会决定"每一代表团举一代表参加。"① 最后主席提议全体代表于下午 2 时到中华全国总工会集合，慰问省港大罢工工人。当工农大会代表到达东园罢工委员会门前时，省港大罢工纠察队持枪站立欢迎。各代表"高呼省港罢工胜利万岁。"② 工会代表与罢工委员会遂入训育亭礼堂开会，罢工委员长苏兆征致欢迎词和报告，朗诵工人和农民两大会的慰问罢工书等等。会议结束后，工农代表又观看了纠察队半小时的操演。之后全体工农代表集体返回。

5 月 5 日上午 9 时，大会举行第五次正式会议，出席会议代表"二百八十九人"，当日主席为"卢星三、叶璋、邓中夏、王亚璋、正主席为郭华俊"。刘少奇报告"职工运动之发展"，报告完毕后，秘书长告知计划明天晚 7 时，在知用中学校举行欢迎会，请各位代表于 6 时半在总工会集合前往。最后推举议案审查委员，需要组织的委员会如下"（甲）职工运动之总策略、（乙）组织问题及其运用之方法、（丙）经济斗争及斗争之步骤、（丁）罢工战术宣传教育问题、（辛）失业问题、（壬）合作社问题、（癸）修改章程问题。"③ 并规定了每一个审查委员会的代表人数，即"广州四人、香港三人、上海二人、广东各县二人、铁路二人、海员一人、湖南一人、北方二人、广西二人。"下午大会代表慰问林伟民，每人给其捐助半毫医药费。

当日下午 2 时，大会举行第六次正式会议，出席代表"计三百七十人，旁听者廿余人。主席陶作然、苏兆征、萧式敏、袁祐青、

---

① 《劳动大会之第四日》，《广州民国日报》1926 年 5 月 7 日，第 3 版。
② 《工农代表慰问罢工工友情形》，《广州民国日报》1926 年 5 月 7 日，第 3 版。
③ 《劳动大会之第五日》，《广州民国日报》1926 年 5 月 7 日，第 3 版。

许世光，再由主席团推定王亚璋同志为正主席。"因当日为马克思诞辰一百零八周年纪念日，所以由邓中夏报告"马克斯略史"，并表示"马克斯为无产阶级解放导师，马克斯主义是无产阶级得到解放之唯一武器，马克斯真正信徒是列宁，依着马克斯所指示之道，致成就苏联革命，并创立共产国际，解放全世界人类，推翻国际资本帝国主义。"邓中夏带领大家高呼"全世界无产阶级联合起来。"随后是省港罢工委员会委员长苏兆征报告"省港罢工经过"，他"详述省港罢工经过与原因、与罢工内部之组织、大罢工之效果、帝国主义破坏罢工之阴谋、罢工经费之来原。"最后苏兆征指出了"英全国工人三日起已举行大起义，将致帝国主义死命。"① 晚上7时，大会代表在番禺学宫举行纪念马克思大会，出席者除了工农代表外，还有"广大文科学长郭沫若，北大教授陈启修，《向导》周报彭述之等赴会。"② 代表们合唱国际歌，郭沫若、陈启修进行演讲等活动。夜12时，纪念大会散会。

5月6日上午9时，大会举行第七次正式会议，出席代表"三百零七人，旁听者百余人。主席团苏兆征、袁祐青、萧式敏、许世光、陶卓然五人。"主席许世光宣布开会后，胡汉民发表演说。胡谓"赴俄之目的，为欲学俄国革命理论，考察俄国革命成功之原因。在俄所见，证明工人确是革命之主力军。"之后为刘少奇报告中华全国总工会"一年来的会务经过"，主席团对刘少奇报告"一年来总工会的会务经过的决议案"，全体代表无异议通过。最后是各代表发表意见，如南洋代表建议"全国总工会派人过去指导工作案，决议"；哈尔滨代表提出"哈尔滨工会很少接到总工会

---

① 《劳动大会之第六日》，《广州民国日报》1926年5月7日，第3版。
② 《纪念马克斯大会情形》，《广州民国日报》1926年5月7日，第3版。

的指导，以后望多互通消息，决议。"①

下午3时，大会召开第八次正式会议。出席代表"三百余人，旁听者六十余人。主席邓中夏、王亚璋、卢星三、叶璋四人。"主席宣布会议开始后，首先由上海总工会委员长李立三报告"上海职工运动情形"。他详细讲述"上海总工会成立经过及军阀帝国主义压迫情形"，整个报告历时甚久，长达三个小时。随后秘书长宣布今晚7时，在知用中学礼堂开欢迎代表大会，请各位代表莅临。另外晚上7时，职工运动审查委员会在总工会召开，"审查职工运动总策略。"在最后的临时提议中，广州代表提议"广州工人代表出席大会每日仅由各该工会给与交通费二毫，实不敷使用……请主席团负责解决。"②

5月7日上午9时，大会召开第九次正式会议。到会代表"三百七十三人，主席团为邓中夏、王亚璋、卢星三、叶璋；正主席邓中夏。"大会开始后，由国民政府高等顾问鲍罗廷报告"世界革命运动"，历时两个小时。鲍罗廷指出欧洲为偿还美国债务，极力压榨工人阶级。他认为"工人阶级与资本主义决斗，形式已极严重，并引此次英矿工罢工，认为最后斗争之开始。"③

下午3时，全国劳动大会以及广东农民大会代表，大约千人，从番禺学宫出发，高举"请愿国民政府出师北伐"的大旗，抵达国民政府草地，由代表李立三入内呈递请愿书。工农代表在请愿书中指出英日帝国主义与张作霖、吴佩孚联合向国民军进攻，摧残和压迫工人阶级。工人阶级的唯一出路是"积极参加国民革命，以与军阀与帝国主义者作殊死之斗争，根本打倒帝国主义及军阀，

---

① 《劳动大会之第七次》，《广州民国日报》1926年5月10日，第3版。
② 《劳动大会之第八次》，《广州民国日报》1926年5月10日，第3版。
③ 《劳动大会之第九次》，《广州民国日报》1926年5月10日，第3版。

方能保证我被压迫民族之生存。"国民政府作为革命的中心，为全国民族利益而奋斗。工人阶级"向钧府表示最亲挚之同情和拥护，特此前来，请愿出师北伐，打倒一切军阀，肃清一切反革命派，拯我人民于水火，为民众伐罪。"国民政府主席谭延闿来到草地答复工农代表，他表态"国民政府秉承总理遗训，实行国民革命，国民革命在求中国之自由平等。"在工农群众饱受帝国主义和军阀的摧残和压迫，并请愿请国民政府出师北伐之时，谭延闿答复"国民政府定于最快时间接受，并已在积极准备中，希望全国人民起来，为国民政府后盾。"①

5月8日上午9时30分，大会召开第十次正式会议。出席代表"三百五十一人，旁观人数四十余人，主席团为苏兆征等五人。"刘少奇首先告知：下午6时，"国民党中央党部、广东省党部、广州市党部、国民政府、省市政府，在中央礼堂欢宴劳农教育三大会代表。"然后由邓中夏报告"职工运动的总策略问题"，报告完毕后，大会代表热烈讨论，略作修改后，表决通过。随后审查代表资格委员会报告，认为水陆负贩劳业会等工会团体"不很正式，不准参加。"最后是主席团报告："各地报告因时间关系，现只请省港罢工会、上海总工会报告，其余各工会都请用书面报告。唯北方情形，全总部甚明瞭，特别推举一人报告。"②

下午3时，大会召开第十一次正式会议。因国民政府将在中央礼堂欢迎工农及教育各代表，故此次会场改设在罢工会训育场。出席代表"三百五十余人，主席团为李立三、冯敬、郭华俊、邓少山、张春友。"首先由项英报告"组织问题及其运用之方法。"

---

① 《工农代表请愿北伐详情》，《广州民国日报》1926年5月10日，第3版。
② 《劳动大会第十次会议》，《广州民国日报》1926年5月11日，第3版。

其次讨论"甲、工会统一问题、内中包含名称统一、旗帜统一、组织统一、关防统一各问题。乙、纠察队与工人自卫团问题。丙、公开组织机构与秘密组织问题。"最后表决"（一）国民政府下一切工会应统一案、其名称、关防、旗帜之统一、及纠察队与工人自卫团的形成问题、责成下届执行委员办理，（二）组织问题及其运用方法决议案通过。"①下午6时，宣布休会。

5月9日上午9时30分，大会召开第十二次正式会议，会场在国民党部大礼堂。出席代表"三百四十七人，主席团为邓中夏、王亚璋、叶璋、卢星三诸人。"大会议程为（一）北方报告。（二）通过省港罢工决议案。（三）通过用大会名义发表拥护省港罢工宣言。（四）由大会议决交主席团召集省港罢工负责代表，及各代表团主任，开联席会议，商议省港罢工事项。（五）电国民第一军要求释放全国铁路总工会被捕执行委员史文彬。（六）电唐生智要求启封水口山矿工会。会议中间，大会邀请的广东代表团赶到，"计有省港罢工代表古觉岸、赖满、毛树珍，商界代表廖云，工人代表胡超诸人。"大会特别提到北上的工人代表团，认为北上的代表团"历尽艰难"，其中"列炳、陈桂琛两同志，且身殉北京三月十八日之难。"大会默哀一分钟，之后北上罢工代表毛树珍报告"三月十八日惨杀情形"，报告完毕后，与会代表高呼"列陈两烈士精神不死，取销不平等条约，打倒卖国军阀诸口号。"②中午12时，大会散会。

下午2时，大会召开第十三次会议，会场在国民党部大礼堂。出席代表"三百三十三人，旁听者百余人。主席团为萧式敏、陶卓

---

① 《劳动大会第十一次会议》，《广州民国日报》1926年5月12日，第3版。
② 《劳动大会第十二次会议》，《广州民国日报》1926年5月12日，第3版。

然、苏兆征、袁祐青、许世光。"正主席苏兆征宣布开会后，首先由审查代表资格委员会报告，接下来赵世炎报告"宣传与教育问题。"随后主席团报告事项为："（一）秘书处提出致张家口督办鹿钟麟释放京汉铁路委员苏文彬电（全体通过）、（二）致湖南省长唐生智督促其反吴到底，并要求启封水口汕头俱乐部电（全体通过）。"此外当晚7时，全体代表一致参与在广东大学召开的农工教育三界联欢会。各审查委员则参加在总工会召开的"罢工战术审查委员会。"[①]晚7时，教育大会代表在广东大学广场，请全国劳动大会和广东农民大会代表开联欢大会，到会一千余人。与会代表先向党旗、国旗三鞠躬，在主席致词后，大家相继演讲，最后由"邓中夏、陈信明将工农教育联欢会决议案，向众宣讲，经一致表决。"[②]

5月11日上午，大会举行第十四次会议。出席代表"三百四十三人，旁听数十人，由主席团推定李立三、王广。"本日原为闭会日，因有许多议案尚未讨论完毕，特延长一天。本次会议原定各地报告，因时间不够，改由书面呈交。随后主席报告晚7时由广州四商会在广东大学召开联欢会。接下来大会提出"中国职工运动的发展决议案，全体赞成通过。"最后由秘书长报告"（一）佛山市党部致大会祝词、（二）江门工会请政府惩办摧残工会之土豪劣绅、（三）汕头工会请各代表归途至汕头时少作逗留、（四）航空同志会要求我们一致加入航空会、（五）答复四商会致欢迎会为农工商学联欢会、（六）粤路工会与第二军纠纷问题，决议由大会派人劝告工友不可罢工，并派人请政府从速解决此事。"[③]中午12时半，大会散会。

---

① 《劳动大会第十三次会议》，《广州民国日报》1926年5月12日，第3版。
② 《农工教育代表之联欢大会》，《广州民国日报》1926年5月11日，第3版。
③ 《劳动大会第十四次会议》，《广州民国日报》1926年5月13日，第3版。

当日下午，大会召开第十五次会议。这次会议讨论了"罢工的战术问题，李森同志报告经济斗争最近的目标及其进行步骤。"全体代表一致通过上面两个决议案。主席团报告了"本届全国总工会执行委员增加人数，计执行委员三十五人，候补十七人。"再者"候补执行委员十七人，由主席团决定写出名单，再提出大会通过，如果不能通过重新选举。"[①]最后告知全体与会代表，晚7时在广东大学举行工农商学联欢会，13日早上全体代表参加公祭黄花岗的活动。

5月12日上午，大会召开第十六次会议。出席代表"三百六十五人，旁听者百余人。主席仍为苏兆征等五人。"在这次会议上，王亚璋报告"女工童工问题"、陈公博报告"劳动法大纲"、陆沉报告"合作社问题"、许世光报告"失业问题"。大会代表团提出的议案"计有四十七件之多，分别通过，交新执行委员会执行。"在讨论完决议案后，秘书长报告了"（一）广九、广二、粤汉，三铁路联合会于十四日开欢迎会请各代表出席、（二）下午全体代表照像、（三）今晚五时到小东门万珍酒楼晚膳。"[②]

大会在这一天选举产生了中华全国总工会执行委员和候补委员的名单，执行委员扩充为35人，分别是林伟民、苏兆征、戴卓民、李立三、项英、王亚璋、王功、张佐臣、邓培、王荷波、朱少连、刘山松、刘尔崧、申耀、陆枝、原顺鸿、冯敬、沈润生、何耀全、袁容、张春奇、李森、许世光、袁祐青、卢星三、钟山、陶卓然、袁大石、丁志华、王文石、邓中夏、黄平、陆沉、刘少奇及广东兵工厂1人名未详。[③]候补委员共17名，分别是魏锡珍、王昌教、

---

① 《劳动大会第十五次会议》，《广州民国日报》1926年5月13日，第3版。
② 《劳动大会第十六次会议》，《广州民国日报》1926年5月14日，第3版。
③ 《劳动大会第十七次会议》，《广州民国日报》1926年5月14日，第3版。

李光才、黄金源、冯才、罗珠、郭华俊、叶璋、孙良惠、吕汉泉、伍森、邓汉兴、黄俊学、朱宝庭、郭亮、孙云鹏、周振声。"委员中选出常务委员九人，设秘书厅，及下置各科，又设组织宣传两大部，管理全部组织及宣传教育事务，又于各大埠分区设办事处，指挥全国的工作。"①随后李立三致闭幕词，宣布第三次全国劳动大会正式闭幕。

5月14日，全国总工会召开第二届执行委员会第一次会议，主要选举临时主席、委员长、常务委员。会议首推苏兆征为临时主席，经过记名投票后，选举苏兆征为执行委员长，常务委员为：邓中夏、刘少奇、李立三、朱少连、何耀全、刘文崧、项英、陆枝等9人。②

第三次全国劳动大会从开幕至结束，共作出如下报告：一年来职工运动之发展及其在国民革命中之地位、全国政治状况与社会状况、国民政府现状、世界革命状况、世界职工运动、苏联状况、全国总工会执行委员会报告、上海总工会报告、省港罢工报告、工农兵大联合报告、出席赤色职工国际经过报告。这些报告经过大会代表的讨论和修改，通过了如下的决议案和决案，分别是《中国职工运动总策略决议案》《组织问题与其运用之方法决议案》《经济斗争最近目标与其步骤决议案》《罢工战术决议案》《工会运动中之女工及童工问题决议案》《劳动法大纲决议案》《失业问题决议案》《合作社问题决议案》《关于中国职工运动的发展及其在国民革命运动中之地位报告的决议》《关于全国总工会执行委员会工作报告的决议》《关于全国政治状况与社会状

---

① 《劳动大会闭幕后之宣传大纲（二）》，《广州民国日报》1926年5月18日，第10版。
② 《全国总工会第二届执行委员第一次会议情形》，《广州民国日报》1926年5月15日，第3版。

况报告的决议》《关于国民政府现状报告的决议》《关于工农兵大联合报告的决议》《关于上海总工会报告的决议》《关于省港罢工报告的决议》《关于苏俄状况报告的决议》《关于全国总工会出席赤色职工国际代表报告的决议》。

大会共发布如下通电和宣言。分别是："第三次全国劳动大会宣言"、"大会开幕通电"、"'五一'国际劳动节告工友书"、"'五一'国际劳动节告农友书"、"为'五四'纪念告全国民众书"、"为促进北伐向国民政府请愿书"、"慰问省港罢工工友书"、"告广东总工会及中国机器总工会的工友们"、"致全世界工人书"、"统一远东职工运动宣言"、"为省港罢工事致英国工联电"、"援助英国矿工罢工电"、"大会致中国共产党书"、"大会致中国国民党书"等。

第三节 第三次全国劳动大会的主要成果

一、刘少奇的《一年来中国职工运动的发展》报告

刘少奇在本次大会上作了《一年来中国职工运动的发展》的报告，总结第二次全国劳动大会以来职工运动的发展情况。首先他结合当时中国的政治形势，针对国民革命中工人阶级的地位进行了具体分析。刘少奇指出在五卅运动中，工人阶级在国民革命中的领袖地位得以凸显出来，与他们积极参加斗争，并联合学生、小商人等举行示威游行密切相关。工人阶级在遭受帝国主义的残酷压迫下，仍然能坚持长达三个月的活动。这表明工人阶级"其

主张最为先进，最能彻底；反帝国主义的奋斗，最能坚决。"①工人阶级的坚决斗争，不止在五卅运动，在省港罢工以及在全国各地，均有工人的罢工运动，他们站在反帝国主义运动最前线。故而刘少奇认为既往工人的奋斗事实"足以证明工人阶级在国民革命运动中之领导地位，是确凿不移的。"②

其次，刘少奇分析了各阶层在国民革命中的角色和地位，以及对待联合战线中的不同阶层，工人阶级应该采取的策略。大资产阶级在五卅运动中也有参加，但是这并非其本意。在上海和北京的反帝国主义斗争中，"处处都表示中国大资产阶级之妥协与反动。"③针对这种情况，他建议工人阶级"在资产阶级与帝国主义冲突最利害的时候，应与资产阶级合作，共同反对帝国主义。"当资产阶级表现出妥协和退让时，工人阶级应"极力反对，以防备资产阶级骗卖自己。"刘少奇的建议体现出对资产阶级既斗争又团结的方针，以加强和稳定联合战线。刘少奇还认为对待在国民革命中占有重要地位的小资产阶级、小商人、学生时，工人阶级应"促进小资产阶级之左倾，以补救其游移保守之根性"，并在完成这项工作的前提下，与小资产阶级联合，建立广泛的统一战线。在对待国民革命重要势力之农民阶层时，由于他们是工人阶级的同盟军，刘少奇建议工人阶级"切实提携"和"实力援助"。④

---

① 刘少奇：《一年来中国职工运动的发展》，中华全国总工会中国工人运动史研究室编：《中国工会历次代表大会文献》第1卷，工人出版社1984年版，第61页。
② 刘少奇：《一年来中国职工运动的发展》，中华全国总工会中国工人运动史研究室编：《中国工会历次代表大会文献》第1卷，工人出版社1984年版，第65页。
③ 刘少奇：《一年来中国职工运动的发展》，中华全国总工会中国工人运动史研究室编：《中国工会历次代表大会文献》第1卷，工人出版社1984年版，第61页。
④ 刘少奇：《一年来中国职工运动的发展》，中华全国总工会中国工人运动史研究室编：《中国工会历次代表大会文献》第1卷，工人出版社1984年版，第66页。

最后，刘少奇总结了工会的发展情况。五卅运动后，工会不仅数量日益增多，而且工会的统一运动也在进行之中；但是由于帝国主义的破坏，许多工人尚不能公开地参加工会，所以不能得到法律上的保障。因此，刘少奇号召工人阶级"必须积极地公开的作争工会条例的运动，虽然不能争得工会条例之颁布，亦可引导中国工人群众走到政治争斗的路上。"①

刘少奇所作的《一年来中国职工运动的发展》的报告，全面分析了工人在国民革命运动中的地位，以及对待联合战线中的不同阶层，工人阶级所应采取不同方法和策略的分析等。这为今后工人运动的发展指明了方向和道路，既有利于推动国民革命的进程，又有利于巩固和发展联合战线。

二、制定中国职工运动总策略

第三次全国劳动大会所通过的《中国职工运动总策略决议案》，制定了中国工人运动今后的方针和总策略。这涉及如何打倒帝国主义和军阀，如何团结全国工人一致奋斗等一系列重要问题。下面分别从工人阶级应采取的组织方式、应建立的联合战线，以及实际工作中应采用的策略等方面来加以阐述。

一、决议规定了工人阶级应不拘形式，采用不同的组织来实现国民革命的胜利。决议对工人在实际工作中所采取的组织方式进行了分析。第一种组织方式是工人阶级的政党，"工人政党在于团结目的一致和最能奋斗之工人为全国工人阶级之利益而奋斗。"这是最厉害的组织形式，那也就表明工人阶级公开服从中

---

① 刘少奇：《一年来中国职工运动的发展》，中华全国总工会中国工人运动史研究室编：《中国工会历次代表大会文献》第1卷，工人出版社1984年版，第67页。

国共产党的领导。第二种组织方式是工会，由于受到帝国主义的严厉摧残，有的工会不能公开存在。决议规定在不能公开的地方，"须有秘密的工会"，组建秘密工会的作用在于"少数诚实而勇敢的工人，不拘形式，能指挥工人一致奋斗。"[1]第三种组织方式是合作社、工人学校、俱乐部、图书室、饭堂、寄宿舍等合法的组织。不同的组织形式有利于工人在斗争中不拘形式，从而充分团结和调动工人一致奋斗。

二、决议规定工人阶级应与各阶层革命群众建立联合战线。决议指出产业工人主要分布在城市，发动罢工也是在城市。而农民群众在中国人口中是数量最多的，工人若要实现罢工的胜利，必须依赖广大的农民阶层。因此决议建议工人不仅要与农民建立联盟，而且工人还应"提携农民一致奋斗，这是有组织的工人群众不要忘记的。"决议同时还提出若要实现联合战线的壮大，不只是仅有工农的联盟，工人还应与"各阶级革命群众（特别是学生、小商人）建立联合战线。"[2]只有这样，才能组建最广泛的联合战线，壮大革命队伍的力量，实现为全民族利益而奋斗的目标。

三、决议规定工人阶级应听从中华全国总工会指挥，在斗争中审察时机。决议分析了工人群众与其他各阶层团结一致的方法。比如工人群众首先应该利用种种组织形式来团结工人，"利用小的争斗（如部分的经济斗争）"，实现产业工人与手工业组织的联合。其次工人群众"要求工会组织的自由和劳动法"，这也是团结工人共同抗击敌人的方法之一。再次工人群众应该"立即与

---

[1] 《中国职工运动总策略决议案》，中华全国总工会中国工人运动史研究室编：《中国工会历次代表大会文献》第1卷，工人出版社1984年版，第105页。

[2] 《中国职工运动总策略决议案》，中华全国总工会中国工人运动史研究室编：《中国工会历次代表大会文献》第1卷，工人出版社1984年版，第106页。

农民代表大会商定密切联合一致奋斗的方法。"以组建工农联合战线。最后决议提及工人阶级必须服从中华全国总工会的指挥，及"必须审察时机与自己的战斗力"[①]，以获得最大的战力和工人之间的团结一致。这就要求工人阶级在实际工作中，一方面应设法团结各阶层，巩固反对帝国主义的联合战线，另一方面在服从中华全国总工会指挥的同时，也必须在运动中评估敌我力量和形势，灵活应对。

《中国职工运动总策略决议案》的通过，为全国工人运动提供了总的策略，包括工人群众应该采取的各种组织方式，不应仅仅拘泥于工会；工人群众应建立与其他革命群众的联合战线，以及在实际的反帝国主义运动中，要认真评估敌我力量和审察时机。这从总体上指导了全国工人运动的发展，使得工人阶级在同帝国主义和军阀的斗争中，能灵活采用各种策略来展现他们的战斗力量。

三、细化中国工人运动的具体策略

为了实现国民革命的胜利，团结全国工人一致奋斗，采用各种战术和策略，实现工人的最大战斗力，以更好地支援北伐战争。大会就如何加强工会和工厂支部之组织建设、如何领导工人经济斗争、如何罢工等问题，制定了指引工人运动进一步发展的具体策略，这些规定细致而周密。下面根据工人运动不同的策略决议案，逐一加以阐述。

---

① 《中国职工运动总策略决议案》，中华全国总工会中国工人运动史研究室编：《中国工会历次代表大会文献》第1卷，工人出版社1984年版，第107页。

1、《组织问题与其运用之方法决议案》

首先，决议分析了帝国主义、军阀、中国资产阶级以及其他反动派，联合向工人进攻，促使工人阶级必须发展工会组织，根据严密和集中的原则建设工会。严密是要"工人群众在工会中加紧团结起来"，集中是指"在某地一个职业或一种产业，只有一个工会的组织。"[1]这就要求改变过去旧式和单级制的组织形式，根据职业和产业的划分，实现各级工会的统一，以促进工人的团结和工会力量的增强。

其次，决议阐述了如何巩固和加强工厂支部组织建设。工厂支部作为基层组织，根据严密而集中的原则，三人以上就可组建。平时作为训练工人的场所，斗争时成为工人的堡垒。在工会不能公开的地方，决议建议"厉行秘密工厂支部组织。"而且支部下面的排或团，人数不能过多，以免遭到厂家的压迫。决议也对支部干事会或无干事之小组每周开会的内容作了规定，比如报告工会工作、工场临时发生的问题，或者劳动常识、工厂生产情形、工人个人批评等等。[2]由此可以看出，决议对工厂支部的实际工作的规定细微而具体。

最后，决议规定根据职业或产业组建工会的联合组织。它指出全国的产业除了铁路、海员已经组建全国的组织外，其他的产业比如矿山、纺纱、五金、印刷、邮电、运输码头夫等均没有组建全国的组织。这也给中华全国总工会提出了要求，今后它应当努力建立这些产业的全国总工会。当各地建立总工会时，决议规

---

[1] 《组织问题与其运用之方法决议案》，中华全国总工会中国工人运动史研究室编：《中国工会历次代表大会文献》第1卷，工人出版社1984年版，第108页。

[2] 《组织问题与其运用之方法决议案》，中华全国总工会中国工人运动史研究室编：《中国工会历次代表大会文献》第1卷，工人出版社1984年版，第109页。

定"只应有一个总工会的联合组织。如有数个相同之性质组织者，应开联席会议，归并为一，以期工会的统一。"①

《组织问题与其运用之方法决议案》对工会以及工厂支部的组织建设，均有详细的规定，尤其是对工厂支部的实际工作和日常运行，这些规定细致而具体。这为今后全国工会的组织建设提供了明确而清晰的指导。

2、《经济斗争最近目标与其步骤决议案》

首先，决议指出了工人经济斗争的原则，就是工人"经济斗争同时就是政治的斗争。"②工人经济斗争是工会的一部分，但并不是最终目标。在工人取得政权之前，一时的成功或失败，并不代表工人的完全胜利，或者停止工人的斗争，所以工人要将斗争进行到底。

其次，决议规定了经济斗争的目标。决议认为工人经济斗争的目标有两个，第一、"须有一个共同的普遍的要求。"第二、"须认定这种斗争目标，包含有改善生活、促进组织发展、不离政治斗争三种作用。"③同时协议也规定了工人经济斗争的具体要求，包括最低限度工资、减少工作时间、改善工人待遇、取消包工制、改善女工童工生活等内容。

最后，决议规定了工人经济斗争的步骤。工人在实际的经济斗争中，一是要求"能够统一和集中的工会"，保障工人的战斗力。二是合理规划和组织工人运动，必须使"群众先有充分的了解，

---

① 《组织问题与其运用之方法决议案》，中华全国总工会中国工人运动史研究室编：《中国工会历次代表大会文献》第1卷，工人出版社1984年版，第110页。

② 《经济斗争最近目标与其步骤决议案》，中华全国总工会中国工人运动史研究室编：《中国工会历次代表大会文献》第1卷，工人出版社1984年版，第112页。

③ 《经济斗争最近目标与其步骤决议案》，中华全国总工会中国工人运动史研究室编：《中国工会历次代表大会文献》第1卷，工人出版社1984年版，第113页。

才能有战斗的实力。"三是做好经济斗争的准备，需要"考察当时的时机，懂得利用资本家的矛盾和弱点。"四是"必须预备联络同业，以厚实力，广作宣传以增援助。"①

《经济斗争最近目标与其步骤决议案》对工人运动的原则，以及总体目标和具体目标均有详细的规定，更重要的是规定了工人群众如何开展经济斗争。这为第三次全国劳动大会后工人争取经济权益提供了全面的指导。

3、《罢工战术决议案》

一、决议首先阐述了罢工的意义。就是"在每一个经济罢工的时候一定要引导向政治的路上走，在每一个政治罢工的时候，一定要注意工人的经济的要求。"②只有把工人的经济罢工和政治罢工结合起来，才能实现工人的要求。

二、决议规定决定罢工时，应该注意的七项要素。在作出罢工的决定时，应该"对于客观的情形，主观的力量，必须有明了的观察，能判定这次罢工的趋势与结果。决不可冒昧从事。"③决议还规定了罢工时应该考量的几个方面，包括这一时期的总策略、总现象与趋势、整个的经济状况、清楚知道群众的心理与要求、正确估量自己、敌人和社会的势力等内容。

三、决议规定罢工必须做足充分的准备。首先是组织的准备，罢工的各级组织，如罢工委员会和纠察队；宣传的组织，如演说队等；秘密的组织，如交通队等，都应在罢工前准备好，但是必

---

① 《经济斗争最近目标与其步骤决议案》，中华全国总工会中国工人运动史研究室编：《中国工会历次代表大会文献》第1卷，工人出版社1984年版，第114页。

② 《罢工战术决议案》，中华全国总工会中国工人运动史研究室编：《中国工会历次代表大会文献》第1卷，工人出版社1984年版，第115页。

③ 《罢工战术决议案》，中华全国总工会中国工人运动史研究室编：《中国工会历次代表大会文献》第1卷，工人出版社1984年版，第116页。

须"绝对的秘密。"其次罢工前必须要有充分的宣传,用煽动的口号调动和鼓舞群众的热情,取得社会的同情。同时煽动的口号"要切实,要简单,要有刺激性。"再次罢工提出的要求和条件,要符合实际,不可过高。最后罢工时"要准备秘密的机关和组织,要准备秘密与公开组织的联络。"①

四、决议提出了罢工时的二十一条进攻和自卫的策略。具体包括要发动一切群众势力;不断扩大联合战线的势力;要发动一切社会同情的势力;要利用一切敌人反对派的势力;要压倒一切敌人的同情势力;要不断地发出煽动的口号;要注意普遍的宣传;要注意组织的严密;要注意敌人的弱点;要注意敌人进攻策略的变化;要不断地变换方法;要注意群众心理的变化;要注意工人中的帮口、秘密结社及工资、职业等界限;要注意保护公开的和秘密的机关,及群众的领袖;在形势顺利时,要尽可能地扩大罢工的范围和组织;在形势严峻时,要注意保存自己的势力和组织;要注意收束的机会等内容。②

罢工是工人阶级反抗帝国主义和军阀最有力的武器,只有掌握正确的罢工战术,才能取得革命的胜利。《罢工战术决议案》规定了罢工前工人所要做的思想准备、罢工中以及罢工后工人所要做的工作等,对罢工的每一个步骤和所要考量的因素都作了具体的规定。这使得之后风起云涌的工人运动有了明确而清晰的指导。

此后,大会还通过了《宣传教育问题决议案》《工会运动中

---

① 《罢工战术决议案》,中华全国总工会中国工人运动史研究室编:《中国工会历次代表大会文献》第1卷,工人出版社1984年版,第116页。

② 《罢工战术决议案》,中华全国总工会中国工人运动史研究室编:《中国工会历次代表大会文献》第1卷,工人出版社1984年版,第117页。

之女工及童工问题决议案》《劳动法大纲决议案》《失业问题决议案》《合作社问题决议案》等具体策略，在此不再一一细述。

四、为国民革命进行工人动员

第三次全国劳动大会召开时，正值国民革命开展得如火如荼之际，为国民革命进行工人动员成为大会的重要任务。接下来着重就大会所通过的各种决议案，来阐述如何动员工人群众参加国民革命。

一、大会通过的《中国职工运动总策略决议案》，阐述了工人群众在国民革命中应承担的责任。广州国民政府建立后，广州工人已经获得政治和经济状况的改善，因国民政府代表全国民众利益，以完成国民革命为己任，并满足全国民众的要求。因此广东工人与全国民众"拥护两广国民政府，进于获得统一全国的国民政府为其主要目标。"[1]也正因如此，在第二次全国劳动大会和第三次全国劳动大会中，都有类似规定，即"全国工人阶级必然拥护为负担国民革命的中国国民党和为全国民众利益奋斗的国民政府。"[2]为实现国民革命的胜利，及全国工人获得普遍的自由，总策略决议案规定："已有组织的产业工人团结手工业者及农民在国民革命战线上奋斗，是打倒帝国主义与军阀及解放自己的不二法门。"[3]这就说明对于全国工人群众，以及其他各革命阶层，拥护国民政府，实现国民革命的胜利，是他们应该担负的责任。

二、大会通过的《关于中国职工运动的发展及其在国民革命

---

[1]《国民政府下的五一节》，《工人之路特号》第307期（1926年5月1日），第1版。
[2]《中国职工运动总策略决议案》，中华全国总工会中国工人运动史研究室编：《中国工会历次代表大会文献》第1卷，工人出版社1984年版，第106页。
[3]《中国职工运动总策略决议案》，中华全国总工会中国工人运动史研究室编：《中国工会历次代表大会文献》第1卷，工人出版社1984年版，第107页。

运动中之地位报告的决议》，在指明工人阶级是中国国民革命的领导阶级这一事实后，提出"中国职工运动的发展即中国国民革命运动之发展，中国国民运动的发展，中国职工运动也随之发展。"由此可以看出，职工运动与国民革命的发展密不可分，并且成为后者的一部分。从五卅运动和省港大罢工等事件中，已经证实工人阶级成为中国革命的领导阶级这一事实。同时在革命中大资产阶级易于妥协，小资产阶级未能与工人建立共同战线。在这种背景下，决议提出中国工人阶级应该"严密自己的组织，扩大自己的组织，切实提携农民，联合小商人、学生及社会上一切革命民众，建立联合战线，进行中国的革命。"[①] 大会以决议案的方式规定了今后应该建立工人阶级同全国其他各阶层的联合战线，以共同抵抗反革命势力，争取中国国民革命的最后胜利。

三、大会通过的《关于国民政府现状报告的决议》，先是阐述了打倒帝国主义和军阀的唯一出路在于国民革命，而国民革命的成功在于广州国民政府。它接着分析了全国的政治形势，北方国民军败退，张作霖和吴佩孚重新联合起来，工人群众成为首先被压迫和摧残的目标，革命势力也处于危急之中。基于这样的背景，决议提出"人民应立即起来拥护国民政府立即出师北伐，统一中国，建立全国的统一的国民政府。"[②]

四、为动员工人阶级全体参加反对帝国主义和军阀的斗争，以及促使国民政府发动北伐，大会通过了《为促进北伐向国民政

[①]《关于中国职工运动的发展及其在国民革命运动中之地位报告的决议》，中华全国总工会中国工人运动史研究室编：《中国工会历次代表大会文献》第 1 卷，工人出版社 1984 年版，第 129 页。

[②]《关于国民政府现状报告的决议》，中华全国总工会中国工人运动史研究室编：《中国工会历次代表大会文献》第 1 卷，工人出版社 1984 年版，第 132 页。

府请愿书》。请愿书分析了在五卅运动中，帝国主义和军阀残酷杀害工人，打击和破坏工人运动的事实。军阀的卖国行为以及对工人的压迫，使得工人阶级意识到"欲使反帝国主义运动得到胜利，非打倒国内军阀不可。"[①] 如今，英日帝国主义和张作霖、吴佩孚联合向国民军进攻，工会组织被封闭，工人被开除、囚禁、通缉和杀害。工人运动领袖刘华、黄静源、李慰农等人被囚禁于监狱。中国人民唯一的出路，在于打倒帝国主义和军阀，而实现这个目标，只能寄希望于国民政府的北伐。因此，为打倒帝国主义和军阀，实现国民革命的胜利，大会"谨代表全国工人阶级向钧府表示最亲挚之同情与拥护，特此前来请愿，出师北伐，打倒一切军阀，肃清一切反革命派。"[②]

第三次全国劳动大会通过的上述决议案，不仅有效动员工人群众积极参加国民革命，承担起工人群众应该担负的责任，而且还建立包括工人农民在内的各革命阶层的联合战线，以迎接北伐的到来。

五、建立工运统一战线

工人阶级与农民群众的联合，并建立同中国其他革命阶层的联合战线，这是实现工人运动的进一步发展，迎接国民政府北伐的重要前提。接下来就大会通过的关于建立工运统一战线的部分决议作些阐述。

一、大会通过的《关于全国政治状况与社会状况报告的决议》，

[①]《为促进北伐向国民政府请愿书》，中华全国总工会中国工人运动史研究室编：《中国工会历次代表大会文献》第1卷，工人出版社1984年版，第147页。

[②]《为促进北伐向国民政府请愿书》，中华全国总工会中国工人运动史研究室编：《中国工会历次代表大会文献》第1卷，工人出版社1984年版，第148页。

分析了当时的政治局势，并将革命状况分成两个阶段："自'五卅'初起至郭松龄倒戈，是革命潮流最高涨时期，即革命势力进攻帝国主义及其工具军阀的时期；自郭松龄失败至现在，是革命潮流低降期，即反革命势力胜利向革命势力进攻期。"北方已经被帝国主义，以及张作霖、吴佩孚所掌控。但是决议中也指出反动势力并非铁板一块，张吴之间也有冲突，长江流域反对吴佩孚的活动一直在持续进行。这表明虽然革命处于危险之中，但并未完全停顿下来。

分析完中国的政治形势后，决议紧接着阐述工农运动的发展态势。这一时期，工人阶级数量上得到迅速增长，"如上海和省港两地，差不多新组织了二十万以上的工人。"①通过五卅运动和省港大罢工，已经充分证明了工人群众是革命的领导阶层。另外，农民数量大规模增长，质量大幅度提升，在广东有"八十万以上的农民组织，成了广州革命政府之唯一的基础。"但是由于资产阶级妥协，以及城市小资产阶级趋于消沉，工农联合处于孤立状况。在此情形下，决议认为工人阶级的任务是"在各地领导一切被压迫群众，特别使城市的小资产阶级回到革命的战线上来，巩固和扩大革命的联合战线。"②

二、大会通过的《关于工农兵大联合报告的决议》，简要分析了过去一年来，军队与工农联合方能胜利，不联合唯有失败的事实。比如河南国民第二军因不与工农联合而失败，而广东的革命军因与工农联合，实现了两广统一并建立国民政府。在国民政府统治下，广东工农运动有了进一步的发展；而反观北方工农运

---

① 《关于全国政治状况与社会状况报告的决议》，中华全国总工会中国工人运动史研究室编：《中国工会历次代表大会文献》第1卷，工人出版社1984年版，第130页。

② 《关于全国政治状况与社会状况报告的决议》，中华全国总工会中国工人运动史研究室编：《中国工会历次代表大会文献》第1卷，工人出版社1984年版，第131页。

动在国民军失败后，则受到重大打击。因此决议提出"如广东革命军能继续与全国工农携手共同奋斗，则革命军将来北伐，必能前驱无敌。"①

全国政治形势的不断改变，尤其当北方军阀张作霖和吴佩孚联合向国民军进攻时，更是加速了工农联合的进一步发展，并且只有拥护广州国民政府，才能实现国民革命的胜利。大会通过的有关建立工运统一战线的决议，有利于巩固和加强工农联合的统一战线，推动工人运动以积聚更大的力量更好地支援北伐。

六、加强与世界工人的联络

第三次全国劳动大会在召开和讨论的过程中，都密切关注中国工人运动与世界无产阶级的联合。李立三在大会上作了《出席赤色职工国际经过》的报告。他首先对赤色职工国际对此次大会的意义作了阐述，并认为"赤色职工国际是革命的工人组织的，为增厚集中革命的力量，反抗资本家的压迫，极力进行全世界的工人组织的统一。"为集中力量反抗资本家对工人的压迫，赤色职工国际多年来的唯一的策略就是"工人阶级要得到最后的胜利，必须全世界的各国工人的工会联合起来。"②李立三在论及中国工人运动在世界职工运动中的地位时，指出"西欧的工人阶级知道中国工人阶级的敌人，就是他们的敌人，所以自动的积极的起来援助，认为中国工人阶级的斗争，是世界反帝国主义战线中伟大的力量。"其次中国的工人阶级已有了统一的领导机构，即中

---

① 《关于工农兵大联合报告的决议》，中华全国总工会中国工人运动史研究室编：《中国工会历次代表大会文献》第1卷，工人出版社1984年版，第133页。

② 李立三：《出席赤色职工国际经过》，中华全国总工会中国工人运动史研究室编：《中国工会历次代表大会文献》第1卷，工人出版社1984年版，第96页。

华全国总工会,"这是世界上除了俄国以外,其他各国所没有的。"在东方国家工会中,"组织好的很少,并且整个的加入赤色职工国际的只有中国一国。"[1]

在谈及赤色职工国际对中国工人运动的决议时,李立三从三方面加以说明:一是"中国工人阶级要极力防备改良派及一切帝国主义者的走狗,侵入中国工人运动。"[2]这是针对中国工人阶级受到帝国主义和军阀势力的压迫而提出的。二是中国工人与农民同样遭受帝国主义、军阀、资本家等的压迫。为反对帝国主义和军阀对工农群众的压迫,赤色职工国际希望中国工人和农民"亲密的联合起来,不要中了帝国主义者的诡计,自相分裂。"三是在东方只有中国工人阶级有统一的工会组织,而日本、印度等国的工会是不统一的。而且中国工人全国加入赤色职工国际,东方的其他各国如日本、爪哇、印度则加入的很少。因此赤色职工国际"对于现在第三次劳动大会特别注意,要在此事整理一个统一东方各国职工运动的基础,并且决定要请各国的工会代表来开一个东方职工的大会,讨论东方职工运动的策略。"[3]

大会代表在听取李立三作了《出席赤色职工国际经过》的报告后,经过讨论通过了《关于全国总工会出席赤色职工国际代表报告的决议》。决议首先完全肯定赤色职工国际成立以来,在反对帝国主义斗争中的政策和方略,"誓继续竭诚拥护赤色职工国

---

[1] 李立三:《出席赤色职工国际经过》,中华全国总工会中国工人运动史研究室编:《中国工会历次代表大会文献》第1卷,工人出版社1984年版,第98页。

[2] 李立三:《出席赤色职工国际经过》,中华全国总工会中国工人运动史研究室编:《中国工会历次代表大会文献》第1卷,工人出版社1984年版,第98—99页。

[3] 李立三:《出席赤色职工国际经过》,中华全国总工会中国工人运动史研究室编:《中国工会历次代表大会文献》第1卷,工人出版社1984年版,第101页。

际所定的一切政策，与国际资本帝国主义作最后之决战。"① 其次决议认为赤色职工国际在统一世界工会运动中的政策，在亚洲职工运动中非常重要。因此大会"愿努力在亚洲各国彻底促进职工运动的统一，务须东方劳动者的努力少受一次分裂，即工人阶级的解放早一日实现。"另外，大会还批判了分裂工人运动的改良派黄色国际，大会希望"黄色国际之下的工人群众从速脱离欺骗者之羁绊，而与真正革命的工人联合，形成反帝国主义的联合战线。"最后决议认为赤色职工国际所指示的工农联合的政策，是"目前中国革命工作之唯一出路。大会愿一致为'工农联合'而奋斗，为共同利益而奋斗，以达最后的解放。"②

此次大会还发表了《统一远东职工运动宣言》，支持和肯定了中国工人应与世界工人保持密切联系的主张，号召远东国家的工人团结起来。宣言认为无论在政治还是经济上，全世界工人都受资本主义的剥削和压迫，因此"世界的工人阶级要想抵抗资本帝国主义此种剥削和压迫，也就只有联合一致，换言之，即统一职工运动。"③ 尽管统一职工运动在远东还比较幼稚，但是客观形势的发展，已经逼迫工人们不得不联合。故而宣言认定"远东职工统一运动是远东工人阶级目前最重要的问题，是统一远东工

---

① 《关于全国总工会出席赤色职工国际代表报告的决议》，中华全国总工会中国工人运动史研究室编：《中国工会历次代表大会文献》第1卷，工人出版社1984年版，第136页。

② 《关于全国总工会出席赤色职工国际代表报告的决议》，中华全国总工会中国工人运动史研究室编：《中国工会历次代表大会文献》第1卷，工人出版社1984年版，第137页。

③ 《统一远东职工运动宣言》，中华全国总工会中国工人运动史研究室编：《中国工会历次代表大会文献》第1卷，工人出版社1984年版，第154页。

人阶级目前最重要的任务。"①

第四节　第三次全国劳动大会的后续影响

一、第三次全国劳动大会后党的工运方针

第三次全国劳动大会通过的关于工人运动的诸多决议案，势必对工人运动产生重要影响。随着北伐战争的开始，蒋介石个人权力欲日渐增长，并影响到国共合作的进展。有鉴于此，中国共产党根据时局变化，及工人运动的发展，结合第三次全国劳动大会涉及工人运动的决议案，调整和完善了这一时期的工运方针。

第三次全国劳动大会后，1926年5月，中共中央职工委员会召开了全国职工运动讨论会。在这次会议上，中央职工委员会、铁路总工会及湖北、上海、山东、河南、湖南等省市之工会代表，分别作了报告。会议通过的《职工运动中党的发展及其关系决议案》，阐述了党与职工运动的关系。决议提出"要加紧的在职工运动中，发展党的组织，建立党与职工运动的密切关系，以巩固中国工人阶级的战斗力。"同时还提出工会要在党的领导下，只有共产党"在国民革命中，取得领导地位，然后始能领导工人积极由国民革命而至社会革命。"②

在谈及产业工会的统一问题时，大会认为只有产业工会权力集中，统一指挥，工会才能有力量，才能指挥群众。关于产业工会的指挥权，决议规定"全国总工会能直接指挥全国之各产业总

---

① 《统一远东职工运动宣言》，中华全国总工会中国工人运动史研究室编：《中国工会历次代表大会文献》第1卷，工人出版社1984年版，第155页。

② 《职工运动中党的发展及其关系决议案》，中华全国总工会编：《中共中央关于工人运动文件选编》（上），档案出版社1985年版，第119页。

工会(即各区之职工联合会)",而各区总工会能"直接指挥所管辖之各产业工会"。①大会按照产业上的地位,划分为"广东、上海、汉口、天津、奉天、湖南、青岛七区。"②另外,大会也提及在未组织职工工会的地区,应立即组织,在已有总工会的地区,各区的工人运动应接受统一指挥。

在谈及工会的基础组织问题时,大会通过了《工会的基础组织与其职任决议案》,并对工会组织在革命运动中的地位给予重点关注。决议认为"只有严紧工会的组织,增加工会的实力,中国共产党才能有能力负担历史的使命,彻底与敌人争斗。"③在中国工人组织不能公开时,大会要求"必须做长时期的秘密组织之准备,决不可因一时的得着公开之自由,便忽略了秘密的训练及秘密的组织,尤其是要防御工贼暴力捣毁工会及工□领袖,工人自卫团须努力秘密进行,永久的存在和发展,一直到自卫军之成立。"④

大会还讨论了职工运动的宣传问题、青年工人问题、女工问题、工贼与工人自卫团等,并分别通过了决议案。这次大会召开于第三次全国劳动大会后,北伐战争开始之前,为中共中央之后领导的工人运动提供了具体的指导。

北伐战争开始后,中共中央发布《中央通告第一号——反吴

---

① 《产业工会的发展与统一问题》,中华全国总工会编:《中共中央关于工人运动文件选编》(上),档案出版社1985年版,第125页。

② 《产业工会的发展与统一问题》,中华全国总工会编:《中共中央关于工人运动文件选编》(上),档案出版社1985年版,第127页。

③ 《工会的基础组织与其职任决议案》,中华全国总工会编:《中共中央关于工人运动文件选编》(上),档案出版社1985年版,第127—128页。

④ 《工会的基础组织与其职任决议案》,中华全国总工会编:《中共中央关于工人运动文件选编》(上),档案出版社1985年版,第131—132页。

战争中我们应如何工作》。通告指出一般民众对北伐抱有的过高期望,并将北伐视作唯一出路的问题,同时揭露了该问题将对革命进展造成严重阻碍的弊病。中共中央指出"北伐的意义是南方的革命势力向北发展讨伐北洋军阀的一种军事行动,而不能代表中国民族革命之全部意义。"[①]北伐并不是推翻军阀和领导革命成功的唯一方法,其作用主要是打击中国的军阀政治,组织和领导全国的民族运动,所以民众不能对北伐抱有过高的幻想,将之看作革命的唯一出路。故而工人群众应该努力工作,全力支持和援助北伐战争,这将有利于革命进程的持续推进。

针对民众上述的不正确观念,以及这一时期蒋介石日益增长的权力欲对工人运动造成的影响,中共中央于1926年7月召开第三次扩大执行委员会会议,及时地调整党的工运政策以利领导工人运动的进一步发展。在会议上通过了《职工运动决议案》,这份决议案详细说明了党与工会的关系、如何领导工会、如何加强党的宣传,以及如何领导各地区各产业的工人运动等问题。接下来拟从不同的方面来加以阐述。

一、关于党与工会的关系。决议认为党对工人运动的领导,不是党与工会关系是否密切的问题,"而是如何使本党各级组织经过工会的形式去指导和训练广大的工人群众的问题。"如何指导和训练工人群众,决议认为首先在于共产党"能够不断的提出切合工人阶级实际的经济的政治的要求。"也就是必须从群众日常切身问题做起,关于地方政治经济问题,比如苛捐杂税问题、米价问题、纸票问题等,只有这样才能使党为群众的切身利益而奋斗。其次是利用党的工厂支部作为最接近群众的组织,"一面

---

① 《中央通告第一号——反吴战争中我们应如何工作》,中央档案馆编:《中共中央文件选集》第2册,中共中央党校出版社1989年版,第267页。

借此组织和训练工人，一面善用这些具体的日常的争斗，促进工人群众阶级的党的觉悟，引导群众去参加工会的工作。"①这也就要求共产党员应该充分利用工会和工厂支部，在日常的工作和生活中去组织和训练工人。

二、关于党的宣传问题。决议指出过去的宣传工作要么文字艰深，要么在出版的宣传品中很少见到工人的文章，宣传的内容不切实际，脱离了群众的日常生活。决议指出要使党的宣传"普遍的群众化"，今后的宣传应该"注意发刊工人画报的工作，而各种刊物亦须注意插画一栏。"②这样才能使得工人群众了解党的方针和政策，扩大共产党在工人群众中的影响，吸引更多群众入党，以增强党的群众基础和影响力。

三、关于党领导群众的实际运作问题。从第二次全国劳动大会后，工人群众有了统一的领导组织，就是中华全国总工会。对于这一组织，决议认为共产党应该"注意指导和运用全总这一机关。"共产党在注重工会总组织的同时，也要注重工会的基层组织，决议指出共产党要"注意工会组织的群众化"③，并给予具体的指导。在工会组织不能公开的地方，"不必拘于工会的名称和形式上的组织，要想出种种形式的组织和名称来组织工人。"④比如工人应组建学校、俱乐部、饭堂、医院、音乐会、合作店、

---

① 《职工运动决议案》，中央档案馆编：《中共中央文件选集》第2册，中共中央党校出版社1989年版，第197页。

② 《职工运动决议案》，中央档案馆编：《中共中央文件选集》第2册，中共中央党校出版社1989年版，第199页。

③ 《职工运动决议案》，中央档案馆编：《中共中央文件选集》第2册，中共中央党校出版社1989年版，第199页。

④ 《职工运动决议案》，中央档案馆编：《中共中央文件选集》第2册，中共中央党校出版社1989年版，第199—200页。

技击会等形式的工会,灵活多样地开展工会工作。

四、关于不同地区的工运发展。由于广东革命政府的建立,广东工人群众政治和经济待遇有了一定程度的改善,获得了自由权利。但是在广东以外的地区,工人群众要求改善基本的经济待遇问题,仍然是普遍的要求和愿望。比如工人要求减少工时、增加工资等问题。为解决工人的实际要求,决议要求各地区委和地委"都应拟定目前职工运动的实际计划,报告中央批准,并督促党的工厂支部和工会的党团切实执行。"① 在天津、汉口、青岛、大连等地区,工人运动遭受严重的摧残,甚至多数工人尚无组织。决议要求在这些地区大力发展工人组织的同时,也提醒应该避免"机械式的和太严格的应用工会支部或小组这一毛病。"再者就是要注意"应用日常斗争事实。"② 工人应公开或者秘密地发展党的工会组织,尤其是引导党的工厂支部的发展。

五、关于不同产业的工运发展。决议认为对于不同产业的工人应该采取不同的策略。比如在纱厂、烟厂、丝厂等轻工业工厂中,青年工人和女工数量最多。这两类工人均能积极参加罢工和其他运动。关于领导青年工人和女工参加工人运动,决议指出"应当注意引导他们奋斗,施与他们以必要的教育和训练。"③ 但是对于小工厂工人、商店店员和手工业工人,这类工人大多分布在产业较少的内地城市中。决议要求对待这些工人要特别注意,在实际的运动中,首先就是"须使这些职工团体成为阶级组织,不

---

① 《职工运动决议案》,中央档案馆编:《中共中央文件选集》第2册,中共中央党校出版社1989年版,第201页。

② 《职工运动决议案》,中央档案馆编:《中共中央文件选集》第2册,中共中央党校出版社1989年版,第204页。

③ 《职工运动决议案》,中央档案馆编:《中共中央文件选集》第2册,中共中央党校出版社1989年版,第203页。

使资产阶级分子参杂其中。"①

《职工运动决议案》在五月共产党召开的工人会议产生的决议案基础上，进一步调整和完善了工运政策。考虑到《职工运动决议案》的发布正值北伐进行之时，其旨在抵制蒋介石权力欲的高涨对革命的危害、消除工人对北伐不切实际的奢望、团结工人共同反对帝国主义和军阀等等。基于对这些因素的考量，可以看出《职工运动决议案》对之后工人运动发展的重要指导和引领的意义。

在北伐军占领湖南进军湖北后，1926年9月22日，中共中央发布第十八号通告。随着蒋介石权力的日益膨胀，对革命的威胁也愈发凸显，这一通告的目的在于帮助北伐军巩固胜利。因此它首先要求"充实国民党左派的实力，恢复左派在广东的政权，实施左派的政纲。"这将有利于巩固国共合作的联合战线，为国民革命的胜利提供保障。其次，由于这一时期，北伐的战场在湖北，因此通告要求"武汉各业工会须于本年内组织起来，以充实固有之工联。"武汉各工会的壮大和发展，有助于北伐军在湖北的胜利。最后，通告也提及了在北方各铁路和开滦煤矿遭受帝国主义和军阀严厉摧残和迫害的地区，"都须有秘密工会的组织及我党的支部。"②在这些地区，工会不能公开发展，必须在共产党领导下秘密进行，以推动北方工人运动的发展，为北伐战争的后续做准备。

北伐军占领湖南、湖北等地区后，实现了第一阶段的胜利，与此同时国民政府打算从广州迁往武汉。在此背景下，1926年

---

① 《职工运动决议案》，中央档案馆编：《中共中央文件选集》第2册，中共中央党校出版社1989年版，第204页。

② 《中央通告（钟字）第十八——关于当前工作》，中华全国总工会编：《中共中央关于工人运动文件选编》（上），档案出版社1985年版，第159页。

12月，中共中央召开特别会议，通过了《关于职工运动决议案》。由于革命的中心已经从珠江流域转到长江流域，所以这份决议案主要是关于武汉工人运动的情况。一、关于手工业工人和店员，决议规定"宜设法与国民党合作"，以及"宜做统一运动，而不能取集中形式。"这是基于国民政府初步搬到武汉的前提下，实现手工业工人和店员进一步的团结。二、关于劳资纠纷问题。决议除了要求临时委员会"任其自然停顿"外，还要求国民党中央和省市党部各派代表组建"特别机关处置劳资纠纷事件。"三、关于团体契约权问题。协议要求"雇主辞退工会职员及罢工领袖得工会许可，雇主不得雇佣工会会员以外之人。"四、协议规定"总工会及国民党省党部均须即速开办一职工运动学校。"①

从第三次全国劳动大会后，至北伐军占领武汉，实现国民革命第一阶段的胜利为止，共产党根据中国政治形势的变化，以及蒋介石权力的逐步增长对革命的危害，在不同时期调整和完善工人运动政策。这些政策为北伐期间工人运动的发展提供了清晰而正确的指导，有力地支援了北伐战争，保障了国民革命的阶段性胜利。

二、中华全国总工会号召工人极力赞助北伐

1926年7月，广州国民政府正式举行北伐，蒋介石任国民革命军总司令。北伐战争开始后，蒋介石发表《告工友书》，他以北伐的名义，要求牺牲工人阶级的自由和利益，停止一切不必要的罢工，图谋破坏工人运动的发展。

---

① 《中共中央特别会议关于职工运动决议案》，中华全国总工会编：《中共中央关于工人运动文件选编》（上），档案出版社1985年版，第161页。

针对蒋介石所发表的《告工友书》，以及为破除一般民众对北伐的奢望，集中工农群众力量支援北伐，使得北伐能够得到最大限度的支持。7月25日，中华全国总工会发表《中华全国总工会对国民政府出师宣言》（简称《宣言》）。《宣言》认为中国遭受的动乱和人民承受的苦难，都是帝国主义勾结军阀所致。中国人民若要将自己从此等痛苦中解救出来，唯一的途径只有打倒帝国主义和军阀。在北方，英、日帝国主义和吴佩孚、张作霖联合向国民军进攻，一方面联合叶开鑫攻打唐生智，一方面联合唐继尧等军阀攻打广东，并唆使陈炯明等反革命派勾结土匪、劣绅等扰乱广东。而广东作为中国革命的根据地，其胜利与否与中国革命有着重要的关系。如果广东失败，中国人民将继续遭受痛苦的折磨，如果广东胜利，那么不仅革命得到极大的发展，而且人民的痛苦也可以解除。《宣言》要求中国民众应该认识到这次北伐的意义，即"一方面是防御帝国主义、军阀侵占中国革命根据地的防御战争，同时又是发展国民革命势力很重要的军事行动；他的成功和失败，与我们有极大的关系。"[1]

正是因为广东对中国革命的重要意义，理所当然也就成为帝国主义和军阀重点打击的对象。若反动势力攻入广东，将使得中国革命陷入危险境地。因此《宣言》要求"广东的民众应一致努力援助国民革命军北伐，以防御帝国主义反赤军的势力侵入广东，蹂躏各界民众。北方的民众尤应联合一致，集中各界民众的力量赞助国民革命军，努力奋斗，扰乱反赤军后防，使国民革命军得到胜利，拥护中国革命根据地广东，发展中国的革命势力，进行

---

[1]《中华全国总工会对国民政府出师宣言》（1926年7月25日），中华全国总工会中国职工运动史研究室编：《中国工会历史文献（1921.7—1927.7）》，工人出版社1958年版，第266页。

自己的解放运动。"①

接下来《宣言》驳斥了蒋介石为一己私利，夺取国民党内更多权力，以及他所宣称的为了北伐不惜牺牲人民的自由和利益。《宣言》明确提出"国民革命军所到之地，应该拥护人民一切的利益，赞助人民和各种的自由，并应帮助工农阶级的组织，扶助一切民众运动的发展。"只有这样，才能得到全国民众的拥护。如果"只为求得军事上的便利，不惜限制民众的自由，牺牲民众的利益，禁止民众争取自由和利益的运动，那北伐所得结果，恐仍不能达到预定的期望。"是否牺牲民众的自由和利益，这也是北伐战争与其他国内战争的重要区别，故而《宣言》对蒋介石提出了警告。如果要获得民众的赞助和支持，国民革命军在北伐期间"应该拥护人民的一切利益与自由，不能借口北伐军事行动的便利，来牺牲民众的利益，禁止民众的自由，授反革命派以挑拨和煽动的机会。"②

《宣言》也提醒民众革命的成功不能妄想坐享其成，必须通过共同战斗来获取国民革命的胜利。若是"坐待好音，等国民革命军到来解除自己的痛苦，只是消极的援助，无补于中国的革命。"③全国的民众必须齐心协力，打倒帝国主义和军阀势力，统一中国。《宣言》对革命的胜利所要达到的预期提出了要求，

---

① 《中华全国总工会对国民政府出师宣言》（1926年7月25日），中华全国总工会中国职工运动史研究室编：《中国工会历史文献（1921.7—1927.7）》，工人出版社1958年版，第267页。

② 《中华全国总工会对国民政府出师宣言》（1926年7月25日），中华全国总工会中国职工运动史研究室编：《中国工会历史文献（1921.7—1927.7）》，工人出版社1958年版，第267页。

③ 《中华全国总工会对国民政府出师宣言》（1926年7月25日），中华全国总工会中国职工运动史研究室编：《中国工会历史文献（1921.7—1927.7）》，工人出版社1958年版，第267—268页。

其中涉及工人自由和经济利益的是"国民革命军所胜利的地方，我们所有被反赤军封闭的工会，应该要求启封；坐在监牢间的领袖，应该得到释放；被通缉开除失业的工友，应该要求恢复工作；以前罢工胜利的条件，应该要求履行；被惨杀死伤的工友，应该要求抚恤和救济；太低的经济生活和恶劣的待遇，应该要求改良。"另外它还提出了工人的政治要求，即工人阶级"应该要求颁布保护劳工的劳动法，发展工人运动的工会条例，召集以人数为比例选派代表的国民会议。工人应有集会、结社、言论、出版、罢工的绝对自由。"[①]

综上可知，《中华全国总工会对国民政府出师宣言》诞生的及时性以及必要性，它有助于消除蒋介石《告工友书》在工人阶级中所造成的消极影响，有利于降低民众对北伐寄予的过高奢望，从而让工人阶级意识到自身在北伐中所承担的责任，集中精力支持和援助北伐战争，以实现国民革命的胜利。

早在北伐前，就有工人呼吁工友支援北伐。如广州洋务罢工团吴日平向《工人之路》投稿，号召全国工人团结起来参加北伐。他认为打倒帝国主义、军阀、资本家等，不是靠喊口号所能实现的。因此工人们应"请愿政府组织北伐先锋义勇队，一致参加。"[②]随后各工会也开始向工人宣传北伐的意义，以及工人和工会应承担的责任。《工人之路》中一篇署名"今文"的文章，在阐述北伐的目标与省港罢工是殊途同归的意旨后，号召省港罢工工人承

---

① 《中华全国总工会对国民政府出师宣言》（1926年7月25日），中华全国总工会中国职工运动史研究室编：《中国工会历史文献（1921.7—1927.7）》，工人出版社1958年版，第268页。

② 《为北伐事给罢工工友一封信》，《工人之路特号》第331期（1926年5月26日），第4版。

担起在北伐中的责任,并向省港罢工工友大声疾呼:"我们人人有充当运输队的责任。"①

第三次全国劳动大会结束后,所发表的《第三次全国劳动大会宣言》,阐述了英、日帝国主义,以及张作霖、吴佩孚压迫和打击工人阶级,联合向革命进攻的形势。因此宣言中提出工人阶级"在政治上要拥护广州国民政府北伐,肃清北方的反动势力。"宣言最后的口号是"拥护广州国民政府北伐,打倒一切帝国主义及其走狗奉、直军阀。"②它以宣言的形式拥护国民政府北伐,力图打倒帝国主义和军阀势力在中国的反动统治。

1926年5月20日,第四军独立团从广州出发,由此拉开了北伐的序幕。军队出发需要大量运输军需用品的运输队,总司令部饬公安局募集1200名运输人员,公安局致函罢工委员会请在罢工工会中招募。工友得知消息后,"踊跃报名,如恐不及,军行毫不停滞。"另外,军需处也函请省港罢工委员会组织运输队员600名。为不阻碍行军,"临时先派工友五百名,即行出发。"③6月29日,省港罢工委员会特意设立北伐运输委员会,专门招募工人担任北伐运输事宜,由李森担任监督,委员为李昭流、冯剑、符亮等。委员会特意致函公安局请求确定各军筹用数量,并请后者负责一切手续问题,以便统一进行。该会决定运输队员薪酬由各工会负责发给,运输队的编制"以二十五人为一小队,一百人为一大队,队长在百人中选一人充当之,四人为小队长,一人为

---

① 今文:《北伐与我们的责任》,《工人之路特号》第363期(1926年6月30日),第1版。

② 《第三次全国劳动大会宣言》,中华全国总工会中国工人运动史研究室编:《中国工会历次代表大会文献》第1卷,工人出版社1984年版,第141页。

③ 《罢工会积极鼓励工友加入北伐运输队》,《工人之路特号》第363期(1926年6月30日),第2版。

大队长。伙食、草鞋，由队员自己办理，器具由兵站发给，每十日为一期，每期发五元。"①

北伐开始后，中华全国总工会召开干事会议，邓中夏、苏兆征在会上解释北伐的意义，以及组织运输队的工作。为了向各工会工友宣传北伐，以及工友应在北伐中承担的责任。总工会决议"派出演讲队三十人，分十五队，同时通知各宿舍七时开会，由派出的队员到场解释。"东区一宿舍由管理委员张有先解释北伐的意义，他在演讲中"说得痛快淋漓，很多工友为之感动，签名愿去做运输队员的十分踊跃。"东区二宿舍由管理委员袁超德宣传北伐的意义，尤其听说海员工会已组织运输队之后，工友群情激昂，不久就有几百人报名，"争先恐后"②。各工会也开始向工友宣传北伐的意义，比如香港金属业总工会号召工友"踊跃组织北伐运输队，表示我们是真正能够革命的罢工工友。"③

6月30日，香港运输业总工会召集特别会议，议决派宣传队到各工会解释北伐运输队意义，并请各工会派出宣传队。会议决定"同德工会派出二名，煤炭派出二名，理实派出二名，其余另由十一个干事兼任。"④随后各工会的运输队陆续出发，至7月4日出发者已达一千名以上，"出发时由小队长统率廿五人，大队长统率一百人。"队伍整齐有序，前导为军乐队，后为省港罢工

---

① 《北伐运输队积极办理》，《工人之路特号》第365期（1926年7月2日），第2版。
② 《各工会工友加入运输队之踊跃》，《工人之路特号》第363期（1926年6月30日），第2版。
③ 《为拥护国民政府北伐组织运输队事告工友》，《工人之路特号》第363期（1926年6月30日），第1版。
④ 《各工会对北伐运输队送行之热烈》，《工人之路特号》第364期（1926年7月1日），第2版。

委员会北伐运输队大旗,场面颇为壮观。另外,金属业工会第一批有一百三十余人也已经出发。①

随着北伐的持续推进,大批国民革命军出发,需要担负运输的军需用品也就更多,因此北伐军再次请罢工委员会募集工友3000名,担任运输队。为此,北伐运输委员会特召集同德、海员、金属、运输、西业、煤业等工会代表集会。经过讨论,决定"煤炭工会至少须担任五百人以上,一千人以下,海员工会五百人,金属业总工会五百人,西业工会三百人,运输业工会除煤炭海员以外,更召集一千五百人。"②

在北伐军行进的过程中,广九、广三和粤汉三路总工会,基于军队无特种艺术工兵,行军交通还需要修筑和完善,决定组建随军北伐交通队。交通队由"每路各派司机、机匠、司旗、路面、工程十二人,并举出广九铁路机务段长陈秀柏担任队长,统率一切。"③7月18日,三路总工会举行工友随军北伐欢送会,以实际行动拥护国民政府北伐。

7月27日,北伐运输特别委员会召开第二次特别会议,决定组建省港罢工委员会慰劳队,以便患病工友就医。委员会打算在乐昌城设办事处,配置药品以保护患病工友。并决定由"交际部派出一人,筑路委员会派出五人,纠察委员会三人,同德煤炭金属业三工会各派一人组建。"费用由罢工委员会核准"津

---

① 《运输队出发之热烈》,《工人之路特号》第368期(1926年7月5日),第4版。
② 《罢工会积极召集工友担任运输》,《工人之路特号》第376期(1926年7月13日),第3版。
③ 《广九路工会宴三路随师出发工友》,《工人之路特号》第383期(1926年7月20日),第2版。

贴每日每名发给一元，并预支二十元与他。"①随后选出关元亨为正主任，庶务部主任为周颂年，部员为吴炽、黎强、刘棋、朱满。交际主任为马德骥，部员包括梁少初、陈福、黄江。文书部主任叶枝，部员岑坤。委员会规定各部职员各自负责，"每日每人发给津贴一元，特别交通费在外，先支公款一百元，以便办公。"②

随着北伐军的节节胜利，缴获敌人的战利品也不断增加。香港金属业工会工友，由于大多在各船坞军械厂工作，善于修理破坏的枪支和战舰，经验丰富。7月29日，香港金属业总工会特致函中华全国总工会，请其代呈司令部，表示愿随军北伐。如若缴获的破坏的枪炮没有尽快修复，恐无法再次使用。因此该总工会工友特向全国总工会请愿随军"沿路修理械件，既可免往返搬迁回省，又可济急应战，此诚一举数善者。"③

进入8月后，工人阶级继续支持和帮助北伐军。1926年8月，中华全国总工会上海办事处发布通告，一是"铁路工人不替奉、直军阀输送军队、武器和粮食，并要立即开始罢工。如果情况不允许时，就怠工，或弃职逃走。"二是海员、兵工厂工人、煤矿工人、纱厂工人、面粉厂工人等，举行罢工、怠工，"以阻碍日、英帝国主义走狗的军事行动，破坏其军需品的供应，支援北伐军。"三是北伐军已经攻克岳州，随后将攻打武汉，工人阶级应"利用一切手段，阻碍和破坏吴佩孚等的军事行动，援助北伐军。"四

---

① 《北伐运输特委会拟组织慰劳队》，《工人之路特号》第392期（1926年7月30日），第2版。
② 《运输慰劳队之组织》，《工人之路特号》第393期（1926年7月31日），第2版。
③ 《香港金属业工友请缨北伐》，《工人之路特号》第392期（1926年7月30日），第2版。

是由于日本帝国主义对我国工人阶级的迫害，杀害顾正红以及陈阿堂，所以"在各地日本人工厂工作的工友们，应该马上起来，同他们一致行动。"[①]工人阶级利用一切力量来打击帝国主义和军阀势力，或举行罢工或破坏反动势力军需的供应，竭尽所能地帮助北伐军。

除了中华全国总工会的号召和呼吁之外，各地工会也利用各种形式帮助北伐军。比如湖南省工团联合会就在致北伐军的信中指出"敝会领率所属工会工友参加讨吴工作，以尽工人阶级应尽之责任。"战争的运输至关重要，湖南省工团联合会"特组织大批运送队，以备军需。兹有敝会运送队第 X 队，派遣为贵军运送军实，特此缄达贵军。"湖南省工团除了在战事中帮助北伐军参战讨伐吴佩孚并帮助运输军需外，还在战场之外，组建宣传队"沿途散布，以唤起民众，赞助北伐军民合作之大成功。"[②]从而在群众中扩大和增强了北伐军的影响力，以唤起更多的民众来帮助和支持北伐军。

当北伐军打到湖北时，湖北的工人为帮助北伐军做了很多工作。北伐军进攻岳州后，与吴佩孚发生战争，湖北工人破坏了粤汉铁路，导致吴佩孚方面因交通不便而失败。但是工人阶级在这个过程中也遭受了损失，比如陈定一就付出了生命的代价。为支援北伐，9月1日，汉阳兵工厂工友宣布罢工。汉阳兵工厂是当时全国最大的枪炮制造厂，于1925年7月被吴佩孚强占，被迫

---

① 《中华全国总工会上海办事处通告》（1926年8月），中华全国总工会中国职工运动史研究室编：《中国工会历史文献（1921.7—1927.7）》，工人出版社1958年版，第278页。

② 《湖南省工团联合会致北伐军的信》（1926年8月），中华全国总工会中国职工运动史研究室编：《中国工会历史文献（1921.7—1927.7）》，工人出版社1958年版，第279页。

为吴佩孚生产枪支弹药。工人不忍所生产的武器成为屠杀中国人民的利器，因此兵工厂工人宣布"我们兵工厂工人为自身的利益，为湖北民众的利益，为革命的利益，此时实有断绝供给吴贼枪械的必要。因自今日起，宣布总罢工，再不为吴贼造枪械攻打我们革命的战士。"[1]

9月6日、7日，北伐军分别占领汉阳和汉口后，吴佩孚溃败陷入困境。武汉工人代表会发布告全体工友书，表示"我们为肃清盗贼之残余势力，打倒一切反动势力，保障北伐军之完全胜利，与革命民众的永远结合起见，汉阳兵工厂有即日复工之必要，用于本日起宣布兵工厂全体工友复工。"[2]当吴佩孚战败逃走，武汉工人代表会宣布汉阳兵工厂复工，为北伐军生产军需物资，用来打击吴佩孚残余势力。

工人群众在北伐的过程中，采取多种形式支援北伐军。随着北伐军的胜利，又进而带动了工人运动的发展。国民政府宣布北伐后，在北伐军从广州进军到汉口的期间，工人运动发展迅速。"有组织的工人由一百二十万增加到二百九十万，全国总工会在政治上、社会上的地位亦随之大为提高。"[3]

北伐军在占领湖南后，亦推动了湖南工人运动的发展。据统计，"自北伐军占据湖南以来，湖南工会之组织，人数由六万人增至十四万人，由十二县增至四十县。就长沙市言，由十八个工

---

[1]《汉阳兵工厂工友罢工响应革命军通电》（1926年9月1日），中华全国总工会中国职工运动史研究室编：《中国工会历史文献（1921.7—1927.7）》，工人出版社1958年版，第281页。

[2]《武汉工人代表会为汉阳兵工厂复工告全体工友书》（1926年9月7日），中华全国总工会中国职工运动史研究室编：《中国工会历史文献（1921.7—1927.7）》，工人出版社1958年版，第282页。

[3] 刘少奇：《全国总工会会务报告》（摘要），中华全国总工会中国工人运动史研究室编：《中国工会历次代表大会文献》第1卷，工人出版社1984年版，第180页。

会增至七十二个，从两万余人增至八万余人。"①12月5日，北伐军占领武汉后，也带动了当地工人运动的迅速发展。武汉现在有四个工会，"汉口六三，武昌一〇，汉阳一四，大冶七，通城一，黄冈一，应城一，在筹备者十九，统计现有组织工人已达九万余人。"②由此可见，北伐军在湖南和湖北的胜利，又反过来增强了工人阶级的力量，推动了湖南湖北工人运动新的发展。

随着北伐军的节节胜利，江西、湖南、湖北皆纳入国民革命政府的范围，革命中心也从珠江流域转到长江流域。为适应政治形势的发展，1926年11月26日，国民党中央执行委员会决定将中央党部和国民政府从广州迁往武汉。③12月13日，首批到达武汉的国民党中央执行委员和国民政府委员，在武汉成立国民党中央执行委员和国民政府委员临时联席会议，代理国民政府职权。

基于革命势力推进至长江流域，1927年1月3日，中华全国总工会在汉口召开第四次执行委员会会议，决定将总部迁往武汉。并议决在广州成立办事处，指导广东、广西、福建、香港等地的工人运动。尽管革命势力日渐壮大，然革命基础却尚未稳固。虽然工人在政治上得到一定的自由，但是经济上尚未解除痛苦，工人组织也并未变得坚固和完善。因此，中华全国总工会呼吁"吾人应为巩固与统一本身组织，及谋得吾人经济利益解除本身痛苦而努力，亦即革命势力巩固之必要条件。"④

---

① 《中央局报告》，中央档案馆编：《中共中央文件选集》第2册，中共中央党校出版社1989年版，第543页。

② 《中央局报告》，中央档案馆编：《中共中央文件选集》第2册，中共中央党校出版社1989年版，第536页。

③ 刘明逵、唐玉良编：《中国工人运动史》第3卷，广东人民出版社1998年版，第422页。

④ 《全国总工会通告全国各工会书》，《广州民国日报》1927年1月18日，第4版。

中华全国总工会迁往武汉后，选定汉口义成里旧华杨旅馆为临时办公处。北迁完成后，中华全国总工会特意发表成立通电，表示由广州迁往武汉"自后更当领导全国工人，以为全国各界同胞努力，奋斗一致，求得革命即速的成功，与民族的阶级的永远解放。"[①] 为更好地指导工人运动的发展，中华全国总工会在2月20日召开扩大执行委员会会议，通过了《全国工人阶级目前行动总纲》。

总纲是在北伐取得阶段性胜利，中华全国总工会迁往武汉的情况下，为应对政局的改变和新形势而制定的。在政治方面，由于帝国主义打算出兵干涉中国革命，总纲要求"反对一切资本帝国主义向中国武装进攻，尤其是最近英国帝国主义对华出兵"，以及"要求彻底完成国民革命；反对一切与帝国主义及军阀等妥协之倾向。"北伐开始后，随着蒋介石权力欲的逐日增长，军事独裁倾向日益严重。总纲要求"拥护一切民主革命势力之争斗，反对代表封建势力之个人专政及军事独裁。"在经济方面，要求八小时工作制，反对延长时间；"要求随时增加以物价为比例之真正工资，反对降低工资"；[②] 提议男女同等工作同等工资；禁止雇佣不满13岁童工工作，减少女工、童工之工作时间；反对包头制；实行国立失业保险，救济失业工人等措施。

在工会组织方面，首先对工会提出了更高的目标和要求，即"工会组织之完全自由，无论平时、战时，不受任何法律命令之束缚。"其次提出在各地组建统一的工会，以增强工人的力量，也就是要求各省、各市、各县"组织统一的总工会，反对一切分

---

① 《全国总工会在汉口成立之电告》，《广州民国日报》1927年2月23日，第6版。
② 《全国工人阶级目前行动总纲》，中华全国总工会中国职工运动史研究室编：《中国工会历史文献（1921.7—1927.7）》，工人出版社1958年版，第364页。

裂工会的企图"。最后各地区各行业的工会必须统属在中华全国总工会之下,即"各省总工会、各产业总工会均统一在全国总工会之下。"①以保证工人阶级有统一的领导,以及统一的方向和行动。

在劳资纠纷方面,反对官僚资本阶级侵入工会,"反对劳资联合会等及其他一切阶级调协企图";"反对强迫性质的劳资仲裁机关"、反帝资本家提倡改良主义欺骗工人,反对资本家加重工人工作;要求有团体契约权,"各企业不得雇用非会员工人及工人解雇前必须将正当理由通知工会。"②

《全国工人阶级目前行动总纲》是中华全国总工会根据政治形势的变化,在工运政策方面所作出的调整和改变。这有利于总体统筹和指导全国工人运动的发展,为工人群体争取政治和经济利益,并保障工人阶级的权益。但是总纲也有一些超前之处,比如工会组织完全自由,无论何时均不受法律的约束。这反而不利于工人群众的统一,不利于凝聚工人群体的力量,不利于工人运动的持续发展。

不可否认的是,工人群众在北伐战争整个过程中,积极踊跃参加,组建北伐交通运输队、北伐交通队、省港罢工委员会慰劳队等,以种种方式参与到北伐中来,支持和援助北伐军。此外,工人群众也利用不同的斗争方式来帮助北伐军,例如举行罢工,或破坏反动势力军需的供应等等。当然随着北伐军的胜利,各地工人运动的发展也得以有新进展。总之,工人群众在北伐军胜利

---

① 《全国工人阶级目前行动总纲》,中华全国总工会中国职工运动史研究室编:《中国工会历史文献(1921.7—1927.7)》,工人出版社1958年版,第365页。

② 《全国工人阶级目前行动总纲》,中华全国总工会中国职工运动史研究室编:《中国工会历史文献(1921.7—1927.7)》,工人出版社1958年版,第365页。

推进的过程中功不可没。

　　五卅运动后，中国工人阶级逐渐取得国民革命的领导地位。加之工人运动从初始起，就与中国民族运动联系在一起。因此第三次全国劳动大会前后，工人阶级已担负起打倒帝国主义和军阀，促使国民政府北伐，夺取国民革命胜利的重任。随着工人运动历经多次罢工斗争和北伐战争的锤炼，工人阶级之间的团结凝聚力得以增强，全国工人运动也得以被促进与推动发展。在此时期，工人阶级接受中国共产党的领导。中国共产党根据第三次全国劳动大会前后政治形势的变化，合理调整和完善其工运政策，使得工人阶级有了正确和科学的党的工运方针的具体指导。再者第三次全国劳动大会的决议案，让工人阶级更加注重联合战线的建设、组建公开和秘密的工会组织、灵活采用罢工战术和策略等等。工人阶级组织建设更加规范，工会和总工会的大联合使得工人群众更加团结，并在罢工斗争和北伐战争中，展现了更强大的力量。工人群众所爆发的强大战斗力，更是在北伐战争的持续推进过程中得到了淋漓尽致的体现。而北伐战争的胜利，亦带动了各地工会和工人运动的发展，这从北伐战争所推进的江西、湖南、湖北三省工会的快速发展中可以得到证明。工人阶级在第三次全国劳动大会前后，拥护广州国民政府，采用各种形式帮助和支持北伐军，在中国的革命历程中作出了重大的贡献。随着北伐的持续推进，国民革命的重心转移到长江流域，第四次全国劳动大会便转移到武汉召开。历史昭示人们，虽然持续三次的广州全国劳动大会时期至此已宣告结束，但它们促进中国工运不断进入了新阶段的开创性贡献将永垂史册。

第六章　广州三次全国劳动大会的历史贡献

广州的三次全国劳动大会见证了从建党初期到大革命失败前中国工人运动的全过程，总结了不同时期中国工人运动实践经验，为后续的工人运动指明方向，在中国工人运动史、中共党史上留下了重要的一笔，也是广州作为国民革命大本营的重要体现。总结起来，在广州召开的三次全国劳动大会的主要贡献有：确立了中国共产党在工人运动中的领导地位、创立了中华全国总工会、指引大革命时期中国工人运动的方向、推动了三次全国工运高潮、为正在进行的国共合作进行工人动员、促进了中国工会走向国际，这些重要的历史性贡献，不仅对于当时的工人运动史、党史、国民革命史有历史意义，且对于后续中国工人运动的发展和党的工运工作的展开具有现实意义。

第一节　确立了中国共产党在工人运动中的领导地位

一、党对工人运动领导地位的初步确立

中国共产党是中国工人阶级的先锋队，自从中国共产党成立

之日起，便将"支援"、"指挥"中国的工人运动作为党的根本任务，党的二大更是直接指出党"无论在哪种劳动运动中，他都要是'先锋'和'头脑'"，负有"率领工会运动"、"夺得领袖地位"[①]之责，这是从党的决议上确立了党对工人运动的领导地位。不过考虑到建党初期中国工人运动的复杂状况，有共产党领导的工人运动，有国民党领导的工人运动，有无政府主义者领导的工人运动，有招牌工会、工贼领导的工人运动，还有不少封建的行会、帮口、秘密会社等旧式组织领导的工人运动，中国共产党要想真正确立自己在工人运动中的领导地位并不容易，党必须更广泛地参与到工人运动之中，参与到与其他党派、团体的合作、斗争中，在中国工人运动的具体实践中确立党的领导地位，而伴随着工人运动实践所召开的全国劳动大会为此提供了契机。

第一次全国劳动大会是由中国劳动组合书记部所发起，得到各地工会的广泛响应，并得到孙中山革命政府的大力支持，大会由中国劳动组合书记部南方分部、广东总工会负责具体组织。此次大会出席代表173人，代表有组织的工会一百一十多个，代表有组织的工人34万，这是中国共产党对于中国工人运动进行统一的一次伟大尝试。尽管从出席代表来看，国民党的比例要超过共产党，不过由于当时的国民党对于工人运动"未采取积极领导的态度"，第一次全国劳动大会的领导权实际上落到了共产党的手中。中国共产党广东支部，也是中国劳动组合书记部南方分部领导人谭平山自始至终以主席的身份主持着大会的进行，共产党人对大会的领导保证了大会的顺利进行，也保

[①] 《关于"工会运动与共产党"的议决案》，《中国共产党第二次全国代表大会档案文献选编》，中共党史出版社2014年版，第21页。

证了共产党人的主张可以通过大会议题设置、通过大会公开讨论、通过大会提案，得到顺畅的表达，并最终形成大会决议案，成为指引全国工人运动继续前进的指南。大会通过决议案10项，其中作为第一次全国劳动大会最为重要的成果，如"罢工援助案"、"八小时工作制案"、"全国总工会组织原则案"等均由共产党人提出并获得通过，其他诸如"订立中国劳动歌及劳动旗帜案"、"湖南劳工会黄、庞二君被杀及香港罢工沙田海员被杀案"、"组织全国人力车夫联合会案"、"尊重劳动节及儆戒工界虎伥案"、"规定第二次全国劳动大会案"虽不是共产党人提出，却也多反映了共产党人的主张。尤为重要的是大会所提出的在全国总工会成立以前，由中国劳动组合书记部作为全国工人的总通讯机关，这实际上代表了大会赋予中国劳动组合书记部成为指导全国工人运动的总指挥部，标志着中国共产党对于工人运动领导地位的初步确立。

二、中国共产党领导工人运动迈出实质一步

第二次全国劳动大会是由中华海员工业联合总会、汉冶萍总工会、全国铁路总工会、广东工人代表会四个工会团体发起。其中汉冶萍总工会、全国铁路总工会是中国共产党直接领导下的工会；中华海员工业联合总会虽不是中国共产党直接领导，却深受中国共产党的影响，海员工会的领导人苏兆征当时已是中共党员；广东工人代表会则是国民党改组之后由国民党中央工人部领导建立，不过该会骨干力量是共产党人和国民党左派，所以，第二次全国劳动大会名义上是由四大工会发起，实际上却是由中国共产党主导，为此在会前中国共产党中央执行委员会专门向大会发来贺信。此次大会出席代表277人，代表全国165个工人团体，代

表全国有组织的工人54万，规模上已超过第一次全国劳动大会。大会的具体筹备与会议组织工作主要由共产党人担任，刘少奇、苏兆征、邓培、邓中夏、冯菊坡等人在其中做了大量的工作。由于这是中国共产党主导召开的会议，会议的召开比较顺利，并未出现第一次全国劳动大会那般国民党、无政府主义者在会上激烈的意见分歧。大会通过了"工人阶级与政治斗争的决议案"、"经济斗争的决议案"、"组织问题的决议案"、"工农联合的决议案"、"工农兵大联合的决议案"、"对于赤色职工国际代表报告的决议案"、"铲除工贼决议案"、"工人教育的决议案"、"香港问题决议案"、"广东问题决议案"、"上海问题决议案"等30余个决议案，这些决议案大多反映了国共合作之后中共方面对于工人运动的主张，如"中共扩大执委会工会运动问题决议案"（1924年5月）、"中共四大关于职工运动之决议案"（1925年1月）的精神，以及中共所领导的工会，如全国铁路总工会、汉冶萍总工会等工人运动斗争经验的总结，反映出中国共产党已通过全国劳动大会将党的主张变成对全国不同政治倾向工人的共同主张，对大革命时期全国工人运动的开展产生指导意义。大会还正式通过中国工人加入赤色职工国际，组织中华全国总工会等重要举措，反映出第二次全国劳动大会中国共产党不仅获得形式上指挥全国工人运动之权，而且在组织上有了具体的行动，标志着党对工人运动的领导已迈出实质的一步。

三、全面落实党对工人运动的领导地位

第三次全国劳动大会是由中华全国总工会负责组织召开，会前中华全国总工会对于大会的议事日程、各工会代表的选派、工会提交报告的大纲都有细致的说明，大会组建了专门的筹备委员

会，由刘少奇、戴卓民、陆沉、孙良惠、刘尔崧等五人组成，他们全部是中共党员和杰出工运领袖。此次大会出席代表502人，代表全国699个总工会和分会，代表全国有组织的工人124万，均为三次全国劳动大会之最，也反映中国工人运动蓬勃发展的新势头。这是第一次完全由中国共产党主办、主导的劳动大会，作为国共合作期间的一次盛会，会议也商得国民党中央党部的支持。中国共产党中央执行委员会、中国国民党中央执行委员会、中国共产主义青年团发来祝词，大会由邓中夏致开幕词，李立三致闭幕词，刘少奇代表大会主席团作《一年来中国职工运动的发展》的主报告，深受中国共产党影响的中华全国铁路总工会、海员总工会、武汉工人代表团、安源路矿工人向大会提交了报告，李立三向大会报告了出席赤色职工国际的经过，这些都充分显示出中国共产党对此次大会的主导性。大会共通过正式决议案9件，各种报告决议案10件，其他提案47件，主要的决议案有："中国职工运动总策略决议案"、"组织问题与其运用之方法决议案"、"经济斗争最近目标与其步骤决议案"、"罢工战术决议案"、"宣传教育问题决议案"、"工会运动中之女工及童工问题决议案"、"劳动法大纲决议案"、"失业问题决议案"、"合作社问题决议案"、"关于中国职工运动的发展及其在国民革命运动中之地位报告的决议"、"关于全国总工会执行委员会工作报告的决议"、"关于全国政治状况与社会状况报告的决议"、"关于国民政府现状报告的决议"、"关于工农兵大联合报告的决议"、"关于上海总工会报告的决议"、"关于省港罢工报告的决议"、"关于苏俄状况报告的决议"、"关于全国总工会出席赤色职工国际代表报告的决议"。这些决议的精神与1925年10月中共中央执委扩大会职工运动决议案和1926年5月中共中央职工委员会关于全国职工运动讨论会决议案的精神一脉相承，体现了自五卅运动以来中国共产党对于工人运动的新思路。大会选出了中华全国总工会新的领导组成，并发出多份文电，"'五一'国际劳动节告工友书"、"'五一'国际劳动节告农友书"、"为'五四'纪念告全国民众书"、"为促进北伐向国民政府请愿书"、"慰问省港罢工工友书"、"告广东总工会及中国机器总工会的工友们"、"致全世界工人书"、"统一远东职工运动宣言"、"为省港罢工事致英国工联电"、"援助英国矿工罢工电"，显示中国共产党作为代表中国工人、农民利益的政党致力于援助工人运动、促进工农联合、谋求工运统一、助力民族革命与世界革命的革命情怀。第三次全国劳动大会中国共产党的全面主导性，充分表明党对工人运动的领导已经由形式上确立党对工人的领导地位，组织上建立党对工人的领导机构，走向以中华全国总工会为抓手，党领导工人运动全面实践的新阶段。

综观这三次全国劳动大会可以看到，中国共产党自建党开始便在党的决议上确定了对于工人运动的领导地位，不过出于建党初期中国革命和中国工人运动的复杂性，党真正在工人运动中确立领导地位是通过广州的三次全国劳动大会。第一次大会是由党所领导的中国劳动组合书记部发起，会议最终确定了中国劳动组合书记部作为全国工人的总通讯机关，标志着中国共产党在形式上确立了在全国工人运动中的领导地位；第二次大会是由四大工会发起，背后的主导者确属中国共产党，大会最终成立了中华全国总工会，标志着中国共产党已在组织上确立了在全国工人运动中的领导地位；第三次大会是由中华全国总工会发起，完全由中国共产党主导，大会制定了中国工人运动总策略，确定了工人在国民革命中的领导地位，敦促国民政府北伐，标志着中国共产党以中华全国总工会为抓手，全面确立在工人运动中的领导地位，并付诸实际行动。这三次全国劳动大会见证了党对工人运动领导地位的形成过程，为确立党对工人运动的领导提供了重要的平台，虽然当时中国的工人运动尚未完成真正统一，不过党通过这三次全国劳动大会已然确立在全国工人心中的领导地位，这对于此后中国工人运动和中国革命的进展，以及中国共产党与中国工人阶级关系的确立都有重要指导意义。

第二节　创立了中华全国总工会

一、确立中国劳动组合书记部的总通讯地位

中国近代的工会产生较晚，且构成复杂，互不统属，故而在第一次全国劳动大会之前，中国尚未有全国性统一工人组织，于是工人阶级作为中国领导阶级在政治经济斗争中的威力便大打折扣。不过，1922年初的香港海员罢工着实让人们见识到了工人团结的威力，所以陈独秀在第一次全国劳动大会之前才会提出要求，希望各地工会不分党派，团结合作，形成一个全国性的工人组织。可知，组建全国性工人组织是召开全国劳动大会的重要理由。

第一次全国劳动大会是由中国劳动组合书记部发起组织，大会所取得的主要成果之一便是确立中国劳动组合书记部作为全国工人的总通讯机关地位，这就相当于确立了中国劳动组合书记部作为全国工会的总协调机构，不过从决议内容可知，未来中国一定会组建全国总工会,在全国总工会成立之前,由中国劳动组合书记部扮演"总工会"的角色，所以中国劳动组合书记部是一临时或过渡性质的总工会，为第二次全国劳动大会成立正式的全国总工会打下了基础。

而实际上，自第一次全国劳动大会确立了中国劳动组合书记部的"总工会"角色之后，中国劳动组合书记部便积极参与到当时的工人运动高潮和劳动立法运动之中，实质上行使全国总工会的职能，直到1923年初的京汉铁路工人大罢工失利之后，中国劳动组合书记部才处于不活跃状态。第一次全国劳动大会还通过了"全国总工会组织原则案"，该案提出中国的工会要以产业组合为原则，并提出以地方工会联合会组成全国总工会的路径，这些都为后来组建中华全国总工会指明了方向。

二、中华全国总工会从这里走来

第二次全国劳动大会便主要由产业工会为主发起组织，大会的主要成果之一就是正式成立中华全国总工会，拟定中华全国总工会章程，选出中华全国总工会执行委员。章程规定：中华全国总工会以团结全国工人，图谋工人福利为宗旨，负有发展全国工人组织；统一全国工会运动；整理各工会组织系统；指挥各工会的行动；仲裁各工会争端；发布全国工人共同奋斗目标；谋求全国工人与国际工人的合作；提高工人知识，联络工人感情；促进各工会彼此互助；保障工人利益等职责。从宗旨和目标来看，中华全国总工会是要做统领全国工人，不分党派的总机关，标志着中国工人运动首次出现了统一的领导机构。总工会章程提出总工会的总机关暂设在广州，并择定其他地址特设办事处，标志着中华全国总工会机构诞生在广州，广州在大革命期间担负着统领全国工人运动的重任。[①] 大会选举了中华

---

① 《中华全国总工会总章》，中华全国总工会中国工人运动史研究室编：《中国工会历次代表大会文献》第1卷，工人出版社1984年版，第34页。

全国总工会首任执行委员，选举了委员长、副委员长，组设干事局及各部主任。这些标志着中华全国总工会从机构到领导成员全部在广州诞生。中华全国总工会后选择广州大德路一处建筑为临时办公场所，后迁入越秀南路的惠州会馆，直到1927年2月北迁武汉，广州始终是全总的总部所在地，正是在这里全总指挥着震惊世界的五卅运动、省港工人大罢工，致力于推动广东、香港的工运统一工作，在大革命的洪流中展现作为统领全国工人运动的宗旨与职责。

三、中华全国总工会全面行动

第三次全国劳动大会便是由中华全国总工会直接组织召开，由于在其成立后的一年中中华全国总工会广泛地参与了五卅运动以来的各种工人运动，与各地工会、工人建立更密切的联系，因而这次会议的代表规模也是三次大会之最，这次大会既是对中国工运一年来工作的总结，也是全总一年来工作的总结。在大会上，刘少奇代表大会主席团作了"一年来中国职工运动的发展"的报告，也代表中华全国总工会作了全国总工会执行委员会工作报告。在大会所通过的诸多决议中，就有专门的"关于全国总工会执行委员会工作报告的决议"，大会肯定了全总执行委员会一年来的工作，认为中华全国总工会"能够非常勇猛的遵照中国工人阶级的意志，努力领导中国工人阶级向压迫阶级奋斗；如进行统一广东、香港工会运动，发展广东各县工会组织，指导长时的反帝国主义的省港大罢工、上海大罢工，统率中国南部有组织的各工友参加国民革命。""大会对于执行委员会这一年的工作，表示满意。"①可见，第三次全国劳动大会已在第二次全国劳动大会建立全总机构、选举领导层的基础上，对于全总已经开展的实际工运工作进行总结，并谋划中国工运和全总未来的工作方向。第三次全国劳动大会扩大了全总的组成，选举产生了新的执行委员、候补委员、常务委员、委员长及各部部长。在第三次全国劳动大会之后，中华全国总工会带领全国工人投身到轰轰烈烈的北伐战争之中，号召各地工人支援北伐。

综观这三次全国劳动大会，可以看到建立全国性工人组织是召开全国劳动大会的重要理由，广州的三次全国劳动大会完整地见证了中华全国总工会这一全国性工人组织建立的全程，第一次全国劳动大会确立了中国劳动组合书记部的总通讯机关地位，确立了全国总工会的组织原则是为成立中华全国总工会作预备；第二次全国劳动大会正式成立了中华全国总工会，建立了机构、制定了章程、选举了领导层，这是全总组织建立的时刻；第三次全国劳动大会是对全总成立一年来实际从事的工作，一年来中国工运发展进行总结，并谋划未来发展方向的大会，这是全总建立之后付诸实际行动，检验实际行动的时刻。所以，广州的三次全国劳动大会见证了中华全国总工会从酝酿，到形成，再到行动的全过程，可以说广州孕育了全总，为全总的诞生和成长提供了最佳的条件，也奠定了中华全国总工会作为全国工人统一组织统率全国工人运动的领导地位，全总在广州期间所创建的制度，所创造了团体带领全国工人进行斗争的精神与方式，所搭建起来的中国工人与世界工人的密切联系，对于后续全总工作的开展和中国工

---

① 《关于全国总工会执行委员会工作报告的决议》，中华全国总工会中国工人运动史研究室编：《中国工会历次代表大会文献》第1卷，工人出版社1984年版，第129页。

运的进展都有开创意义。

第三节 指引大革命时期的工人运动方向

一、工人运动斗争策略的初步提出

广州的三次全国劳动大会最主要的成果体现在大会所通过的一系列决议案之中，这些决议案大多是在中国工人运动的实践中养成，借鉴其他国家工人运动的一些经验，特别是赤色职工国际的经验，后经全国劳动大会凝练、总结、讨论、通过，形成对于未来的中国工人运动具有普遍性指导意义的路线、方针、政策文本，不少含有对工人运动有直接指导意义的斗争策略，这些斗争策略通过工人运动中的广泛使用，成为大革命期间中国工人统一行动的纲领，对于迎接一次次工人运动高潮的到来有推动作用。

第一次全国劳动大会通过决议案10个，其中涉及工人运动斗争策略的主要有"罢工援助案"、"八小时工作制案"、"儆戒工界虎伥案"，由于这是中国工人的首次劳动大会，工人运动斗争的经验又比较缺乏，故而上述决议案大体比较简略，仅大致提出了一些工人斗争的原则，尚缺乏具体的行动纲领。如"八小时工作制案"，在提出实行八小时工作制的理由之后，仅提出"以本会名义要求大总统明令规定"，"如各东家不遵依此制，一律采取同盟罢工手段，务期达到目的为止"。至于在什么情况下罢工，如何具体地同盟罢工，在何种情况下算达到目的则全然没有提及。同样"儆戒工界虎伥案"，在提出惩戒理由之后，仅简要表示办法分三层：先警告，次宣布罪状，最后则以铁血对待，至于每一步的具体办法也是没有提及。相对而言，比较完整的是"罢工援助案"，该案在提出理由之后，还具体讲到了发生罢工之后要设法通知各工会、各地劳动组合书记部，然后要求各工会"不受该处东家之雇请"、"慰问"、"帮助办理事务"、"捐助"、"举行同情罢工"等具体支援策略。总体而言，第一次全国劳动大会的工人运动斗争策略是比较简略的，仅提出大致的斗争方向，且主要围绕经济斗争进行，所以邓中夏才会说这些议案"都不完全，不能满足我们工人阶级全部的要求。"①

二、工人运动的政治斗争策略

第二次全国劳动大会召开时，由于中国工人经历京汉铁路工人大罢工的血的教训和正在兴起的国民革命运动熏陶，让中国工人认识到"帝国主义是中国工人主要的仇敌，军阀必是帝国主义的爪牙。所以中国工人为自身的解放，必须担任民族革命的急先锋，为促进世界无产阶级的革命，亦应努力于这个工作。"②所以，这次大会与第一次大会最大的不同在于提出了工人阶级必须作政治斗争，中国无产阶级必须参加民族革命运动，并取得领导地位。为此，大会通过了专门的"工人阶级与政治斗争的决议案"，提出短期内中国工人阶级的目标是争自由运动，长远的最终目标是推翻帝国主义、打倒军阀，实现民族解放，促进世界革命。这一政治斗争目标的提出是第二次全国劳动大会的主要成果，为了这一政治目标，大会提出了一系列更具体的工人运动斗争策略决议案，如"经济斗争的决议案"、"工农联合的决议案"、"工农兵大联合的决议案"、"铲除工贼决议案"、"对于赤色职工国

---

① 邓中夏：《中国劳动运动的新生命》，《中国工人》创刊号，1925年5月31日。
② 《工人阶级与政治斗争的决议案》，中华全国总工会中国工人运动史研究室编：《中国工会历次代表大会文献》第1卷，工人出版社1984年版，第18页。

际代表报告的决议案"等。这些斗争策略相比于第一次全国劳动大会而言，明显具有更充实的内容，如经济斗争决议案中除了八小时工作制之外，还有最低工资、反对虐待、女工童工生活改善、劳动保护与社会保险、取消包工制等，同时还对这些经济斗争提出了具体的斗争策略；在铲除工贼决议案中，除了阐明铲除工贼的理由之外，还列举了罪恶昭彰的工贼名单，以及铲除工贼的具体办法，编写工贼罪恶小册子，组织工人自卫团等。此外，大会所决定的工农联合、工农兵联合、加入赤色职工国际等策略，为中国工人运动寻找到更多的同盟者，为实现民族革命、世界革命提供了更广泛的群众基础。这些工人斗争目标与策略的制定，为即将到来的五卅运动，为中国工人更广泛地参与五卅运动，提供了政治方向指引和斗争策略指导。

三、工人运动的总策略

第三次全国劳动大会召开正值五卅运动一周年，国民政府北伐即将开启，总结五卅运动以来工人运动的斗争经验，为北伐中的工人斗争进行策略准备是大会的重要目标。为此，第三次全国劳动大会通过了专门的"中国职工运动总策略决议案"，这也是自中国工人运动开展以来第一次提出工人运动总策略。总策略基于五卅运动以来中国工人运动和帝国主义、军阀势力统治下的中国政治现实，提出工人阶级最近的目标在求"经济之改善与相当之自由"，而其长远责任则在"促成帝国主义与军阀之死亡"。为了实现这一目标与责任，总策略提出中国工人要通过组织工人阶级的政党、工会以及合作社、工人学校、俱乐部、图书室、饭堂、寄宿舍等一切合法的形式来组织工人、团结工人，进行工人斗争。总策略提出在工人群众中战斗力最强是产业工人，但由于产业工人力量有限，工人运动还必须动员手工业、小工厂和商店雇员等职业工人，一起为全民族和全阶级的利益奋斗。总策略提出农民不仅是工人的天然同盟，而且要随时提携农民一致奋斗，在反帝民族革命运动中，还要与各阶级革命民众建立联合战线。总策略还提出工人阶级在国民政府之下，已获得相当之自由，工人阶级为保持他们已获得的自由，就必须赞助国民政府北伐。为了实现上述策略，总策略还提出了目前的具体奋斗方法，利用各种组织形式团结工人、利用许多小的争斗扩大工人组织、要求工会组织自由和劳动法、号召全国工人拥护省港罢工、立即与农民代表大会商定联合一致奋斗方法、铲除工贼、认定中华全国总工会为全国工人唯一的指挥机关、工人斗争注意审察时机与自己的战斗力、与赤色职工国际与世界工人建立更密切联系等。[①]可以说，这份总策略是第三次全国劳动大会的总纲，也是此后中国工人运动的总纲。在总策略之外，第三次全国劳动大会还通过了"经济斗争最近目标与其步骤决议案"、"罢工战术决议案"、"组织问题与其运用之方法决议案"、"工会运动中之女工及童工问题决议案"等具体的策略方法决议案。这些具体策略与总策略一起构成了指导中国工人运动斗争策略的体系，标志着中国工人运动逐步走向成熟，也为即将到来的北伐提供策略指引。

综观这三次广州全国劳动大会，第一次全国劳动大会时中国工人的斗争经验有限，仅简要制定几个工人运动的斗争策略，且多集中于经济斗争领域，反映出当时工人对于斗争策略的认识局限。第二次全国劳动大会时由于经历二七惨案的教训和国民大革

[①]《中国职工运动总策略决议案》，中华全国总工会中国工人运动史研究室编：《中国工会历次代表大会文献》第1卷，工人出版社1984年版，第104—107页。

命的熏陶，中国工人阶级认识到帝国主义和军阀势力才是中国工人的真正敌人，要做民族革命的领导者，为此提出了工人阶级要作政治斗争的目标与策略，并以此统领大会上所提出的其他斗争策略，与其他更具体的斗争策略一道形成一个适当分工、密切配合的斗争策略群，标志着中国工人对于斗争策略认识的进步。第三次全国劳动大会吸收五卅运动以来工人运动的成果，同时积极研判国际国内政治局势，提出了中国职工运动总策略，对于中国工人运动的策略方针进行全盘规划与斗争方式方法制定，与大会上所提出的其他斗争策略一道构成一个更完整的工人运动策略体系，标志着中国工人运动策略已由零星分散走向体系化构建的新阶段，标志着中国工人认识的提升与工人运动日渐成熟。

第四节　推动了三次全国工人运动高潮

一、将第一次工运高潮引向深入

值得注意的是这三次广州全国劳动大会都处于中国共产党成立后三次全国工人运动高潮前后，其中第一次全国劳动大会处于第一次工运高潮之中，后两次劳动大会处于另两次工运高潮前夕，梳理三次全国劳动大会与三次工运高潮的关系，可以看到通过三次大会的主要成果在工人运动中的实践，推动了三次工人运动高潮的到来与发展，体现了广州三次全国劳动大会理论与实践的高度统一。

第一次全国劳动大会召开时，香港海员罢工所开启的第一次工运高潮已经到来，第一次全国劳动大会是第一次工运高潮的结果，同时也推动着第一次工运高潮持续、深入的发展。第一次工运高潮从1922年1月香港海员罢工开始至1923年2月的京汉铁路工人大罢工失利结束，前后持续13个月，罢工百余次，参与的工人三十多万，不过这些工人罢工大多出现在1922年5月全国劳动大会之后，在此之前仅有南方的香港、广东、上海等地出现了有影响的工人罢工。全国劳动大会极大地推动了第一次工运高潮的发展，通过全国劳动大会决议案、通过全国劳动大会代表、通过全国劳动大会所确立的总通讯机构中国劳动组合书记部的组织协调，中国工人迅速掀起了新一轮的工运高潮，尤其是北方铁路工人罢工的兴起，更是直接推动京汉铁路工人大罢工的到来，将第一次工运高潮推至顶点。在第一次工运高潮中，各地工人广泛地运用罢工援助、工会组织原则等全国劳动大会所订立的决议案精神，掀起一次又一次同盟罢工，组织区域总工会和产业总工会，在罢工中运用全国劳动大会的斗争策略，在运用斗争策略后推动罢工的深入发展，第一次全国劳动大会已经与第一次工运高潮融为一体。

二、为第二次工运高潮作准备

第二次全国劳动大会召开时，由五卅惨案所掀起的第二次工运高潮尚未开启，不过由1925年初上海、青岛日商纱厂所开启的工人罢工已经预示着中国工人运动正在走向复兴。第二次全国劳动大会正是在工运复兴背景下召开，大会通过了"工人阶级与政治斗争的决议案"、"经济斗争的决议案"、"铲除工贼决议案"、"上海问题决议案"等多个决议案，成立中华全国总工会，这些大会的主要成果在五卅运动中得以充分的运用，推动着以五卅运动为代表的第二次工运高潮的到来与发展。五卅运动因日本工厂主枪杀中国工人而起，事件发生后公共租界工部局、日本工厂主和上海地方当局的表现充分地证明了全国劳动大会"工人阶级与政治斗争的决议案"的判断,"工人阶级的利益与帝国主义者军阀资本家的利益是绝对不能调和的,双方利益之冲突,就是阶级斗争。""帝国主义及军阀统治中国,民族革命是唯一的生路。""中国的民族革命运动,非得工业的无产阶级参加,并取得领导地位,提携着广大的农民群众进行,是不能成功的。"① 这些关于工人斗争是阶级斗争、是民族革命,无产阶级要取得领导地位的政治判断,是指引五卅运动持续走向深入的政治保证。在五卅运动中,上海总工会的领导是关键因素,而它的产生就与第二次全国劳动大会直接相关,在大会所通过的"上海问题决议案"中提到:"出席大会之上海各工会,联络其余各真正工会共同组织全上海工会之总联合机关,以便真能为无产阶级谋利益,而抵抗帝国主义、资本家以及工贼之联合进攻。"② 在大会所通过的中华全国总工会章程中,也有讲到总机关暂设在广州,并择定其他相当地址特设办事处。所以在五卅运动中,上海总工会和中华全国总工会上海办事处先后成立,刘少奇、李立三、孙良惠是这两个机构共同领导人,他们也是全国劳动大会的代表,他们对五卅运动的持续开展起到了关键的领导作用。此外,为支持上海的五卅运动,全国掀起了包括省港大罢工在内的声援五卅运动浪潮,将第二次工运高潮持续推向深入,在这些声援五卅运动的工人斗争中,他们也广泛运用第二次全国劳动大会的成果,接受中华全国总工会领导,进行政治、经济斗争,铲除工贼,在具体工人运动实践中运

---

① 《工人阶级与政治斗争的决议案》,中华全国总工会中国工人运动史研究室编:《中国工会历次代表大会文献》第1卷,工人出版社1984年版,第17—18页。

② 《上海问题决议案》,中华全国总工会中国工人运动史研究室编:《中国工会历次代表大会文献》第1卷,工人出版社1984年版,第33页。

用劳动大会成果,在成果指引下推动新的工人运动实践。

三、迎接第三次工运高潮的到来

第三次全国劳动大会召开正值国民革命军北伐前夕,全国劳动大会对于北伐的呼吁以及北伐开始前后中华全国总工会的全力动员,对于掀起北伐战争期间的第三次工运高潮有推动作用。第三次全国劳动大会期间通过了"中国职工运动总策略决议案",这份决议案除了为后来的工人运动提供斗争策略指引之外,还明确提出:"全国工人都必须赞助国民政府北伐"。在大会所通过的"关于全国政治状况与社会状况报告的决议"中提出"革命的出路是广州政府北伐"。在"关于国民政府现状报告的决议"中提出"人民应立即起来拥护国民政府立即出师北伐"。在大会期间,大会还向国民政府递交了"为促进北伐向国民政府请愿书",代表全国工人阶级向国民政府表达"出师北伐,打倒一切军阀,肃清一切反革命派。"可见,呼吁国民政府北伐,动员工人支持北伐是第三次全国劳动大会的重要目的。1926 年 7 月北伐正式开始后,中华全国总工会发出对国民政府出师宣言,号召广大民众"即刻下定自己的决心,极力地赞助国民革命军,作国民革命军的后盾。"[①] 在第三次全国劳动大会的全力呼吁和中华全国总工会的全力动员之下,北伐开始后各地工人被紧急动员起来全力支援北伐,在北伐期间掀起一次次工人运动浪潮,在北伐占领区和北伐后方进行广泛的政治、经济斗争,广泛使用全国劳动大会的斗争策略,特别是上海工人的三次武装起义,更是将第三次工运高潮

---

① 《中华全国总工会对国民政府出师宣言》,《工人之路特号》第 391 期(1926 年 7 月 29 日)。

推至顶点。中国各地工人对于北伐战争的支援和北伐期间的斗争行动，对北伐战争的节节胜利起到了重要的支持作用，而考察其渊源，第三次全国劳动大会的呼吁、动员以及斗争策略的制定起到了推动作用。

综观这三次广州全国劳动大会可以看到，这三次大会都在三次工运高潮前后，第一次大会是在第一次工运高潮之中，是工运高潮推动的结果，同时又推动着第一次工运高潮的发展，后两次大会都是工人运动在走向复兴、猛烈发展的趋势下召开的，对迎接工运高潮的到来起到推动作用。全国劳动大会对于工运高潮的影响主要通过全国劳动大会的决议案在工运高潮实践中的运用，全国劳动大会所确定的全国性工人组织对于工运高潮的协调、组织、领导，以及全国劳动大会代表返回各地之后对于工运高潮的实际参与，其中尤以全国劳动大会之中对于中国工运整体趋势的判断和工人斗争策略的运用，对于工人运动的实践影响最为深远，从某种意义上讲全国劳动大会的理论指引与工运高潮的实践共同构成——没有理论的指引，工运实践就会没有方向，没有工运实践，理论指引也会惨白无力，这是梳理全国劳动大会与工运高潮实践之间关系的重要启示。

第五节　夯实国共合作的群众基础

一、国共合作的试金石

值得注意的是广州的三次全国劳动大会基本上都处于国共两党第一次合作期间，且都得到了国共两党的支持，其中第一次全国劳动大会是国共两党在劳动问题上的第一次对话，也是第一次合作，后面两次完全由共产党主导，并得到国民党左派的支持。从国共合作的意义上讲，全国劳动大会是国共合作的成果，也推动着国共合作的进行与发展。在国共合作期间，国共双方因工人阶级在国民革命中的重要作用而找到共同点，全国劳动大会的召开为工人参加国民革命起到了动员的效果，也巩固了国民革命的统一战线基础。不过，也因国共两党的阶级基础不同，在合作中保持工人阶级的阶级本色以及与破坏合作的不良分子斗争亦是大会的关注点。

第一次全国劳动大会召开时，国共合作尚未开始，不过受到列宁的民族与殖民地理论影响，共产国际方面，特别是远东人民代表大会上已经就与国民党建立反帝联合战线达成了初步的意向，尽管当时中共党内尚未就与国民党合作问题达成共识，不过在全国劳动大会之前的中共广州会议上与会代表已作出"不分党派、团结合作"的劳动大会方针，这些意味着第一次全国劳动大会是在国共合作已是大势所趋的情况下召开的一次劳动领域的合作大会。大会选择在国民革命的大本营广州召开，就与孙中山革命政府的大力支持密不可分。广州革命政府为大会提供了经费支持，为大会提供了场地，孙中山在大会期间接见了全国劳动大会代表，鼓励劳动大会代表为社会进步作出的贡献，国民党广东支部举办欢迎会，大会期间受国民党影响的工会也积极参加。大会期间所出现的风波主要是在国民党与无政府主义者之间，国共两党在大会期间基本没有发生摩擦。尽管在此次大会上没有提出任何与国共合作，与国民革命有关的决议、宣言、口号，不过大会前后国共两党之间的默契，为世人展现出了国共合作的极大可能性。所以第一次全国劳动大会某种程度上推动了国共两党正式合作的到来，也可以说是国共两党正式合作的试金石。

二、工人阶级参加国民革命

第二次全国劳动大会召开时国共合作已全面开启，尽管在孙中山去世之后国民党右派已有破坏国共合作的迹象，不过总体国共合作的局面仍然维持。四大工会发起第二次全国劳动大会之后，国民党右派工团曾有抵触全国劳动大会的行为，不过在国民党左派，特别是廖仲恺的大力支持下，全国劳动大会仍得以顺利召开。大会期间国民党中央委员会曾发表通电向大会表示祝贺，并希望"全国工农加紧组织，扩大革命力量，以促国民革命之成功。"[1]大会期间廖仲恺、胡汉民等国民党政要出席会议，廖仲恺更是两次发表演说，认为国民党与工农的利益密不可分，"工农要有他自己的坚固组织，同时亦要国民党成功后，才有工农集会、结社之自由，然后工农利益乃能达到"，因此他提出"工农与本党要共同努力去实行国民革命"。[2]可见，国民党左派参与全国劳动大会的原因主要在于动员工农力量，致力于国民革命。此次大会虽没有明确提出与"国民革命"有关的决议案，不过在大会通过的"工人阶级与政治斗争的决议案"中专门指出了"工人阶级对于民族革命的态度"，邓中夏认为民族革命就是国民革命[3]，在这份关于民族革命的态度中，明确提出"帝国主义及军阀统治中国，民族革命是唯一的生路"，"中国无产阶级必须参加民族革命运动"，表明了全国劳动大会对于民族革命的立场，并认为民族革命需要社会各阶级共同参加，但"非得工业的无产阶级参加，

---

[1] 《国民党对全国工农之重要通电》，《广州民国日报》1925年5月7日，第3版。
[2] 《工农两会共同举行开幕典礼》，《广州民国日报》1925年5月5日，第6版。
[3] 邓中夏：《劳动复兴期的几个重要问题》，《中国工人》第5期，1925年5月。

并取得领导地位，提携着广大的农民群众进行，是不能成功的"，因此提出中国工人"必须担任民族革命的急先锋"。同时，大会提醒注意"无产阶级在此革命运动中，一方面固然协力以反抗我们更大的仇敌帝国主义及军阀，一方面更要森严在我们各种组织上的阶级性，不可和其他阶级混合"；"工人阶级参加民族革命运动，必须保持阶级的本色，指示革命的出路，引导革命到底。"①所以，第二次全国劳动大会在国民革命上的贡献在于通过"决议案"明确提出中国工人阶级要参加国民革命，并成为国民革命的领导者，但同时保持阶级本色，这成为中国工人参加国民革命的指南。

三、为北伐进行工人总动员

第三次全国劳动大会正值北伐前夕，拟定北伐期间的工人运动方略是此次大会的重要目标，中华全国总工会以此事重大，在会前派人与国民党中央党部商量，中央党部谭延闿、陈公博等人表示愿意全力协助，并通电上海及北方各工会选派代表参加。大会期间，国民党中央执行委员会向大会致电祝贺，希望全国劳动大会"集合全中国革命先锋——工人之力量，一致团结于国民革命旗帜之下，努力于反帝国主义及其工具——军阀之运动，以完成国民革命之使命，而达民族解放之目的。"②可见，动员工人力量致力于国民革命仍是国民党参与全国劳动大会的主要目标。大会在国民党中央党部召开，当时还是国民党

---

① 《工人阶级与政治斗争的决议案》，中华全国总工会中国工人运动史研究室编：《中国工会历次代表大会文献》第1卷，工人出版社1984年版，第18—19页。

② 《中国国民党中央执行委员会祝词》，中华全国总工会中国工人运动史研究室编：《中国工会历次代表大会文献》第1卷，工人出版社1984年版，第50页。

人的林伯渠在会上宣读孙中山先生遗嘱，林伯渠、詹大悲等国民党要人还在大会上发表演说，希望遵守孙中山遗训，扶助工农。工农两大势力联合，帮助革命政府完成国民革命。大会在"中国职工运动总策略决议案"中明确提出"全国工人阶级必然拥护为负担国民革命的中国国民党和为全国民众利益奋斗的国民政府。工人阶级在国民政府之下，已获得相当之自由。工人阶级为保持他们已获得的自由，就必须巩固国民政府，而且全国工人都必须赞助国民政府北伐。"① 在大会所通过的"关于全国政治状况与社会状况报告的决议"中，提出目前工农阶级的任务是"巩固和扩大自己的组织，以全力拥护广州政府，扶助广州政府北伐。"② 在"关于国民政府现状报告的决议"中又进一步提出"愿统率着有组织的工人群众一百一十二万，及全广东有组织的农民群众八十二万，与革命的国民政府共同奋斗，以打倒帝国主义、军阀、买办阶级、土豪及一切反革命派。"③ 在大会所通过的系列决议案中不断提出支持国民政府北伐，既是大会对全国工人的动员，也是对国民党的正面回应。大会期间，还发表了"为促进北伐向国民政府请愿书"，希望国民政府"出师北伐，打倒一切军阀，肃清一切反革命派。"并表示"大会全体代表当领率全国工人一致参加，以为钧府后盾。"④ 大会还

---

① 《中国职工运动总策略决议案》，中华全国总工会中国工人运动史研究室编：《中国工会历次代表大会文献》第1卷，工人出版社1984年版，第106页。

② 《关于全国政治状况与社会状况报告的决议》，中华全国总工会中国工人运动史研究室编：《中国工会历次代表大会文献》第1卷，工人出版社1984年版，第131页。

③ 《关于国民政府现状报告的决议》，中华全国总工会中国工人运动史研究室编：《中国工会历次代表大会文献》第1卷，工人出版社1984年版，第132页。

④ 《为促进北伐向国民政府请愿书》，中华全国总工会中国工人运动史研究室编：《中国工会历次代表大会文献》第1卷，工人出版社1984年版，第148页。

特别致电中国国民党，表示"中国工人阶级决议拥护贵党，并愿以全力拥护由贵党所创造的、为民族之自由与独立而建设的国民政府及国民革命军"，不过大会也提出"贵党尚未免有少数不良分子，昧于民族革命的意义，违悖中山先生之遗教，而间有摧残工农利益事实，诚不免为我劳动群众与贵党共同之遗憾"，希望国民党"注意此种事实，尽心维护劳苦人民之利益。"[①] 这里则显示出大会在支持国民政府北伐之余，对国民党内一些不良分子的担忧。

综观这三次广州全国劳动大会，第一次大会召开时国共双方尚未真正实现合作，不过双方已有合作的意向，全国劳动大会推动了双方的合作，也是双方合作的试金石；第二次大会时，国共合作已经开始，大会的主要贡献在于确定了工人阶级要参加国民革命，并谋求国民革命的领导地位，同时保持工人阶级的本色，为工人阶级大规模参与国民革命提供思想指引；第三次大会时，正值北伐前夕，急需动员工农力量支援国民政府北伐，大会在总策略及其多个决议案中都强调了这一点，大会还特别为北伐向国民政府请愿，以及致书国民党，表达了中国工人支持北伐，希望国民政府尽快北伐的强烈愿望。从上述历程来看，广州三次全国劳动大会不仅全程经历了国共合作，而且实质上推动了国共合作，为国共合作提供了样板，且随着国共合作的持续推进，为国共合作提供了实质的支持，尤其在为国共合作迎来最高潮——国民革命军北伐方面提供了工人动员，让北伐具备了一定的群众基础，为赢得北伐的胜利打下基础。

---

① 《大会致中国国民党书》，中华全国总工会中国工人运动史研究室编：《中国工会历次代表大会文献》第1卷，工人出版社1984年版，第159页。

第六节　促成了中国工人运动走向国际

一、形成国际联合的意识

帝国主义对华的侵略是近代中国工人苦难的主要根源，为此，要彻底实现工人的解放就必须完成反帝的民族革命任务，这一鲜明特征决定了近代中国的工人运动只有与世界上其他受压迫的民众一道共同努力才有可能完成本国的民族革命任务，这也决定了中国工人运动的国际性，中国的工人运动已经成为世界工人谋求解放的世界革命的一部分。中国工人对于民族革命也是世界革命的认识并不是一开始就有的，而是经历较长的历史过程，广州的三次全国劳动大会是重要的时间节点，它不仅让中国工人更清醒地认识到阶级革命与民族革命、世界革命的关系，更是直接推动了中国工人运动走向世界。

第一次全国劳动大会是中国劳动组合书记部尝试对中国内部的工人组织进行统一的大会，大会虽然没有国外的工人代表参加，也没有通过参与国际工人组织的决议，不过在大会宣言中还是基于香港海员罢工期间中外资本家的联合以及中外海员之间缺乏亲密联络的事实，提出了"无论外国或本国的资本家，都是我们的敌人，无论哪一国的工人们都是我们的弟兄，因此全世界工人们的联合是最必要的。"大会宣言中还提出了"全世界劳动者和被压迫人民联合起来！"的口号。[1] 这些就表明，第一次全国劳动大会虽未就中国工人运动走向国际采取实际的动作，但是中国工

---

[1] 《第一次全国劳动大会宣言》，中华全国总工会中国工人运动史研究室编：《中国工会历次代表大会文献》第1卷，工人出版社1984年版，第5—6页。

人已有国际联合的意识。所以在会后不久的中共二大上，正式作出决定"各国革命的工会必须有统一的联合，去同世界资本主义奋斗，这个全世界革命的工会的统一联合，就是赤色工会国际协会。中国共产党必须根据上面的原则组成工会带到赤色工会国际旗帜之下，同时中国劳动阶级的利益须免去与向全世界劳动阶级的利益冲突的事，如提高中国工人的工资，免得中国贱价劳力被外国资本家雇用了去排挤外国高价劳动力等。"[①] 在这里对于中国工人国际联合的方向已经有了明确的意见。

二、开启国际联合的行动

第二次全国劳动大会是中国工人走向国际的坚实一步。在这之前全国铁路总工会已经参加过赤色职工国际大会、万国运输工人大会、太平洋运输工人大会等重要的国际工人会议，与这些国际工人组织建立了联系，所以当第二次全国劳动大会筹备处向太平洋运输工会和赤色职工国际发出邀请派员参加时，也得到这些组织的响应，赤色职工国际专门派出代表奥斯托洛夫斯基来广州参加大会。奥斯托洛夫斯基在广州期间，广泛地参与了围绕全国劳动大会的各种活动，参加广州各界纪念五一劳动节群众大会并发表演说，参加全国劳动大会和广东全省农民协会全体代表联欢大会并发表演说，参加全国劳动大会和广东全省农民协会共同举行的开幕礼并致词，参加全国劳动大会正式会议并报告世界职工运动状况。赤色职工国际代表的报告让与会代表知道了世界上有两种不同性质的工人组织，认为位于阿姆斯特丹的黄色职工国际

---

① 《关于"工会运动与共产党"的议决案》，《建党以来重要文献选编》（1921—1949）第1册，中央文献出版社2011年版，第153—154页。

是改良派工人组织，专门勾结资产阶级欺压工人阶级，中国工人阶级应与全世界工人一致反对，大会作出决议"赤色职工国际团结了全世界各色人种的工人，确能真实的为全世界工人奋斗，为全世界工人的总指挥机关。中国工人阶级此后应强固自己的组织，加入赤色职工国际，并拥护他的一切政策。"①大会还在"铲除工贼决议案"中提出："世界上有一个工贼的巢穴，叫做'国际联盟劳动局'。这个机关就是资本帝国主义用以破坏世界工人阶级的。所以我们也要根本反对之。"②这表明在第二次全国劳动大会上，中国工人在三个国际中选择了赤色职工国际作为自己的联络对象，大会期间会议主席团致电莫斯科赤色职工国际中央执行局，正式加入赤色职工国际，中国工人正式走向世界。

三、引入世界革命的经验

第三次全国劳动大会召开时，由于经历了五卅运动期间中国工人与世界工人更密切的互动，中国工人已经有了走向国际化更具体的行动，并充分吸收借鉴国际工人运动的成果为我所用。第三次全国劳动大会首次邀请英、俄、法、德、日、菲律宾、印度、爪哇等国工会派代表来华参加，以谋求世界工人阶级更亲密的团结。③赤色职工国际更是选派五名代表前来参加劳动大会，但由于路途耽搁，这五名代表未能如期赶到。不过在大会上，李立三

---

① 《对于赤色职工国际代表报告的决议案》，中华全国总工会中国工人运动史研究室编：《中国工会历次代表大会文献》第1卷，工人出版社1984年版，第28—29页。

② 《铲除工贼决议案》，中华全国总工会中国工人运动史研究室编：《中国工会历次代表大会文献》第1卷，工人出版社1984年版，第30页。

③ 《中华全国总工会关于召开第三次全国劳动大会的通告》，中华全国总工会中国工人运动史研究室编：《中国工会历次代表大会文献》第1卷，工人出版社1984年版，第45页。

还是将出席赤色职工国际的经过在大会上作了报告,并将赤色职工国际会议关于中国工人运动的决议案在报告中提了出来。大会通过了李立三的报告,并作出决议"大会对于赤色职工国际所取的政策和方略,认为完全满意,……大会誓继续竭诚拥护赤色职工国际所定的一切政策,与国际资本帝国主义作最后之决战。""大会承认赤色职工国际所决定之'统一职工运动'政策,尤为目前世界职工运动所需要;不仅在改良派主义充满的西欧亟需完全执行,便是在亚洲职工运动中也有很重要的意义。大会愿努力在亚洲各国彻底促进职工运动的统一,务须东方劳动者的势力少受一次分裂,即工人阶级的解放早一日实现。""职工国际所指示'工农联合'之政策,确为目前中国革命工作之唯一出路,大会愿一致为'工农联合'而奋斗。"[1]可见,第三次全国劳动大会接受了赤色职工国际的决议精神,并成为中国工人运动的重要指引,在大会所制定的中国工人运动总策略中便提出"中国工人的奋斗要跟随着赤色职工国际及与世界工人发生密切的联系"。在第三次劳动大会期间,大会还分别致电发布"致全世界工人书"、"统一远东职工运动宣言"、"为省港罢工事致英国工联电"、"援助英国矿工罢工电"等,显示中国工人运动受世界工人运动的影响,以及中国工人为世界工人运动、为世界革命所作出的努力。

综观这三次广州全国劳动大会,可以看到三次全国劳动大会是中国工人走向国际,与国际工人运动联合,实现从民族革命到世界革命迈进的过程。第一次全国劳动大会召开时,尚未有走向国际的具体动作,不过大会提出了全世界劳动者联合起来的口号,

---

[1]《关于全国总工会出席赤色职工国际代表报告的决议》,中华全国总工会中国工人运动史研究室编:《中国工会历次代表大会文献》第1卷,工人出版社1984年版,第136—137页。

反映出中国工人已有国际联合的意识。第二次全国劳动大会时，赤色职工国际派代表出席，大会通过了代表所作的报告，并决议加入赤色职工国际，标志着中国工人正式走向国际。第三次全国劳动大会邀请各国代表出席，出席赤色职工国际会议的中国代表作了报告，大会通过了这个报告，并吸收借鉴赤色职工国际关于中国工人运动决议的有关内容，形成对中国工人运动有指导意见的决议，这表明中国工人不仅走向了国际，而且还将国际工人运动中的经验引入中国，真正将中国民族革命与世界革命融为一体，为最终赢得中国民族民主革命胜利寻找到新的外部支持力量，也为以后中国工人走向世界，参与全球化时代的工人、工会、工运工作提供宝贵经验。

结　语

　　中国共产党是中国工人阶级的先锋队，同时是中国人民和中华民族的先锋队。这种"先锋队"的定位是中国共产党作为无产阶级政党属性的内在要求，也是中国共产党在革命、建设、改革年代奋斗精神的突出体现。作为无产阶级政党，中国共产党从一开始就不忘工农大众，党一经成立便迅速投身于轰轰烈烈的工农运动中去，让中国工农运动展现出全新的样貌，让中国工农运动找到一种新的思想引领。同时通过工农运动发展自己、历练自己，让党在工农运动的风雨中锤炼自己的战斗品格，在工农运动的实践中养成党在革命年代的伟大斗争精神，在工农运动中一次次拉近与人民群众的联系，完成党从早期的知识精英政党向人民群众政党的真正转变。广州的三次全国劳动大会正是党成立初期，针对正在进行中的工农运动、正在进行中的国民大革命进行斗争经验总结，指明前进方向的一次次尝试。

　　全国劳动大会在广州召开离不开当时广州的政治社会环境，但显然也与大革命前后党的工作重心在广州紧密关联。第一次全国劳动大会召开时，国民大革命尚未全面展开，受共产国际的影响，国共双方已就合作进行国民革命达成初步意向，第一次全国劳动大会是合作的成果，也是开启全面合作的试金石。第二、三次全国劳动大会正处于国民大革命的重心，通过全国劳动大会确定了工人阶级在国民大革命中的领导阶级地位，制定国民大革命中工人斗争的总策略，为国民革命军北伐进行工人动员。日后随着国民革命军北伐，第四次全国劳动大会转到武汉召开。这些都清楚地表明，全国劳动大会与国民大革命之间的密切关系，也正因如此，从建党之后到大革命失败之前，全国劳动大会在广州连续召开是充分结合广州地域环境与革命条件的最佳选择。广州也由此成为观察早期中国工人运动风向标，一举奠定党的工人运动理论与实践的根基。

广州的三次全国劳动大会成果丰硕，确立了中国共产党在工人运动中的领导地位，让中国的工人运动找到了先进政党的领导和先进思想的指引；创立了中华全国总工会，让中国的工人运动有了统一的领导机构，推动工人运动大联合的到来；制定切合时代的工人运动斗争策略，指引大革命时期中国工人运动找到正确的方向；总结工人运动实践经验，推动了三次全国工运高潮的到来和发展；为正在进行的国民大革命进行工人动员，夯实了国民大革命的群众基础；促进了中国工会走向国际，开启中国工运的国际联合时代，为中国革命引入世界革命的思维。这些是广州三次全国劳动大会的主要历史贡献，对于推动大革命时期中国的工人运动，巩固党的群众基础，促进国民革命都有重要意义。

广州三次全国劳动大会也给当时及之后的中国工人、工会、工运工作留下了宝贵的经验。

（一）坚持党的领导是中国工人运动走向胜利的根本政治保障

广州三次全国劳动大会的一个鲜明特点就是坚持党的领导，几乎全程见证了党领导工人运动从尝试、初步确定到付诸实践的整个过程。建党初期，中国共产党通过其领导的中国劳动组合书记部、受其影响的四大工会及在广州全国劳动大会中成立的中华全国总工会，全面参与并领导大革命时期中国的工人运动，将党的工运路线、工运主张，透过全国劳动大会的平台，转变为全国工人运动的共同主张，并运用到具体的工运实践之中。正因如此，党的主张才会更顺畅地进入工人运动之中，扩大了党对工人运动的影响力，有利于保证工人运动的正确方向，有利于密切党与工人运动的关系，巩固党的阶级基础，也有利于与其他党派竞争工运领导权。

（二）注重工人运动中的理论与实际相结合

广州三次全国劳动大会的主要做法是由各地、各产业工会将各自在工人运动中的斗争经验进行理论总结，通过大会提案、报告的形式提出，然后通过大会形成决议案，指导新的工运实践。所以，广州全国劳动大会是源于实践、指导实践的理论中转站，它高度凝练了工人运动的经验，形成具有普遍指导性的工运理论，来指导新的实践。这充分体现了中国共产党理论与实践相结合的思想路线与方法论，也以实际行动诠释了理论来源于实践、高于实践、指导实践的理论与实践关系认识论。

（三）团结一切可以团结的力量，巩固扩大革命统一战线基础

广州三次全国劳动大会是工人的大会，并得到其他各阶层民众的大力支持，其中第一次全国劳动大会与团一大相近召开，全国劳动大会的部分代表出席了团一大的开幕式；第二、三次全国劳动大会与两次广东全省农民大会同时召开，举行了多场工农大联欢活动，显示出全国劳动大会与青年、与农民的密切关系。在广州的三次全国劳动大会上，通过了多份工农联合决议案、工农兵大联合决议案，显示全国劳动大会作为工人大会，意识到巩固工农联盟的重要性。在广州三次大会期间，国民党左派密切配合，大会还与赤色职工国际建立更密切的联系，更是显示出全国劳动

大会在工农联盟之外，注重团结国内外一切可以团结的力量，巩固、壮大革命统一战线的基础，为早期中国革命打造更为广泛的群众基础。

（四）树立立足中国、面向世界的眼光

广州三次全国劳动大会主要解决中国工运中的问题，但也具备了鲜明的世界眼光。三次大会期间，多次喊出"全世界劳动者联合起来"、"反对帝国主义"的口号，邀请他国工人团体出席大会，赤色职工国际派代表参加，中国参加赤色职工国际组织，援引赤色职工国际的工运经验制定中国自己的工运方案等，都显示出广州三次全国劳动大会的世界眼光。广州三次全国劳动大会与世界的联系，表明中国工人已充分认识到中国的民族革命是世界革命的一部分，只有联合全世界一切被压迫的劳动者、无产者，中国革命、世界革命才有可能赢得胜利。广州的三次全国劳动大会也充分表明搞好中国的工人、工会、工运工作，应有开放的胸怀，敢于吸收借鉴人类一切进步的文明成果，中国自己的事才能办得更好。

（五）充分考虑广州地方实际

广州三次全国劳动大会与广州的地方实际密不可分。广州是国民革命大本营，也是党早期开展活动的主要根据地，政治氛围佳，便于国共两党就近指导，也便于保障全国劳动大会代表的安全；广州是南方工会的中心，工会组织与工人运动发达，能够便于工人就近参加大会，交流工运经验；广东省政府和孙中山广州革命政府颁布了中国最早的工会条例，为工会、工运的开展提供了合法的法制保障；广州邻近港澳，与省港工人运动密不可分，能够最大程度动员港澳工人参加全国劳动大会，有地利之便。可以说，广州为全国劳动大会的召开提供了最理想的条件，是当时

最适合召开全国劳动大会的城市。广州三次全国劳动大会的顺利召开，及其取得的重要成果，无疑更充分地证明了当初选择在广州召开全国劳动大会的正确性，广州也由此奠定了作为早期中国工运"指挥部"的地位，是一个能够给中国工人持续带来新希望的地方。

凡此种种，不仅对于当时的中国工人运动和党的历史发展具有重要历史意义，更是对今后的中国工人运动发展和党的工人、工会、工运工作具有现实指导意义。如今，中国特色社会主义已进入新时代，第一次全国劳动大会即将迎来一百年，中华全国总工会已走过了九十五年，中国工会代表大会已举行了十七次，工人阶级也早已成为国家的领导阶级，在中国革命、建设、改革进程中作出了不可磨灭的贡献。回首中国工会所走过的百年道路，广州的三次全国劳动大会着实扮演着"奠基石"的角色，一举确定了中国共产党对于中国工人、中国工会、中国工运的集中统一领导，这是中国工会百年发展道路的最重要经验，也是最宝贵启示。正如习近平总书记同第十六届中华全国总工会领导班子集体谈话时所指出的那样："在革命、建设、改革各个历史时期，我们党都注重发挥党领导的工会组织的重要作用。坚持全心全意依靠工人阶级，充分发挥工人阶级主力军作用，把广大职工群众紧紧团结在党和政府周围，这是我们党的一个突出政治优势，也是中国特色社会主义的一个鲜明特点。"[1]坚持党对工会组织的领导，紧密依靠工人阶级，充分发挥工人阶级的主力军作用，这是中国工会在过去取得辉煌成就的基本经验，也是现在及将来创造更大辉煌，实现民族复兴的指路明灯。

---

[1] 《习近平同中华全国总工会新一届领导班子集体谈话》，《人民日报》2013年10月24日，第1版。

参 考 文 献

1、《列宁全集》，人民出版社 2013 年版。
2、《毛泽东选集》，人民出版社 1991 年版。
3、《毛泽东文集》，人民出版社 1993 年版。
4、《毛泽东年谱》（修订本），中央文献出版社 2013 年版。
5、《刘少奇选集》，人民出版社 1981 年版。
6、《刘少奇年谱》（增订本），中央文献出版社 2018 年版。
7、《刘少奇论工人运动》，中央文献出版社 1988 年版。
8、《孙中山全集》，中华书局 2011 年版。
9、《孙中山全集续编》，中华书局 2017 年版。
10、陈锡祺主编：《孙中山年谱长编》，中华书局 1991 年版。
11、桑兵主编：《孙中山史事编年》，中华书局 2017 年版。
12、《陈独秀文集》，人民出版社 2013 年版。
13、《邓中夏全集》，人民出版社 2014 年版。
14、《张太雷文集》，人民出版社 2013 年版。
15、《澎湃文集》，人民出版社 2013 年版。
16、《谭平山文集》，人民出版社 1986 年版。
17、《苏兆征文集》，人民出版社 2013 年版。
18、《邵力子文集》，中华书局 1985 年版。
19、《中国共产党第一次全国代表大会档案文献选编》，中共党史出版社 2014 年版。

20、《中国共产党第二次全国代表大会档案文献选编》，中共党史出版社 2014 年版。

21、《中国共产党第三次全国代表大会档案文献选编》，中共党史出版社 2014 年版。

22、《中国共产党第四次全国代表大会档案文献选编》，中共党史出版社 2014 年版。

23、《中国共产党第五次全国代表大会档案文献选编》，中共党史出版社 2014 年版。

24、《建党以来重要文献选编》，中央文献出版社 2011 年版。

25、中央档案馆编：《中共中央文件选集》第 2 册，中共中央党校出版社 1989 年版。

26、《中共首次亮相国际政治舞台档案资料集》，上海人民出版社 2016 年版。

27、中华全国总工会《中国工会运动史料全书》编辑部：《中国工会运动史料全书》（电子版），中国职工音像出版社 2002 年版。

28、刘明逵、唐玉良编：《中国近代工人阶级和工人运动》（1—4 册），中共中央党校出版社 2002 年版。

29、全国解放区工代大会筹备处：《中国历次全国劳动大会材料》，1948 年编印。

30、《中国历次全国劳动大会文献》，工人出版社 1957 年版。

31、《中国工会历次代表大会文献》，工人出版社 1984 年版。

32、《中国工会历史文献（1921.7—1927.7）》，工人出版社 1958 年版。

33、中华全国总工会编：《中共中央关于工人运动文件选编》，档案出版社 1985 年版。

34、《第一次国内革命战争时期的工人运动》，人民出版社 1954 年版。

35、张希坡编：《革命根据地法律文献选辑》，中国人民大学出版社 2017 年版。

36、中央档案馆、广东省档案馆编：《广东革命历史文献汇集》，1982 年印行。

37、中国第二历史档案馆编：《中国国民党第一、第二次全国代表大会会议史料》，江苏古籍出版社 1986 年版。

38、《民国文献类编续编》第 41 册，国家图书馆出版社 2018 年版。

39、《联共（布）、共产国际与中国国民革命运动》（1920—1925），北京图书馆出版社 1997 年版。

40、《共产国际文件汇编》，生活·读书·新知三联书店 1965 年版。

41、刘明逵、唐玉良编：《中国工人运动史》，广东人民出版社 1998 年版。

42、中国劳工运动史编纂委员会：《中国劳工运动史》，台北中国劳工福利出版社 1959 年版。

43、马超俊：《中国劳工运动史》，商务印书馆 1942 年版。

44、张国焘：《我的回忆》，东方出版社 2004 年版。

45、冯资荣、何培香编著：《邓中夏年谱》，中国文史出版社 2014 年版。

46、[苏]C·A·达林著，侯均初等译：《中国回忆录（1921—1927）》，中国社会科学出版社 1981 年版。

47、唐宝林、林茂生：《陈独秀年谱》，上海人民出版社

1988 年版。

48、《谭平山研究史料》,广东人民出版社 1989 年版。

49、《苏兆征研究史料》,广东人民出版社 1985 年版。

50、《谭植棠研究史料》,广东人民出版社 1997 年版。

51、谭世荣:《鞠躬尽瘁为人民——谭植棠传》,中华书局 2012 年版。

52、严军:《经历风雨也同舟——谭平山年谱解读》,中华书局 2012 年版。

53、《谭天度纪念文集》,中共党史出版社 2002 年版。

54、《吴玉章回忆录》,中国青年出版社 1978 年版。

55、陆象贤编:《易礼容纪念集》,团结出版社 2001 年版。

56、中共上海市委党史资料征集委员会、上海市总工会编:《中国劳动组合书记部在上海》,知识出版社 1989 年版。

57、《中国共产党重要会议纪事》,中央文献出版社 2006 年版。

58、《中国共产党编年史》,山西人民出版社、中共党史出版社 2002 年版。

59、王永玺:《从一次劳大到工会十五大——中国工会历次代表大会巡礼》,中国工人出版社 2013 年版。

60、《中华全国总工会七十年》,中国工人出版社 1995 年版。

61、夏远生:《工运赤子——李启汉》,中国工人出版社 2016 年版。

62、卢权、禤倩红:《林伟民》,中国工人出版社 2012 年版。

63、《李立三百年诞辰纪念集》,中共党史出版社 1999 年版。

64、《纪念第一次全国劳动大会召开 85 周年研讨会论文集》,广州市总工会,2007 年。

65、《纪念第一次全国劳动大会召开 90 周年学术讨论会论文集》，广州市总工会，2012年。

66、卢权、禤倩红：《广东早期工人运动历史资料选编》，广东人民出版社2015年版。

67、广州工人运动史研究委员会办公室编：《广州工人运动简史》，2000年。

68、广州工人运动史研究委员会办公室编：《广州工人运动大事记》，1995年。

69、《广州劳工运动史话》，广州出版社2012年版。

70、中国海员工会广东省委员会编：《广东海员工人运动史》，广东人民出版社1993年版。

71、广州铁路公司工会编：《广州铁路工人运动史》，1994年。

72、李玉琦主编：《中国共青团史稿》，中国青年出版社2010年版。

73、路海江：《张国焘传记和年谱》，中共党史出版社2003年版。

74、李玉赋主编：《新编中国工人运动史》（修订版），中国工人出版社2020年版。

75、钟恭尪、高志菲、闫永飞：《创生1921—1925：从中国劳动组合书记部到中华全国总工会》，中国工人出版社2020年版。

76、谌小岑：《我所了解的"一劳大"》，《党史研究资料》（4），四川人民出版社1983年版。

77、《历次全国劳动大会的片段回忆》，《新观察》1953年第10期。

78、《在广州召开的第一次全国劳动大会的经过情况及其影响》，《广东党史资料》第16辑，广东人民出版社1990年版。

79、王光明、段学文：《第一次全国劳动大会代表潘兆銮小传》，《工运史研究资料》1985 年第 2 期。

80、《马克思主义和早期中国工人运动结合的若干历史研究》，《天津社会科学》1988 年第 1 期。

81、欧阳湘：《第一次全国劳动大会在广州召开的政治法律环境》，《党史与文献研究》2017 年第 5、6 期。

82、《民国日报》《广东群报》《广州民国日报》《中国工人》《工人之路》《工人周刊》《申报》《大公报》《晨报》《益世报》《向导》《先驱》《人民周刊》《共产党》《北京大学日刊》《青年周刊》《前锋》《政治周报》《农商公报》。

后 记

广州是中国民主革命的策源地,也是建党前后中国共产党开展活动的主要根据地,留下了丰富的历史文化记忆,其中就包括大革命前后在广州召开的三次全国劳动大会,在中共党史、中国工人运动史、广东革命史上均有重要的历史地位。本书是学界第一本将广州三次全国劳动大会放在一起进行整体研究的著作,通过对当时相关历史文献资料的梳理,围绕三次大会召开前后的相关史实,展现广州三次全国劳动大会的整体样貌,展现中国共产党成立后在进行工人运动理论与实践探索的基础上,为统一全国工运事业,为建立全国性工运组织,为指导全国的工运实践,所提供的思想指引与实践经验总结。本书对于厘清广州三次全国劳动大会的相关史实,对于认识中国共产党成立后中国工人运动的发展史、对于了解中国共产党的工运方针形成与策略运用、对于理解工人运动与广东地方革命史的关系均有重要历史意义,且对于当前做好党领导下的工人、工会工作,深化对党的群团工作认识也有现实启示。

本书是一项团队合作的成果,全书共分为六章,其中第一、二、三、六章由暨南大学张龙平教授完成,第四章由东莞理工学院李丹副教授完成,第五章由广东技术师范大学王海岑博士完成,全书由张龙平教授负责统筹及其他一切协调工作。本书在筹备、提纲拟定、写作过程中，中共中央党史和文献研究院薛庆超研究员、李蓉研究员，广东省委党校曾庆榴教授，华南师范大学陈金龙教授，广东社会科学院张金超研究员均提出了不少宝贵的建议，在初稿写成后，中山大学历史系周兴樑教授、赵立彬教授提出了细致的审读意见，为本书的进一步修改完善提供了指导性方向。暨南大学马克思主义学院的研究生杨嘉其、韩萱怡在前期帮忙收集报刊资料，为本书后期撰写工作提供了帮助。在此，对为本书作出贡献的专家学者、团队成员表示感谢。

本书是中共广州市委宣传部为纪念中国共产党成立100周年所推出的"中国共产党与大革命丛书"之一。本书从一开始就得到了广州市委宣传部的大力支持，并申报进入广州市哲学社会科学发展"十三五"规划2020年度重大课题（课题编号：2020GZZD02）。广州市委宣传部曾伟玉副部长高度重视丛书写作工作，先后组织十余次会议，组织专家对丛书写作进行研讨，提供写作、修改意见。广州市委宣传部理论处梅声洪、潘晓东等同志在丛书写作过程中作了组织协调工作。在此，对广州市委宣传部表示感谢。

本书作为一项严谨的学术著作，从一开始就要求团队成员严格遵守学术规范，禁止有任何学术不端行为，因而在本书中，所有引用的资料均已注明来源，能查找到原文的间接引用材料均已核对原文。但中国工人运动史毕竟是一个较为成熟的研究领域，前人已经有了扎实的研究成果，在写作过程中难免会受到前人研究的影响，除直接、间接引用在书中注明外，其他一切受前人观点、论述影响之文字未能一一列出的，其原创性成果一律属于前人，在此予以特别说明。由于本书从筹备到正式出版，时间仅一年多，尽管已作了多轮修改，但也难免会存在各种各样的问题，也请读者见谅。

最后，感谢单位的领导、同事和我的家人，能够在新冠肺炎疫情期间允许我心无旁骛地集中一段时间进行写作，没有你们的支持就没有本书的问世。

张龙平

2020 年 10 月

图书在版编目（CIP）数据

广州召开的三次全国劳动大会 / 张龙平，李丹，王海岑著. —北京：中央文献出版社，2021.11

（中国共产党与大革命丛书）

ISBN 978-7-5073-4845-3

Ⅰ.①广… Ⅱ.①张…②李…③王… Ⅲ.①中国工会代表大会—研究 Ⅳ.①D412.2

中国版本图书馆CIP数据核字（2021）第195010号

广州召开的三次全国劳动大会
（中国共产党与大革命丛书）

著　　者：张龙平　李　丹　王海岑
责任编辑：田雪鹰　司文君

出　　版：	中央文献出版社
地　　址：	北京西四北大街前毛家湾1号
邮　　编：	100017
网　　址：	www.zywxpress.com
发　　行：	中央文献出版社
销售热线：	010-83072509 / 83072511 / 83089394 / 83089404 / 83072503
电子邮箱：	zywx5073@126.com
排　　版：	北京中献唐人数字技术有限公司
印　　刷：	广东新华印刷有限公司

700×1000mm　16开　23.25印张　264千字
2021年11月第1版　2021年11月第1次印刷
ISBN 978-7-5073-4845-3　　定价：68.00元

本书如存在印装质量问题，请与本社联系调换。

版权所有　违者必究